古代歷史文化研究輯刊

十三編

王明蓀 主編

第2冊

漢初平城戰役之研究

陳知浩 著

國家圖書館出版品預行編目資料

漢初平城戰役之研究／陳知浩 著 -- 初版 -- 新北市：花木蘭文
化出版社，2015〔民 104〕
目 2+238 面；19×26 公分
（古代歷史文化研究輯刊 十三編：第 2 冊）
ISBN 978-986-404-012-4（精裝）
1. 戰役 2. 漢代
618   103026943

ISBN-978-986-404-012-4

9 789864 040124

古代歷史文化研究輯刊
十三編　第 二 冊　　　　　ISBN：978-986-404-012-4

漢初平城戰役之研究

作　　者　陳知浩
主　　編　王明蓀
總 編 輯　杜潔祥
副總編輯　楊嘉樂
編　　輯　許郁翎
出　　版　花木蘭文化出版社
社　　長　高小娟
聯絡地址　235 新北市中和區中安街七二號十三樓
　　　　　電話：02-2923-1455／傳真：02-2923-1452
網　　址　http://www.huamulan.tw 信箱 hml810518@gmail.com
印　　刷　普羅文化出版廣告事業
初　　版　2015 年 3 月
定　　價　十三編 27 冊（精裝）台幣 52,000 元

漢初平城戰役之研究

陳知浩　著

作者簡介

陳知浩,台灣嘉義人,國立嘉義大學史地系碩士,研究領域在秦漢史與邊疆史,本書為相關研究之著作。

提　　要

　　本文研究的目的,主要綜合探討漢朝初年平城戰役之始末經過及其影響。發生在西元前 200 年的平城戰役,是東亞兩個大國——匈奴與漢朝首次正面對決,長城以北,引弓之騎盡出,長城以內,冠帶之士雲集,漢皇帝與匈奴單于親于率兵決戰,漢匈雙方傾國動員,集合高達七十幾萬的兵力決戰,在匈漢關係史上可謂空前絕後,漢朝的皇帝甚至被匈奴包圍住,幾乎成為胡人的俘虜。這場戰役揭開兩國日後數百年和戰關係的序曲,在未來匈漢關係上產生深遠的影響。

　　論文分別探討匈奴與漢朝兩國的政局,首先討論冒頓單于取得政權後的做為,主政後對外一連串的軍事擴張行動,逐步帶領匈奴建立北方草原大國,進而評估匈奴盛世強大的政治、軍事力量;再以中原因長期戰亂,社會經濟所遭受的破壞,漢朝賴以建國的封建諸侯王,成為中原一統後,漢帝國內部的兩大難題;漢帝企圖將削弱封建諸侯王之力,與備胡問題做聯結,在平城戰役前,形成漢的北疆邊防之新佈局;最後析論漢、匈關係決裂,平城戰役的過程中,雙方在戰爭過程中的角力,白登之圍如何化解,並探討此戰對爾後兩國互動發展上,所帶來的種種影響。

目
次

第一章　緒　論

第一節　研究動機與問題意識

　　史學大師錢穆曾對兩漢歷史的發展，做過一個很扼要的比較：「西漢的立國姿態，常是協調的、動的、進取的……東漢的立國姿態，可以說常是偏枯的、靜的、退守的。」〔註1〕這位學貫古今的史家，對兩漢歷史發展，整體評價的結論是：「把漢朝整個來講，東漢不如西漢。」〔註2〕

　　融會中西的史家黃仁宇，同樣提到他對兩漢史的觀察，與錢穆氏的見解不殊：「我們展讀西漢的歷史，不期而然的會感覺到內中有很多令人興奮、令人竦懼、令人驚訝的地方。這種特點很難在東漢史裡看到……從長期的歷史眼光看來，後漢因襲前代過甚，只能繼續充實一個原始型以小自耕農作基幹的大帝國，不能替中國打開新局面。」〔註3〕

　　承先啟後的西漢王朝，其歷史發展，處處展現令人讚嘆的開創性與進取性。西漢開國皇帝的發跡與創業，就是一個傳奇：漢高帝劉邦出身社會底層的布衣百姓，在無所憑藉的情況下，在四十八歲時，〔註4〕加入秦末逐鹿中原

〔註1〕錢穆著，《國史大綱》，上冊，收入氏著，錢賓四先生全集編委會整理，《錢賓四先生全集》（臺北：聯經出版事業公司，1998），乙編，第二十七冊，頁216。
〔註2〕錢穆，〈中國歷史人物〉，收入氏著，《國史新論》（臺北：東大圖書股份有限公司，1989），頁266。
〔註3〕黃仁宇著，《赫遜河畔談中國歷史》（臺北：時報文化出版企業有限公司，1993），頁74、76。
〔註4〕劉邦的生卒年，目前多推定為西元前256至西元前195年，見《中國歷史大辭典·秦漢史卷》編纂委員會編，《中國歷史大辭典·秦漢史卷》（上海：上

的行列，於十年之間，以小搏大，入關中滅秦，躍登諸侯共主，然後擊定項楚，完成中原一統的政治事業。由社會下階層一躍至最高統治層，以編戶民而履至尊，登九五位，其成就帝業的精采歷程，令人嘖嘖稱奇。〔註5〕然而，這僅是西漢所發生無數令人興奮、竦懼、驚訝歷史事件的開端。

漢五年劉邦稱帝（前 202），〔註6〕漢帝國肇建的第二年，就發生舉國震動的大事。匈奴大舉入侵漢邊，包圍韓治馬邑，看似一場邊塞衝突，卻因韓王信倒戈叛降，漢朝雁、代邊防崩解，胡騎大軍南下，意外引爆成漢匈決戰。南漢北匈兩強首次對決，各自強力動員、厚集重兵，單于與漢帝親統大軍上陣，長城以北，引弓之騎盡出，長城以內，冠帶之士雲集，合計七十餘萬的兵力。雙方動員之廣，參戰人數之眾，是漢匈爭鬥史上所僅見。

所謂「國之大事，在祀與戎」，〔註7〕「兵者，國之大事，死生之地，存亡之道，不可不察也。」〔註8〕重大戰事的成敗，往往悠關乎政權的興滅，與國家的危亡存續。這一場兩強傾國相爭的平城戰役，揭開了漢匈和戰關係的序曲，其結果對漢匈雙方有著廣泛而深遠的影響。

漢高帝陷圍白登，漢朝最終在平城戰役中失利，此後敗戰的陰影籠罩漢廷，長期揮之不去。平城戰後八年，漢惠帝三年（前 192）時，發生匈奴國書辱漢的嚴重外交事件，盛怒的呂太后欲出兵反擊，反戰派在廷議時，只拋出

海辭書出版社，1990），〈漢高祖〉條，頁143。秦二世胡亥元年（前209）九月，劉邦起事，見（漢）司馬遷撰，（劉宋）裴駰集解，（唐）司馬貞索隱，（唐）張守節正義，《史記三家注》（臺北：鼎文書局，1980），卷十六，〈楚秦之際月表〉，頁759。西元前209年，劉邦時年四十八歲。《集解》徐廣亦云：「高祖時年四十八」，見《史記三家注》，卷八，〈高祖本紀〉，頁349。

〔註5〕 錢穆以〈高帝本紀〉所載之劉邦出身與形象，活生生為一無賴平民的寫照，六國貴冑後裔及故家世族敗於劉邦所領導的一群無賴白徒之手，漢帝國布衣將相立國之局，足堪驚奇，見氏著，《秦漢史》（北京：生活・讀書・新知三聯書店，2005），頁38～39。

〔註6〕 漢五年劉邦即帝位，斯年為西元202年。中西年代對照時間，見方詩銘、方小芬編著《中國史曆日和中西曆日對照表》（上海：世紀出版集團・人民出版社，2007），上編，〈西漢曆日表（一）〉，頁212。以下凡東周歷秦，至漢諸帝的西元年份，皆以此書為準，不再一一列出西元年的對照頁數，避免篇幅繁冗。

〔註7〕 見（周）左丘明傳，（晉）杜預集解，《春秋左傳集解》（上海：上海人民出版社，1977），〈成公十三年〉，頁722。

〔註8〕 （周）孫武撰，（漢）曹操等注，楊丙安校理，《十一家注孫子校理》（北京：中華書局，1999），〈計篇〉，頁1。

連漢高帝都敗於平城，打不過匈奴人，頓時擊中主戰派要害，瞬間瓦解開戰派氣焰，太后不得不低頭，改採屈辱卑辭哀懇的方式，奉禮回覆匈奴。〔註9〕

平城戰役整整一百年後，太初四年（前 101）時，漢武帝在詔書中，公開表明漢政權對當年平城戰役失利，及匈奴國書辱漢事件的積憤：「高皇帝遺朕平城之憂，高后時單于書絕悖逆。昔齊襄公復九世之讎，春秋大之。」〔註10〕漢武帝特別提出遺患子孫的平城戰役，與單于致書辱漢事件，欲報多年積怨深仇，一雪漢所蒙受之恥辱。為表明事久時移，子孫為先祖復讎行動的合理性，武帝的詔書中，也引《公羊傳》：「九世猶可以復讎乎？曰雖百世可也……先君之恥，猶今君之恥也」的解釋，〔註11〕為展開復讎行動的正當性定了基調。〔註12〕

武帝的詔書雖不無替自己即位以來，長期窮兵黷武，持續不斷興師擊胡的軍事行動，找出一個冠冕堂皇藉口的嫌疑，但對當年平城之失，與冒頓致書辱漢事件，餘憤躍然，而後者實是前事的衍生，若無當年之敗，其後漢廷斷難坐忍辱漢國書之事。是漢武帝所憤於北胡者，拜平城敗戰之所遺也。

漢高帝與冒頓單于兩位創業雄主，分別在長城南北各自打下江山一統事業，在平城戰役相鬥較量後，分出了高低：

> 以高帝之雄才大略，能指揮群豪，削平海內，而不能逞志於一冒頓，三十萬眾困於平城。〔註13〕

> 內戰中的英雄，在外戰中卻失敗了。〔註14〕

〔註 9〕　《史記三家注》，卷一百十，〈匈奴列傳〉，頁 2895。匈奴國書辱漢事件在本文第五章中將予以討論。

〔註10〕　《史記三家注》，卷一百十，〈匈奴列傳〉，頁 2897。

〔註11〕　（漢）公羊壽傳，（漢）何休解詁，（唐）徐彥疏，浦衛忠整理，楊向奎審定，《春秋公羊傳注疏》（北京：北京大學出版社，1999），卷六，〈莊公元年至七年〉，頁 122～123。

〔註12〕　漢初以法制未備，國家每有大政，得援經義以決其是非，見（清）趙翼著，王樹民校證，《廿二史劄記校證》（臺北：王記書坊，1984），卷二，〈漢時以經義斷事〉條，頁 43。

〔註13〕　梁啓超著，〈張博望班定遠合傳〉，收入氏著，張品興主編，《梁啓超合集》（北京：北京出版社，1999），第三卷，〈新民說〉，頁 800。此為梁任公在 1902 年的看法，距離今日 2012 年，恰好是一百十年了，我們可以理解梁身處於清末歐美列強交相侵逼之際，對漢初中原受制於匈奴外族有慨慨切身之感。

〔註14〕　按史家翦伯贊所指的「內戰中的英雄」即漢高祖劉邦，見氏著，《秦漢史》（臺北：雲龍出版社，2003），頁 164。

這場充滿張力的平城戰役，匈勝漢敗對長城以南產生廣泛而深遠的影響面，漢朝付出相當代價，讓一統中原的漢高帝蹉跌，使號令出一的剛毅太后壓止怒火，〔註 15〕令雄才大略的漢武帝念念不忘，後世史家甚至以「冒頓平城之禍」來形容，將「白登之金繒」列爲史污。〔註 16〕一場戰爭役成敗的影響悠關至斯，其重要性不言可喻。

相對於立足於長城以南的史家，其惋惜漢敗之失的思考角度，著重長城以北的政治發展，以草原主體意識的看法，亦扼腕於此戰獲勝方的匈奴之失誤，提出迥異於漢本位主義觀點的結論，如江上波夫認爲看似勝利的冒頓單于，在平城戰役中其實有著重大的戰略失誤，他提出鏗鏘有力的論點是：

> 冒頓誤信后妃之言，放走高祖，坐失消滅漢帝國的絕好機會，
> 乃是他的一大失策。〔註 17〕

江上波夫氏的見解深具震憾性，〔註 18〕如其所言不誤，平城之役是匈奴給予漢朝致命一擊的好時機，是「消滅漢帝國的絕好機會」，易言之，漢政權在斯役之中，一度曾面臨危急存亡的關頭，或可視爲漢武帝詔書所言「平城之憂」的注解，後世目爲「冒頓平城之禍」之緣由。所以不論從長城南北的史觀角度來看，平城戰役都是對當時與後世有深遠影響的重大歷史事件，此筆者選擇平城戰役作爲本文主要研究對象之因。

秦末長城南北的政治環境，各自發生劇烈變動，長城以北的草原部落林立，原僅是眾多部落之一的匈奴，成爲草原一統的核心。其崛起的關鍵，與草原盛世的力量何在？經過秦政的洗禮，秦末中原動盪，使戰國以來幾不休止的戰亂復燃，反秦勢力燎原，沛公原弱如星火之力，風雲際會得以滅秦，繼而聯合反楚諸侯王，進行更爲激烈的中原逐鹿戰，劉漢擊敗項楚，中原表面得以一統，長城以南在政治與社會經濟上付出代價爲何？漢的內政問題爲何與北疆國防佈局掛勾？各自於長城南北奮鬥有成，風馬牛不相及的漢、匈政權，在漢一統後交會，引爆衝突的關鍵爲何？漢匈決裂導致雙方決戰，平

〔註 15〕漢惠帝朝（前 194～前 188）的大政，「號令一出太后」，政權幾操於呂太后之手，見《史記三家注》，卷九，〈呂太后本紀〉，頁 399。

〔註 16〕梁啓超，〈黃帝以後第一偉人趙武靈王傳〉，收入氏著，張品興主編，《梁啓超合集》，第三卷，〈新民說〉，頁 811～812。

〔註 17〕（日）江上波夫著，張承志譯，《騎馬民族國家》（北京：光明日報出版社，1988），頁 25。

〔註 18〕江上波夫是負盛名的東洋史研究專家，他在書中僅提出上述結論，並未就漢匈雙方的國力做比較，筆者在下文二、三章中，將對此加以討論。

城戰役發生後，為何節節勝利的漢方，最後卻成為戰爭的敗方？勝券在握的單于在白登之圍時的戰略考量是什麼？這場戰爭對爾後漢、匈關係發展的影響為何？

秦末長城南北分別歷經政治一統的發展，長城以北的草原幾乎盡入強匈之手，長城以南的農業地帶則大體歸屬於漢，匈、漢隨即爆發大規模的武裝衝突，演變成兩政權間的大戰。將這場讓漢政權耿耿於懷，歷時百年仍欲復仇的平城戰役，放入當時長城內外政治局勢的大環境中，考察戰爭過程始末，釐清漢帝與單于的決策，與此戰成敗得失之影響，使其歷史意義呈現，將有助我們了解漢匈在往後數百年的互動關係。

第二節　研究資料與研究概況

平城戰役是漢朝與匈奴分別一統長城南北後，首度決裂開戰，欲明瞭整個戰役經過及影響，必須對長城南北的局勢發展有所了解。漢初匈奴雖獨霸於長城以北的草原，因沒有自己的文字，〔註19〕所謂「毋文書，以言語為約束」，〔註20〕有關匈奴人的歷史發展與詮釋，便落入重視歷史記錄又擅長文學寫作，且很早與草原游牧民族發生接觸，長城以南的中原農業民族之手。〔註21〕儘管中原史家對草原事蹟的記載有兩部份缺失：一是內容不夠充份，二是對於北方草原有民族偏見與不客觀之處，但中原的文獻記錄，仍是後世探索東亞早期草原游牧民族最重要的文獻著作。〔註22〕

長城以南對匈奴活動的記錄時間雖早，〔註23〕但相關內容零星片斷，在

〔註19〕據文獻記錄與考古遺物，目前未有匈奴文字的物證，見林幹著，《匈奴史》，頁165。

〔註20〕《史記三家注》，卷一百十，〈匈奴列傳〉，頁2879。

〔註21〕參見（美）W.M.麥高文著，章巽譯，《中亞古國史》（北京：中華書局，1958），卷二，〈匈奴帝國之興亡〉，頁97～98。

〔註22〕此處參見（俄）Э.A.諾芙哥羅多娃，〈蒙古的考古發現與古代史問題〉，收入中國社會科學院考古研究所編輯，《考古學參考資料》（北京：文物出版社，1978），頁75。Э.A.諾芙哥羅多娃指出中國史家主觀意識上始終偏向於漢朝的統治者，且按照統治者的意志和規定來編纂史書。然諾芙哥羅多娃所言民族偏見與不客觀之處，即使西方史家亦然，非獨中國史家。

〔註23〕先秦典籍中對匈奴的相關記錄並不是很多，被公認是可靠的記載甚少，以資料而言，匈奴與中原的互動，最早也在西元前四世紀末期，本文的第二章將對此加以討論。

漢代司馬遷的《史記》成書之前，文獻上有關東亞北方游牧民族的記載是模糊的，《史記》成書後，從文獻上了解中國北方游牧民族，比起之前清晰許多。〔註24〕司馬遷所撰的《史記》，奠立對匈奴歷史與文化研究的基礎，連同後出的《漢書》、《後漢書》，成為了解數百年匈奴歷史，最重要的歷史文獻資料。〔註25〕

　　因本文研究的主題是漢初的平城戰役，《史記》與《漢書》兩正史，是主要使用的資料，而《史記》尤為重要。《史記》的撰述者司馬遷生於漢武帝建元六年（前135），〔註26〕上距平城戰役六十餘年，此時漢朝方入盛世，北方軍臣單于（前161～前126）在位，匈奴沿續自冒頓以來的強大。〔註27〕司馬遷以漢朝當代人，親歷漢匈激烈衝突的時代，《史記》最早詳細記載西元前三世紀時，匈奴人一統長城首度在東亞草原建立游牧帝國的歷程，及東亞游牧民族自東向西運動。〔註28〕因平城戰役發生於漢初，欲了解有關平城戰役前，長城南北的政治發展，與平城戰役的經過，及爾後的影響，《史記》都是第一手資料。

　　《漢書》對武帝朝以前的史事多襲用《史記》原文，〔註29〕雖例有增刪修

〔註24〕鄭君雷，〈關於游牧性質遺存的判定標準及其相關問題──以夏至戰國時期北方長城地帶為中心〉，收入教育部人文社會科學重點研究基地吉林大學邊疆考古研究中心編，《邊疆考古研究》（北京：科學出版社，2004），第二輯，頁425。

〔註25〕參見馬利清著，《原匈奴、匈奴歷史與文化的考古學探索》（呼和浩特：內蒙古大學出社，2005），頁2。

〔註26〕對司馬遷生年有兩種代表性的考證，其一是王國維所考的漢景帝中五年（前145），見王國維，〈太史公行年考〉，收入氏著，《觀堂集林附別集》（北京：中華書局，1984），第二冊，卷十一，〈史林三〉，頁482～483；其二是郭沫若所考的漢武帝建元六年（前135），見郭沫若，〈《太史公行年考》有問題〉，收入施丁、廉敏編，《《史記》研究（下）》（北京：中國大百科全書出版社，2009），頁512。因兩者時間相差十年，所考各有所本，史界長期有爭論，因新史料事證，似利於司馬遷出生於建元六年（前135）的版本，故本文採用之，相關論證見趙生群，〈司馬遷生年及相關問題考辨〉，《南京師大學報（社會科學版）》2001.4：145～149。

〔註27〕馬長壽著，《北狄與匈奴》（北京：生活・讀書・新知三聯書店，1962），頁23；軍臣單于在位時間，見林幹著，《匈奴史》（北京：人民出版社，2010），〈匈奴單于世系表〉，頁249。

〔註28〕參見（俄）瓦・符・巴托爾德，〈突厥蒙古諸民族史〉，收入（日）內田吟風等著，余大鈞譯，《北方民族史與蒙古史譯文集》（昆明：雲南人民出版社，2003），頁273～274；《史記》乃首次詳細記載匈奴人歷史之史籍，見烏恩，〈論匈奴考古研究中的幾個問題〉，《考古學報》99（1990.4）：409。

〔註29〕（清）趙翼著，王樹民校證，《廿二史劄記校證》，卷一，〈漢書移置史記文〉條，頁28；章學誠同樣提到班固在武帝朝以前的記載，多用司馬遷的原文，

潤剪裁之處，〔註30〕仍不免於剽竊之譏。〔註31〕以匈奴的專傳記載而言，在太初元年（前96）之前，《漢書·匈奴傳》基本上轉錄《史記·匈奴列傳》之文，又因班固個人帶有揚漢抑匈的觀點，使〈匈奴傳〉的撰述立場不如〈匈奴列傳〉客觀，但對《史記》有關匈奴資料的記載，頗有增補、糾訛之功。〔註32〕

　　《史記》體大思精，〔註33〕所創作的體例雖歷來備受稱譽，〔註34〕然對研究「歷史事件」而言，《史記》以人物為主的紀傳體例寫作方式，將一事分記於各相關人物身上，難以避免事件不易突顯出來的問題；〔註35〕又因記載的歷史時空久遠，涉及的人物眾多，內容也不免有所訛誤之處，〔註36〕如君主世次年代錯亂的部份。〔註37〕針對後者，可藉助前人對《史記》內容訛誤的考訂，如清儒梁玉繩對《史記》用力甚勤，〔註38〕所撰的《史記志疑》，

　　　　見（清）章學誠，《答甄秀才論修志第二書》，收入氏撰，葉瑛校注，《文史通義校注》（臺北：里仁書局，1984），卷八，〈外篇〉，頁826。（漢）班固撰，《漢書》，臺北：鼎文書局，1981年。
〔註30〕　邢義田，〈漢武帝在馬邑之役中的角色〉，《中央研究院歷史語言研究所集刊》63.1（1993）：5。
〔註31〕　鄭樵謂班固之《漢書》，「凡六世之前，盡竊遷書」，其譏評甚烈，見（宋）鄭樵撰，《通志》（北京：中華書局，1987），〈通志總序〉，志1。
〔註32〕　阿其圖將《漢書·匈奴傳》與《史記·匈奴列傳》的行文差異列舉對比，說明成書晚於《史記》的《漢書》，對匈奴〈匈奴列傳〉有補增、糾訛民族史料之功，見阿其圖，〈《漢書·匈奴傳》與《史記·匈奴列傳》對校芻議〉，《內蒙古師大學報（哲學社會科學版）》1994.3：82～88。
〔註33〕　杜維運撰，《史學方法論（增訂新版）》（臺北：杜維運發行：三民書局股份有限公司總經銷，2005），頁124～125。
〔註34〕　《史記》受到的稱譽恐難勝數，略舉遠者如鄭樵謂：「百代之下不能易其法，學者不能舍其書，六經之後，惟有此作」，高度評價了《史記》的體例，見（宋）鄭樵撰，《通志》，〈通志總序〉，志1；近者如史家許倬雲氏所稱《史記》的體裁，乃「中外獨步的曠世鉅構」，見許倬雲，〈在史學領域漫步〉，收入氏著，《求古編》（臺北：聯經出版事業公司，1989），頁663。
〔註35〕　錢穆氏言紀傳體例的敘事方式，使事件不易突顯，見氏著，〈中國歷史人物〉，收入氏著，《國史新論》，頁263；唐人劉知幾曾論述《史記》體例之失，見（唐）劉知幾撰，趙呂甫校注，《史通新校注》（重慶：重慶出版社，1990），〈內篇〉，頁45。
〔註36〕　清儒趙翼指出《史記》多處有自相矛盾之處，見（清）趙翼著，王樹民校證，《廿二史箚記校證》，卷一，〈史記自相歧互處〉條，頁13。
〔註37〕　學者以《古本竹書紀年》糾誤《史記·六國年表》，使東方六國君主世次年代錯亂的部份得到改善，見楊寬著，《戰國史（增訂版）》（上海：上海人民出版社，2003），頁13～15。
〔註38〕　此僅以史家田餘慶推崇梁玉繩研究《史記》之功力深厚為例，見氏著，〈說張

〔註39〕其燦然可觀的考論，可減少《史記》內文矛盾處，對研究者造成的困擾；對「事件研究」，則有賴對紀傳體例史料的抽絲剝繭，並參考與之有關的研究成果，以助窺釐歷史事件的始末。

平城戰役是漢初涉外的大事，漢朝對匈奴敗戰廣受注意，例如各家之《秦漢史》專書中，幾乎都有提及漢朝此戰之敗，大體上以《史記・匈奴列傳》為本，略述其事，但未見從長城內外政治大環境的背景中，對此戰的始末經過，及此戰役成敗的廣泛影響，和對漢匈雙方歷史意義，有完整深入的研究著作。雖然與本文研究主旨契合者的論述比較缺乏，但自先秦時期迄漢初，對漢朝及匈奴之相關研究成果則甚多，茲略舉其要如下：

有關匈奴的部份，前輩史家的研究成就，除開風氣與奠基之功外，其卓見對後學者仍有很大的指導作用，如與本文相關部份而言，馬長壽的名著《北狄與匈奴》，對匈奴興衰的歷史分期，與白登之圍後，漢、匈和親協議的性質，匈奴在戰場上的收穫，及匈奴人種的辨正等，均富啓發作用；〔註40〕林幹所著《匈奴史》，在匈奴族形成，氏族組織與政權的建立，在先秦時期與中原互動的考證，有助了解匈奴政權的結構與發展，書中對平城戰役著墨不多，對戰役的影響較著重於和親部份，所附匈奴歷代單于世系表，使漢匈年代對照簡化；〔註41〕林幹的《中國古代北方民族史新論》，對北方民族對鄰族戰爭的原因與制勝之道，有精闢深入的分析，是了解匈奴驟強崛起，游牧民族對長城以南戰爭之所以武力常勝的原因何在。〔註42〕拉鐵摩爾的名著《中國的亞洲內陸邊疆》，〔註43〕解析蒙古草原的社會生態，有助了解游牧經濟生產方式的特點；江上波夫在《騎馬民族國家》中，論述有關冒頓單于崛起前後，匈奴政治與社會的發展，對冒頓在白登之圍時的做法，也有不同於長城以南審視角度的看法。

因考古文物資料的大量出土，結合文獻資料的運用，學者在匈奴的研究上，取得豐碩的成果。王明珂在〈鄂爾多斯及其鄰近地區專化遊牧業的起源〉，

楚——關於「亡秦必楚」問題的探討〉，收入氏著，《秦漢魏晉史探微（重訂本）》（北京：中華書局，2004），頁16。

〔註39〕（清）梁玉繩撰，《史記志疑》，北京：中華書局，1981年。

〔註40〕馬長壽著，《北狄與匈奴》，頁22～28、43～46。

〔註41〕林幹著，《匈奴史》，頁1～80、249。

〔註42〕林幹著，《中國北方民族新論》（呼和浩特：內蒙古人民出版社，2007），頁61～74。

〔註43〕（美）拉鐵摩爾著，唐曉峰譯，《中國的亞洲內陸邊疆》（南京：江蘇人民出版社，2008），頁25。

〔註44〕〈遼西地區專化遊牧業的起源——兼論華夏邊緣的形成〉，〔註45〕與《游牧者的抉擇：面對漢帝國的北亞游牧部族》，〔註46〕諸文對游牧經濟的特徵，有深入的分析；田廣金、郭素新所著《北方文化與匈奴文明》，〔註47〕朱泓的〈人種學上的匈奴、鮮卑與契丹〉，〔註48〕林澐的〈戎狄非胡論〉，〔註49〕馬利清的〈關於匈奴人種的考古學和人類學研究〉，〔註50〕和《原匈奴、匈奴歷史與文化的考古學探索》等著作，〔註51〕運用考古資料，闡述諸如匈奴人種，與戎、狄的關係，和華夏人種同宗共祖的爭議等問題，有些甚至起了修正傳統文獻說法的重要作用；武沐的《匈奴史研究》，在〈白登之圍於西漢初年之漢匈關係〉一節，論述平城之戰的和親，認爲漢方在白登圍山時，陳平即定嫁公主的和親之計，和親的種種條件實質已置漢朝於臣屬於匈奴的地位，〔註52〕是對陳平祕計新的闡述。

　　有關長城以南的發展，許倬雲的〈戰國的統治機構與治術〉，對戰國列強爲應付生存競爭，在官僚組織結構上的調整，以加強統治與集中資源，以因應兼併戰爭，有精闢論述；〔註53〕杜正勝的《編戶齊民：傳統政治社會結構之形成》，說明戰國列強爲擴大徵兵，確保賦役穩定，建立起一套有效的地方行政體系，實施編戶齊民，使得政府對農民掌控嚴密，中央政府牢牢控制住地方，〔註54〕政府得以強化統籌資源的力量，藉此投入激烈的兼併戰爭；楊寬的

〔註44〕 王明珂，〈鄂爾多斯及其鄰近地區專化遊牧業的起源〉，《中央研究院歷史語言研究所集刊》65.2（1994）：375～420。

〔註45〕 王明珂，〈遼西地區專化遊牧業的起源——兼論華夏邊緣的形成〉，《中央研究院歷史語言研究所集刊》67.1（1996）：195～237。

〔註46〕 王明珂著，《游牧者的抉擇：面對漢帝國的北亞游牧部族》，臺北：聯經出版事業股份有限公司，2009年。

〔註47〕 田廣金、郭素新著，《北方文化與匈奴文明》（南京：江蘇教育出版社，2005），頁414～415。

〔註48〕 朱泓，〈人種學上的匈奴、鮮卑與契丹〉，《北方文物》38（1994）：13。

〔註49〕 林澐，〈戎狄非胡論〉，收入氏著，《林澐學術文集（二）》（北京：科學出版社，2009），〈考古篇〉，頁3～5。

〔註50〕 馬利清，〈關於匈奴人種的考古學和人類學研究〉，《中央民族大學學報（哲學社會科學版）》173（2007）：51～53。

〔註51〕 馬利清著，《原匈奴‧匈奴歷史與文化的考古學探索》，呼和浩特：内蒙古大學出社，2005年。

〔註52〕 武沐著，《匈奴史研究》（北京：民族出版社，2005），頁153～155。

〔註53〕 許倬雲，〈戰國的統治機構與治術〉，收入氏著，《求古編》，頁381～422。

〔註54〕 杜正勝著，《編戶齊民：傳統政治社會結構之形成》（臺北：聯經出版公司，1990），頁49～55。

《戰國史（增訂版）》，對中原從戰國列強並立時期，迄秦始皇一統的時代，在政經文化與社會發展各方的變動，有深入淺出的說明；〔註55〕林劍鳴的《秦史稿》，闡述秦先世迄一統中原，歷二世而衰亡的歷史發展軌跡。〔註56〕

　　從秦末反秦勢力興起的背景追溯，歷秦楚之際，楚漢相爭結束，至漢高帝六年（前 201）時，強大的諸侯王封立於關東，與關中的漢中央並立，漢政權形成政治上外重內輕格局的形勢，漢王朝實質上回復至戰國群雄割據的政治形態，漢帝國內部因強大諸侯王的存在，使表面一統的政府，內部凝聚力控制的脆弱性暴露無遺，在田餘慶的〈說張楚──關於「亡秦必楚」問題的探討〉，〔註57〕與李開元所著《漢帝國的建立與劉邦集團：軍功受益階層研究》兩文中，〔註58〕有鞭闢入裏的分析，其解構漢帝國肇造時，漢王登基為帝時，中原表面上一統，實則漢皇帝有限皇權，政權內部不穩定的歷史發展之由，是了解平城戰役時，漢帝國內部不穩定狀態的政治背景，極為重要的參考著作。

　　古今地名有所變動，平城戰役時，漢帝國甫立，後來因國土的增減與內政的需求，在行政區畫上更是大有改變，史書的記載又往往僅能以後世某一時期為主，造成研究漢初北疆郡縣與封國概況的困難，須藉助歷史地理方面相關的研究資料：史念海的〈新秦中考〉，考證秦朝上郡北界的爭議；〔註59〕錢穆所著《史記地名考》，雖部份今地名已不符大陸現狀，但對北方郡縣的考釋仍有可參考之處；〔註60〕周振鶴的《西漢政區地理》，〔註61〕辛德勇的《秦漢政區與邊界地理研究》，〔註62〕後曉榮的《秦代政區地理》，〔註63〕皆是有助了解秦代與漢初北疆封國與郡縣建置狀況的歷史地理研究專著。

〔註55〕 楊寬著，《戰國史（增訂版）》，上海：上海人民出版社，2003 年。

〔註56〕 林劍鳴著，《秦史稿》，上海：上海人民出版社，1981 年。

〔註57〕 田餘慶，〈說張楚──關於「亡秦必楚」問題的探討〉，收入氏著，《秦漢魏晉史探微（重訂本）》，頁 1～29。

〔註58〕 李開元著，《漢帝國的建立與劉邦集團：軍功受益階層研究》，北京：生活‧讀書‧新知三聯書店，2000 年。

〔註59〕 史念海，〈新秦中考〉，《中國歷史地理論叢》1987.1：119～120。

〔註60〕 錢穆著，《史記地名考（上）》，收入氏著，錢賓四先生全集編輯委員會編，《錢賓四先生全集》，乙編，第三十四冊，臺北：聯經出版社，1995 年；錢穆著，《史記地名考（下）》，收入氏著，錢賓四先生全集編輯委員會編，《錢賓四先生全集》，乙編，第三十五冊。

〔註61〕 周振鶴著，《西漢政區地理》，北京：人民出版社，1987 年。

〔註62〕 辛德勇著，《秦漢政區與邊界地理研究》，北京：中華書局，2009 年。

〔註63〕 後曉榮著，《秦代政區地理》，北京：社會科學文獻出版社，2009 年。

　　史念海的〈司馬遷規劃的農牧地區分界線在黃土高原上的推移及其影響〉，分析司馬遷所觀察到漢代黃土高原上農牧發展的地理界限，是了解當時游牧與農業經濟天然分野所在的重要著作；〔註64〕史念海在〈戰國至唐初太行山東經濟地區的發展〉，除與前文同樣談及漢代游牧與農業經濟的天然分野外，並論述戰國至秦漢時期，太行山以東的交通路線，〔註65〕有助於了解漢初平城戰役用兵路線的思考。

　　因涉及匈奴與秦漢的研究資料甚多，以上僅能就與本文較相關的研究概況略作扼要說明，本文所引用者，於注釋中逐一列出，請參閱文末所附之徵引文獻。

第三節　研究方法與章節編排

　　本文的研究方法，以分析法作憑藉，運用史家最常使用的歸納方法、比較方法、綜合方法等進行研究，〔註66〕參以《孫子兵法》與《戰爭論》等中外軍事學理論，〔註67〕分析漢朝與匈奴在攻防策略，以深化呈現漢與匈奴戰術得失。

　　本文的章節編排，除緒論與結論外，正文擬分爲四部份，以四章十三節，探討平城戰役之所以發生的背景，戰事的始末經過，與此戰成敗對漢匈兩國的影響。章節的安排如下：

　　第二章匈奴的起源與發展，分成四節，探討從先秦至漢初時，匈奴人勢力的發展。第一節追溯先秦時期，匈奴人在草原的活動概況，與華夏間可能的互動關係；第二節討論至秦末時，北方草原游牧勢力的消長情況，與中原的爭戰，以明瞭在冒頓掌權之前，匈奴在草原所處的地位；第三節將冒頓在平城戰役前的政治事業做分期，探討其取得政權的方式，即位後的政治作爲，如何在短期內帶領匈奴從長城以北草原眾多部落聯盟之一，進而成爲獨霸草

〔註64〕史念海，〈司馬遷規劃的農牧地區分界線在黃土高原上的推移及其影響〉，《中國歷史地理論叢》1999.1：1～40。

〔註65〕史念海，〈戰國至唐初太行山東經濟地區的發展〉，收入氏著，《中國史地論稿（河山集）》（臺北：弘文館出版社，1986），頁159。

〔註66〕杜維運撰，《史學方法論（增訂新版）》，頁132。

〔註67〕（周）孫武撰，（漢）曹操等注，楊丙安校理，《十一家注孫子校理》，北京：中華書局，1999年；及（德）克勞塞維茨著，中國人民解放軍軍事科學院譯，《戰爭論》，北京：商務印書館，1982年，第一及第二卷。

原的強大國家；第四節探討匈奴進入極盛時期，制度面相應進行調整，在政治、經濟、軍事上所展現的力量。

　　第三章漢政權的建立與北疆國防的佈局，分成三節討論，第一節探討戰國以來，中原列國激烈的生存競爭，長期戰事對社會經濟的破壞，秦政權一統後，因過度役使民力，導致內部崩解，反秦勢力合縱亡秦，爾後楚漢相持，漢為盟主連橫反楚諸侯共同滅楚，漢高帝即位時，中原社會經濟殘破的局勢；第二節探討漢北疆郡縣與諸侯王國的建置，與匈奴勢力範圍交會之處，及因諸侯王國的強大，相對有限皇權下，形成漢初外重內輕的弱勢格局，漢高帝以同姓取代部份異姓諸侯王，初步建構漢朝北疆的防禦佈局；第三節探討韓地的重要性，韓王信何以得封與其人事功，身為材武的異姓王，因控勁兵且掌要邑，遭忌移國苦寒邊地，負起禦胡重任，政治前途為何陷入困境。

　　第四章漢匈的決戰與妥協，分成三節討論，第一節馬邑之圍與漢匈關係的決裂，探討韓王信徙治馬邑之失，馬邑之圍時漢廷的處置導致韓王信叛漢降匈，胡騎越句注塞而南，漢匈戰事爆發，漢的阻敵與反擊；第二節漢匈的攻防與白登山重圍，探討漢匈平城決戰前，漢帝戰術之失，與單于謀略之成，終致白登之圍；第三節和戰角力與解圍脫困，探討漢得以堅守白登之因，漢匈間和戰角力的拉鋸，何以冒頓單于解白登之圍，漢帝得脫困而出的關鍵。

　　第五章平城戰役審視，分成三節討論，第一節單于戰和之取捨與漢帝敗戰之因，探討白登之圍時，冒頓的戰略決策，以明瞭圍開得解的背後因素，及漢朝白登致敗的原因；第二節匈奴對長城以南的戰略，探討此戰所顯示單于的南進意圖與策略；第三節平城敗戰對漢朝的影響，探討平城敗戰的後果與陰影，對日後漢朝政治、軍事、外交各方面，所產生深遠的影響。

　　筆者學養不足，幸賴學界前輩各相關研究成果為基礎，才能對本文主題進行探討研究，深知疏漏之處甚多，謹此做為一個拋磚引玉的不成熟嘗試。

第二章　匈奴的起源與發展

第一節　先秦時期匈奴的發展

　　匈奴人曾廣泛活動於蒙古境內（見附圖一），〔註1〕在其全盛時期，不僅活躍於蒙古高原，勢力擴及南方鄰近的華北與新疆草原地帶，〔註2〕東從外興安嶺一帶的外貝加爾的石勒喀河、額爾古納河至鴨綠江流域一帶，向西綿延逾越蔥嶺，北及外貝加爾、葉尼塞河的米奴辛斯盆地，南至陝北神木、晉北朔州等地，有很長一段時間稱雄於北亞大草原，〔註3〕勢力範圍至為廣闊。

　　民族的茁壯非一蹴可幾，匈奴人淵遠流長，發展其來有自，《史記・匈奴列傳》曾追溯匈奴人的起源，敘其先世云：

　　　　匈奴，其先祖夏后氏之苗裔也，曰淳維。唐虞以上有山戎、獫

　　狁、葷粥，居于北蠻，隨畜牧而轉移……自淳維以至頭曼千有餘歲，

　　時大時小，別散分離，尚矣，其世傳不可得而次云。〔註4〕

　　《史記・匈奴列傳》提到匈奴的先世，我們從中可以看出幾個重點：

　　其一，匈奴先祖可追溯至淳維，但太史公沒有明確指出淳維的生存年代。

〔註1〕據考古發掘證明匈奴人廣泛分佈於蒙古境內，見（俄）Э.A.諾芙哥羅多娃，〈蒙古的考古發現與古代史問題〉，收入中國社會科學院考古研究所編輯，《考古學參考資料》，頁77。

〔註2〕王明珂著，《游牧者的抉擇：面對漢帝國的北亞游牧部族》，頁119。

〔註3〕參見馬利清，〈從考古學文化的分佈與傳播看匈奴疆域的變遷〉，《內蒙古大學學報（人文社會科學版）》37.1（2005）：17。

〔註4〕《史記三家注》，卷一百十，〈匈奴列傳〉，頁2879、2890。

其二，從淳維到頭曼單于，中間有一千多年的世系傳承次序不可考究。頭曼單于是西元前三世紀末的匈奴首領，被弒於秦二世元年（前 209），〔註5〕從頭曼存活的時間點上推千年，正好是西元前十八至前十二世紀（或前十七～前十一世紀）的商代，〔註6〕對比《索隱》引張晏之說注解「淳維以殷時奔北邊」，與《史記》在時間推算上頗相符，兩者所記載的年代可說略同於殷商之時。〔註7〕

其三，淳維是匈奴的先祖，也是夏后氏的後裔。從文獻記載來看，夏后是禹所建之國號。〔註8〕禹與夏代有濃厚的傳說成份，約始於西元前二十一世紀，〔註9〕匈奴如是夏后氏的苗裔，則與華夏民族同宗共祖。

其四，堯、舜以前，中原北方即有山戎、獫狁、薰粥等居住，過著游牧遷徙的生活。唐堯、虞舜同是華夏傳說中上古時期的統治者，〔註10〕唐堯、虞舜、夏禹三者同姓而異國號，有政權相繼關係。〔註11〕山戎、獫狁、薰粥等若存在於比商朝更早的堯、舜、禹時代，則遠於西元前十七世紀之前即活

〔註5〕 頭曼何時當上單于的確切時間缺乏文獻佐證，被冒頓所弒的時間比較確定，見林幹著，《匈奴史》，頁23；冒頓即位時間見《史記三家注》，卷一百十，〈匈奴列傳〉，頁2890，徐廣《集解》之注。

〔註6〕 張光直氏推定商的絕對年代時間如下：商湯建國早於西元前1700年，商滅亡約於西元前1100年，見氏著，張良仁、岳紅彬、丁曉雷譯，陳星燦校，《商文明》（北京：生活·讀書·新知三聯書店，2013），頁361；新近的研究成果，專家們評估商代的斷限爲西元前1600年～前1046年，見夏商周斷代工程專家組編著，《夏商周斷代工程1996～2000年階段成果報告·簡本》（北京：世界圖書出版公司北京分公司，2000），頁49、73。商湯滅夏所建，共傳十七代，三十一王，見倉修良主編，魏得良、王能毅副主編，《史記辭典》（濟南：山東教育出版社，1991），〈商〉條，頁488～489。

〔註7〕 《史記三家注》，卷一百十，〈匈奴列傳〉，頁2880。

〔註8〕 《史記三家注》，卷二，〈夏本紀〉，頁82。

〔註9〕 夏商周斷代工程專家組編著，《夏商周斷代工程1996～2000年階段成果報告·簡本》，頁82；又《中國歷史大事年表（古代卷）》同以夏朝年限爲西元前2070至前1600，商朝的年限爲西元前1600至前1046年，見沈起煒編，《中國歷史大事年表（古代卷）》（上海：上海辭書出版社，2001），頁11、13、15；（美）拉鐵摩爾估爲西元前2000年，見氏著，唐曉峰譯，《中國的亞洲內陸邊疆》，頁25；以上諸家的推估的時間爲西元前二十一世紀，如據張光直的估算，則夏代最高政權的統治時間更早，約於西元前2200～西元前1750年，見氏著，張良仁、岳紅彬、丁曉雷譯，陳星燦校，《商文明》，頁361。

〔註10〕 倉修良主編，魏得良、王能毅副主編，《史記辭典》，〈堯〉條，頁523、〈舜〉條，頁556。

〔註11〕 見《史記三家注》，卷一，〈五帝本紀〉，頁44～45。

躍於北方。

　　依漢朝時人的認知，匈奴人與歷來北方非華夏諸族間有密切的關係，如漢儒趙岐、應劭與服虔所言：

> 葷粥，北狄彊者，今匈奴也〔註12〕
>
> 應劭《風俗通》云：「殷時曰獯粥，改曰匈奴」〔註13〕
>
> 服虔云：「堯時曰葷粥，周曰獫狁，秦曰匈奴」〔註14〕

　　然〈匈奴列傳〉終是未明確指出，山戎、獫狁、葷粥、匈奴是同族一名多稱，抑或傳承乃至於並立的關係。其後諸家對此所見雖不盡同，但肯定匈奴與諸族間的關係密不可分：

> 樂產《括地譜》：「夏桀無道，湯放之鳴條，三年而死。其子獯粥妻桀之眾妾，避居北野，隨畜移徙，中國謂之匈奴」。〔註15〕
>
> 韋昭云：「漢曰匈奴，葷粥其別名」〔註16〕
>
> 《索隱》：「（葷粥）匈奴別名也。唐虞已上曰山戎，亦曰熏粥，夏曰淳維，殷曰鬼方，周曰獫狁，漢曰匈奴。」〔註17〕
>
> 何秋濤云：葷粥、獫狁、匈奴三名並一聲之轉〔註18〕

　　照樂產的說法，夏桀之子獯粥帶著桀之眾妾避居北方，過著游牧生活，就是中國所稱的匈奴，既然獯粥來自華夏，他的後代無疑也是華夏之後裔，這就呼應了史遷「夏后氏之苗裔」的記載。姑不論樂說確否，綜合以上諸家見解，在漫長的歷史發展中，匈奴從唐、虞、夏、殷、周、秦、漢以來，竟似一脈相承，只是代有不同名稱而已。

　　《史記》成書之時，長城以北引弓之國早已成受令於單于的局面，故〈匈奴列傳〉的記錄方式以匈奴為主，並將過去中原北方眾多的民族羅致其中，敘述他們與中原歷代王朝在不同時間、地域區塊間的個別互動，在地域分類上有

〔註12〕（漢）趙岐注，（宋）孫奭疏，廖名春、劉佑平整理，錢遜審定，《孟子注疏》（北京：北京大學出版社，1999），卷二上，〈梁惠王章句上〉頁36。

〔註13〕應劭之說見《史記三家注》，卷一百十，〈匈奴列傳〉，頁2880。

〔註14〕服虔之注見《史記三家注》，卷一百十，〈匈奴列傳〉，頁2880。

〔註15〕樂產之注見《史記三家注》，卷一百十，〈匈奴列傳〉，頁2880。

〔註16〕見《史記三家注》，卷一百十，〈匈奴列傳〉，頁2880。

〔註17〕見《史記三家注》，卷一，〈五帝本紀〉，《索隱》所引注解，頁7。

〔註18〕見黃懷信、張懋鎔、田旭東撰，李學勤審定，《逸周書彙校集注》（上海：上海古籍出版社，1995），卷七，〈王會解〉，頁948。

其道理。但北方諸民族爲數不少，生活地域錯落參差，族群結構各異，隨時間推演繁衍、分合、遷徙、攻伐不定，各有不同的興衰發展，﹝註19﹞史家欲處理歷時如此久遠，地域如此遼闊，民族如此複雜的族群關係，實至爲不易。

〈匈奴列傳〉廣納北方諸族於一傳的寫法，以地域性而言深有其理，但讀史者欲釐清彼此的關係，梳爬亂如一團麻紗的民族互動，則備感困難，也容易混淆，以致見解各殊，如王國維的考據傾向北方諸族有關連，他認爲不論是商、周間的鬼方、混夷、獫鸞，西周時的獫狁，春秋的戎、狄，戰國以後的胡、匈奴，皆異名而同種，﹝註20﹞也就是說他們彼此間在族屬上有淵源關係；﹝註21﹞梁啓超認爲山戎與獫鸞是不同民族，《史記》將之混合爲傳，如此安排不甚理想；﹝註22﹞呂思勉氏以爲《史記》將上古以來北方各民族全都列入〈匈奴列傳〉一篇之中不是很恰當，如此易令人誤解這些北方民族與匈奴同一族，他並質疑維淳爲夏后氏苗裔的說法無確據。﹝註23﹞馬長壽認爲把先秦時的西戎敘入〈匈奴列傳〉裏，造成一些問題，語言分類上也不妥。﹝註24﹞

若缺乏實物旁證，僅依恃傳統文獻簡略扼要的相關記載，難以避免不同解讀所產生的爭議，如上述匈奴先世與發展，及爭論已久的匈奴人種問題。匈奴的發展歷時久遠，游牧經濟的流動性，族群間交流頻繁，﹝註25﹞強盛時曾征服過許多部族，疆域四向拓展，勢力範圍廣，族群成員複雜，區隔上棘手困難。幸得近年出土文物漸多，提供更多可予詳參的資料，使有些問題的解決似出現曙光，像匈奴人種部份的了解，便因一批批考古文物出土，較爲明朗化。

以先世的問題來說，從鬼方迄匈奴之間異名同族關係的說法，已深受考驗。﹝註26﹞先秦時期的戎、狄，遠在漢代即被判定爲與匈奴、烏桓、鮮卑的

﹝註19﹞ 《史記三家注》，卷一百十，〈匈奴列傳〉，頁2881～2886。

﹝註20﹞ 王國維，〈鬼方昆夷獫狁考〉，收入氏著，《觀堂集林附別集》（北京：中華書局，1984），第三冊，卷十三，頁583。

﹝註21﹞ 江應梁主編，《中國民族史》（北京：民族出版社，1990），上冊，頁85。

﹝註22﹞ 梁啓超，〈《史記・匈奴列傳》戎狄名義考〉，收入氏著，張品興主編，《梁啓超合集》，第十二卷，〈先秦政治思想史〉，頁3429。

﹝註23﹞ 呂思勉著，《秦漢史》（上海：上海古籍出版社，1983），頁62；馬長壽認爲匈奴是蒙古利亞種，屬於阿爾泰語系，並非夏后氏苗裔，見氏著，《北狄與匈奴》，頁43～46。

﹝註24﹞ 馬長壽著，《氐與羌》（上海：上海人民出版社，1984），頁9。

﹝註25﹞ 朱泓，〈人種學上的匈奴、鮮卑與契丹〉，《北方文物》38（1994）：13。

﹝註26﹞ 吳榮曾以爲北方草原不存在一個歷久不衰的民族，見吳榮曾著，〈戰國胡貉各

祖先有關，漢人如此認知的主要的原因基於兩點：一是戎、狄與匈奴兩者的活動地域有重疊之處；二是戎、狄被誤認為游牧民族，在此情況下，兩者易被混為一談。學者駁斥先秦戎、狄是諸胡前身的說法，主要從下列三點著眼：

其一是文化地理上的差異，戰國前的戎、狄有城廓，文獻上沒有明確記載他們是游牧民族，匈奴則是毫無疑義的游牧民族。

其二是武裝力量構成的不同，戎、狄的武力主要是「步兵」，〔註27〕匈奴則純然是「騎兵」。

其三是「人種」上的差異，匈奴是北亞蒙古人種，戎、狄是東亞蒙古人種。〔註28〕

以上三點之中，最有力的證據當然是第三點。如果戎、狄非匈奴前身，剔除戎、狄後，異名同種之說的立論基礎動搖，勢必另外尋求證據解釋。

根據目前各地出土的考古資料鑑識情況來看，匈奴顯非單一人種，其主體民族屬於古西伯利亞類型蒙古人種北亞型，與蒙古人種東亞類型的華夏民族無血緣關係，而匈奴人種中包含少量的蒙古人種東亞型及其他類型，及為數甚少的歐羅巴人種成份在內，是因為長期遷徙與混血融合的結果。〔註29〕

匈奴人種的構成多元，甚至在匈奴內部的南北地域上，人種的體質與類型上似很早就存在著差異，匈奴南北方的種系構成上有不同來源，學者推論種族淵源的差異所造成的離心力，已種下匈奴內部分裂之因，最後在匈奴衰弱時，導致匈奴分裂為南北。〔註30〕

依考古文物判讀結果，傳統文獻上所謂維淳乃夏后氏苗裔之說可能僅止於傳說，事證上難以成立，匈奴族與中原華夏民族並非同宗共祖，再加上北方諸族的發展上似有「異名而不同種」的情況，新事證的出現，對傳統文獻

族考〉，收入氏著，《先秦兩漢史研究》（北京：中華書局，1995），頁127。

〔註27〕春秋時鄭伯言戎人是徒兵，見（周）左丘明傳，（晉）杜預集解，《春秋左傳集解》，〈隱公九年〉，頁50。

〔註28〕據林澐的考證，見氏著，〈戎狄非胡論〉，收入氏著，《林澐學術文集（二）》，〈考古篇〉，頁3〜5。

〔註29〕馬利清以出土文物成果考據，〈關於匈奴人種的考古學和人類學研究〉，《中央民族大學學報（哲學社會科學版）》173（2007）：51〜53。

〔註30〕朱泓，〈人種學上的匈奴、鮮卑與契丹〉，《北方文物》38（1994）：8；項英杰、馬駿騏、藍琪、項焱著，《中亞：馬背上的文化》（杭州：浙江人民出版社，1996），頁54〜56；烏恩岳斯圖著，《北方草原考古學文化研究：青銅時代至早期鐵器時代》（北京：科學出版社，2007），頁352〜353。

的記載與注解，將起某種程度的修正與補充作用。

目前骨骼人類學的考古資料研究成果，傾向匈奴起源於南西伯利亞和中部亞洲，〔註31〕然後移入蒙古草原。至於匈奴人的祖先何時進入蒙古北方草原，其時間難以確知。〔註32〕因對匈奴族先世發展過程的細節不甚明瞭，有很長一段時間似無文獻記錄，連兩千多年前與匈奴並世而存的漢人，都不是很清楚這一段歷史。漢代史家撰寫匈奴發展史的困難，見之於〈匈奴列傳〉中，太史公僅能追記匈奴可能的始祖淳維，淳維之後便以「在一千多年裏，勢力時大時，部落分散別離，這樣的情況很久了，所以無法得知世系傳承的次序」，帶過這一段歷史，可知當時史料缺乏難稽的狀況。

考「匈奴」之名，其出現於中原史籍的時間甚晚，先秦文獻中，《逸周書》、《山海經》、《戰國策》等三書最早提及「匈奴」。〔註33〕《逸周書》、《山海經》二書有著內容龐雜，非出自於一人一時一地的共同點。《戰國策》由漢人劉向加以整理編定，雖成書時間甚晚，然各篇內容係輯錄自戰國時期，列國史官或策士之文，〔註34〕故一般以此書之內容為先秦時期之的著作。下面將三書相關內容輯錄，略加討論。

《逸周書》各篇完成的先後時間差異甚大，上歷西周下迄東周，〈王會解〉此篇可能出於西周，在春秋時加工改寫而成，〔註35〕此篇提到匈奴的犬類：

> 匈戎狡犬，狡犬者，巨身，四尺果。皆北嚮。〔註36〕

匈戎即匈奴，狡犬可能是匈奴北方草原中大型的犬類，由於相關資料少，

〔註31〕韓康信著，《絲綢之路古代居民種族人類學研究》（烏魯木齊：新疆人民出版社，1994），頁397、403。

〔註32〕（美）W.M.麥高文著，章巽譯，《中亞古國史》（北京：中華書局，1958），卷二，〈匈奴帝國之興亡〉，頁98。林幹以為匈奴族誕生的搖籃在內蒙古的河套及大青山一帶，見氏著，《匈奴史》，頁4～5。以考古文物所判定的匈奴人種而言，匈奴似自外移進入蒙古高原發展為宜。

〔註33〕參見林幹著，《匈奴史》，頁47。

〔註34〕《戰國策》由漢朝劉向所輯錄，見（漢）劉向集錄，《戰國策》（上海：上海古籍出版社，1978），〈重版說明〉，頁1。

〔註35〕《逸周書》成書時間眾說紛云，此據黃懷信所考《逸周書》各篇成書的時間，見氏著，《《逸周書》源流考辨》（西安：西北大學出版社，1992），頁125～126；吳榮曾則以為〈王會解〉此篇完成的時間較晚，可能是戰國末或西漢的早期，見吳榮曾，〈中山國史試探〉，收入氏著，《先秦兩漢史研究》，頁110。

〔註36〕黃懷信、張懋鎔、田旭東撰，李學勤審定，《逸周書彙校集注》，卷七，〈王會解〉，頁947。

無法判斷狡犬是否類似於牧羊犬，有無利用於協助草原放牧。〈王會解〉篇末所附《伊尹朝獻‧商書》中，作者列出所知當時北方部族的名稱：

> 正北空同、大夏，莎車、姑他、旦略、貌胡、戎翟、匈奴、樓煩、月氏、孅犁、其龍、東胡。〔註37〕

作者所列的北方十二民族，分佈地域甚廣，從華夏的東北方一直到西北方，有些民族與中原互動頻繁，比較為人熟知，像戎翟、匈奴、樓煩、東胡、月氏，最著名者即是「匈奴」。

《山海經》成書的時間可能較晚，〔註38〕其卷十〈海內南經〉中提到：

> 匈奴、開題之國、列人之國竝在西北。〔註39〕

西北方的民族甚多，〈海內南經〉此處僅特別指出匈奴與開題、列人三國並立於西北方，因開題國與列人國不知所悉，這條記錄難免令人疑惑。上引《逸周書》與《山海經》的記載，因疑後人竄亂、成書年代的爭議，有關匈奴記載的可靠性受到很大的質疑。

劉向（約前77～前6）是西漢末年之人，〔註40〕在漢成帝朝（前32～前7）時曾校中祕書，得以見到許多珍貴史籍，〔註41〕其輯錄之《戰國策》中，有〈燕太子丹質於秦亡歸〉篇，記載鞠武勸諫燕太子之事，說明此時燕與匈奴間有所往還：〔註42〕

> 居之有間，樊將軍亡秦之燕，太子容之。太傅鞠武諫曰：「不可。夫秦王之暴，而積怨於燕，足為寒心，又況聞樊將軍之在乎？是以

〔註37〕黃懷信、張懋鎔、田旭東撰，李學勤審定，《逸周書彙校集注》，卷七，〈王會解〉，頁980。

〔註38〕一般認為《山海經》成書於戰國之時，楊超所認定的成書時間較晚，約於大一統時期，見楊超，〈《山海經》及其相關的幾個問題〉，收入中國《山海經》學術討論會編輯，《《山海經》新探》（成都：四川省社會科學院出版社，1986），頁5～6；任乃強以為司馬遷所見《山海經》的成書時間可能晚至漢武帝初，見任乃強，〈《山海經》的成書年代及其資料來源〉，收入中國《山海經》學術討論會編輯，《《山海經》新探》，頁331～333。

〔註39〕（晉）郭璞傳，（清）郝懿行箋疏，《山海經箋疏》（成都：巴蜀書社，1985），卷十，〈海內南經〉，頁6。此書為出版社翻印古籍，每卷頁數皆各自獨立起算。

〔註40〕劉向的生卒時間參見廖蓋隆、羅竹風、范源主編，《中國人名大詞典‧歷史人物卷》，〈劉向〉條，頁168。

〔註41〕劉向校中祕書事，見《漢書》，卷十，〈成帝紀〉，頁310。劉向得見許多珍貴之史籍，其著作可與《史記》互參。

〔註42〕林幹氏以為其時燕與匈奴早有經常性的交通，見氏著，《匈奴史》，頁46～47。

委肉當餓虎之蹊，禍必不振矣！雖有管、晏，不能爲謀。願太子急
遣樊將軍入匈奴以滅口。請西約三晉，南連齊、楚，北講單于，然
後乃可圖也。」太子丹曰：「……丹終不迫於強秦，而棄所哀憐之交
置之匈奴」〔註43〕

秦王政十五年（前232）年，爲質於秦的燕太子丹亡歸，不久收容了逃入
燕國的秦將樊於期，燕太傅鞠武基於國家利益的考量，唯恐燕國納叛之舉引
起強秦不悅，勸諫太子丹送走樊於期，假匈奴之手殺之滅口，避免落秦口實
而受戰禍。鞠武此計被太子丹拒絕。秦將樊於期亡燕發生於西元前三世紀末，
此事也見之《史記》的〈刺客列傳〉與〈魯仲連列傳〉。〔註44〕《戰國策》此
條記載，史家多以爲是先秦時期有關匈奴的可靠記錄，〔註45〕則文獻上華夏
確知匈奴族的存在時間，可能晚至戰國末期，幾近於秦一統之時。

《史記》是漢朝人的記載，從淳維到頭曼，中間經過一千多年，除傳說
中的先祖淳維外，匈奴在戰國以前的事蹟，幾不見記載。翻查《史記》裏所
記戰國時代，有關匈奴的記錄也是寥若辰星，出現匈奴人活動的時間，已是
西元前四世紀末。〔註46〕《史記》裏所記匈奴與中原列國最早的政治互動，
在東周慎靚王三年（前318），即秦惠文君後七年時，這一年發生關東韓、趙、
魏、燕、齊五國聯兵攻秦的大事：

　　　韓、趙、魏、燕、齊帥匈奴共攻秦。秦使庶長疾與戰脩魚，虜
　　其將申差，敗趙公子渴、韓太子奐，斬首八萬二千。〔註47〕

匈奴是否加入關東五國聯軍，共同參與攻打秦國的軍事行動，是有爭議
的，質疑這條史條料的學者藉著史料對比互證，認爲匈奴人參與此次五國聯
軍攻秦的可能性微乎其微，〔註48〕但不同看法的學者也有認爲北方民族遭受

〔註43〕（漢）劉向集錄，《戰國策》，卷三十一，〈燕太子丹質於秦亡歸〉，頁1129。

〔註44〕樊於期亡燕事亦見《史記三家注》，卷八十六，〈刺客列傳〉，頁2529；《史記
三家注》，卷八十三，〈魯仲連列傳〉，頁22471。〈列客列傳〉提及遣入匈奴滅
口事，〈魯仲連列傳〉則無。

〔註45〕林幹以爲先秦時期有三條匈奴的記載可靠，此亦其一，見氏著，《匈奴史》，
頁45；武沐氏以爲《戰國策》此條是先秦文獻上唯一可靠記載，見氏著，《匈
奴史研究》，頁15。

〔註46〕馬利清，〈從考古學文化的分佈與傳播看匈奴疆域的變遷〉，《內蒙古大學學報
（人文社會科學版）》37.1（2005）：15。

〔註47〕《史記三家注》，卷五，〈秦本紀〉，頁207；韓、趙、魏、楚、燕五國共擊秦
不勝，見《史記三家注》，卷十五，〈六國年表〉，頁731。

〔註48〕林幹氏以多種史料互證，考此條記載中的「帥匈奴」三字爲誤文，且《資治

中原列國嚴重的威脅，此事反映以匈奴族爲首的部落聯合體可能於此時已經組成。〔註49〕

　　關東五國聯軍的七年之後，燕昭王即位（前 311），他爲報齊侵之仇，禮賢下士、發奮圖強，《史記》於〈燕召公世家〉與〈樂毅列傳〉兩篇中記載了燕昭王的一番圖強之舉，這兩篇卻沒有直接提及匈奴。〔註50〕但西漢晚期劉向所編纂的《說苑》裏，〔註51〕在〈君道〉篇中同樣記載燕昭王圖強事件，其內容與《史記》大同小異，燕昭王與郭隗的對話裏，卻提到《史記》沒記載的匈奴人：

　　　　燕昭王問於郭隗曰：「寡人地狹人寡，齊人取薊八城，匈奴驅馳樓

　　煩之下，以孤之不肖，得承宗廟，恐危社稷，存之有道乎？」〔註52〕

　　燕昭王以燕國地小人少，齊人佔奪燕國的薊等八城，及匈奴人侵犯到鄰國樓煩之地，擔心燕國的生存受到威脅。樓煩是古民族，在春秋戰國時分佈的地域很廣，從今日的河北西北部、內蒙古迄山西北部之間，與晉（三家分晉後，與三晉中的趙國）、燕等國爲鄰。〔註53〕《說苑》此條可能是戰國時，有關匈奴軍事活動最早而信實的文獻記錄。〔註54〕這時匈奴雖非與華夏國家有直接的武裝衝突，因爲患於燕鄰樓煩之地，已深具潛擾中原列國之勢。

　　又過了四十多年，至西元前三紀中，匈奴已不是潛在威脅，而是直接與

　　　　通鑑》該年五國聯軍的記載亦擯匈奴於外，見氏著，《匈奴史》，頁 45，及（宋）
　　　　司馬光等撰，（宋）胡三省注，《資治通鑑》（臺北：西南書局有限公司，1982），
　　　　卷三，〈周紀〉，之〈周慎靚王三年〉條，頁 82～83；史家多不見採用此條史
　　　　料，如楊寬著，《戰國史（增訂版）》，所附之〈戰國大事年表〉，頁 712，及沈
　　　　起煒編，《中國歷史大事年表（古代卷）》，〈前 318 年〉條，頁 74，皆將匈奴
　　　　排除於五國合縱攻秦之外。
〔註49〕田廣金、郭素新著，《北方文化與匈奴文明》，頁 414～415；陳序經認爲關東
　　　　諸侯恐兵力不足，故引匈奴參戰，見氏著，《匈奴史稿》（北京：中國人民大
　　　　學出版社，2007），頁 174，是陳氏以爲《史記》此條記載可信從。
〔註50〕燕昭王奮發圖強之事見《史記三家注》，卷三十四，〈燕召公世家〉，頁 1558；
　　　　《史記三家注》，卷八十，〈樂毅列傳〉，頁 2427。
〔註51〕劉向編著《說苑》事，見《漢書》，卷三十六，〈楚元王傳〉，頁 1958。
〔註52〕（漢）劉向撰，向宗魯校證，《說苑校證》（北京：中華書局，1987），卷一，
　　　　〈君道〉，頁 16。
〔註53〕倉修良主編，魏得良、王能毅副主編，《史記辭典》，〈樓煩〉條，頁 675。
〔註54〕林幹氏以爲此條是匈奴與中原諸國發生關係的可靠史料，見氏著，《匈奴史》，
　　　　頁 45。若不採前述〈秦本紀〉中前 318 年的記載，則《說苑》之記當爲匈奴
　　　　於戰國活動最早記錄。

華夏列國兵戎相見，且雙方互有勝負，《史記・廉頗藺相如列傳》記載匈奴與
趙國間一場為期數年的攻防戰，趙匈雙方鬥智、鬥力，過程十分精采：

> 李牧者，趙之北邊良將也。常居代鴈門，備匈奴。以便宜置吏，
> 市租皆輸入莫府，為士卒費。日擊數牛饗士，習射騎，謹烽火，多
> 間諜，厚遇戰士。為約曰：「匈奴即入盜，急入收保，有敢捕虜者斬。」
> 匈奴每入，烽火謹，輒入收保，不敢戰。如是數歲，亦不亡失。然
> 匈奴以李牧為怯，雖趙邊兵亦以為吾將怯。趙王讓李牧，李牧如故。
> 趙王怒，召之，使他人代將。歲餘，匈奴每來，出戰。出戰，數不
> 利，失亡多，邊不得田畜。復請李牧。牧杜門不出，固稱疾。趙王
> 乃復彊起使將兵。牧曰：「王必用臣，臣如前，乃敢奉令。」王許之。
> 李牧至，如故約。匈奴數歲無所得。終以為怯。邊士日得賞賜而不
> 用，皆願一戰。於是乃具選車得千三百乘，選騎得萬三千匹，百金
> 之士五萬人，彀者十萬人，悉勒習戰。大縱畜牧，人民滿野。匈奴
> 小入，詳北不勝，以數千人委之。單于聞之，大率眾來入。李牧多
> 為奇陳，張左右翼擊之，大破殺匈奴十餘萬騎。滅襜襤，破東胡，
> 降林胡，單于奔走。其後十餘歲，匈奴不敢近趙邊城。趙悼襄王元
> 年，廉頗既亡入魏，趙使李牧攻燕，拔武遂、方城。居二年，龐煖
> 破燕軍，殺劇辛。〔註55〕

趙將李牧鎮守趙國北方邊境數年，面對匈奴人長期入侵，他的應敵方式
看似消極避戰，實則有一套自己的戰術策略，方能力保邊地人、畜、財貨無
損，但部屬不明所以，從邊軍至趙廷中央瀰漫著一股質疑統帥畏敵怯戰的聲
浪。「畏懦」是前敵將領之大忌，〔註56〕意謂不堪軍事重任，難任人君所托。
趙王終於受到外界影響，對李牧的信心動搖，先是指責他的不力，最後加以
撤職。接任李牧的趙將當然不會重蹈覆轍，改採迎頭抗擊的策略，幾戰下來
也不能克敵制勝，隔了一年多，趙王衡量後任邊將的禦匈代價比前任高得多，
只好回頭勉強李牧復職。得到貫徹意志許可的李牧回任後整軍經武，又經過
了多年，趙、匈才開戰。所以對匈奴的戰事，李牧前後以好幾年的時間做準

〔註55〕《史記三家注》，卷八十一，〈廉頗藺相如列傳〉，頁2449～2451。
〔註56〕將領膺國之爪牙重任，若得畏敵怯戰的評價，將失人君之信，仕宦前途堪虞，
　　　　如漢朝時之武將獲「畏懦」嚴譴者，或殺或免，見《史記三家注》，卷二十，
　　　　〈建元以來侯者年表〉，頁1434、1038；《史記三家注》，卷一百一十四，〈東
　　　　越列傳〉，頁2982。

備，在佈署完成後，最終與匈奴對決。趙匈這次的大決戰的時間點，依《史記》所敘，此戰發生在趙悼襄王二年（前243）攻燕，拔武遂的十餘年前。〔註57〕趙悼襄王（前244～前236）的前任趙王是趙孝成王（前265～前245），〔註58〕推估任命李牧長年鎮守趙邊備匈破胡，就是孝成王在位期間的事。〔註59〕

　　李牧鎮守趙邊時，廣受外界的誤解、譏笑，被最高領導人責備、解職，恥辱與宦途不保並沒有動搖他的決心與策畫，是一個很有自我風格的優秀將領，〔註60〕最後他親自指揮，獲得這場戰事的重大勝利。戰國末年這場趙、匈大戰，過程有幾點很值得我們注意，筆者試析如下：

　　其一，戰國末年匈奴已成為趙國的邊患，屢有入侵趙邊之舉，對趙國構成威脅，雁門與代郡首當其衝，所以李牧常駐守於雁、代。

　　其二，匈奴人不容易對付，是趙人強勁的對手，李牧得雙管齊下，一方面積極訓練趙軍，提昇士氣，做好戰爭準備，一方面花費心力，以相當長的時間來算計匈奴人。

　　其三，匈奴入侵趙邊的目的是盜虜人、畜，搶奪勞動人口與牲畜是其目標，似無意久佔趙國土地。因此李牧縱放大量的人口與牲畜於平野，讓匈奴

〔註57〕《史記三家注》，卷四十三，〈趙世家〉，頁1779；《史記三家注》，卷八十一，〈廉頗藺相如列傳〉，頁2448。《資治通鑑》將李牧取武遂之事繫於繫於秦王三年（前244），即趙悼襄王元年，見（宋）司馬光等撰，（宋）胡三省注，《資治通鑑》，卷六，〈秦紀〉，頁205。

〔註58〕趙孝成王及趙悼襄王在位的西元年時間，參見楊寬著，《戰國史（增訂版）》，〈戰國大事年表〉，頁718～721；李牧守邊破匈奴事，林幹估約為趙孝成王初年，見氏著，《匈奴史》，頁45；沈起煒估於趙孝成王時，見氏編，《中國歷史大事年表（古代卷）》，頁84。

〔註59〕《中國歷代戰爭年表》將此戰發生之時，繫於秦王政二年，趙孝成王二十一年（前245）之下，見中國軍事史編寫組編，《中國歷代戰爭年表》（北京：解放軍出版社，2002），上冊，頁143。《中國歷代戰爭史》將之繫於趙孝成王二十年（前246），見中國歷代戰爭史編纂委員會編，《中國歷代戰爭史》（北京：軍事譯文出版社，1983），第二冊，頁263。

〔註60〕美國軍事學者艾德格・普伊爾的研究結果顯示，西方許多到達領導高層地位的軍官一致認為風格是軍事領袖的基礎，見（美）艾德格・普伊爾著，陳勁甫譯，《為將之道：指揮的藝術——風格代表一切》（臺北：麥田出版：城邦文化事業股份有限公司，2011），頁10～11。從李牧不畏艱難，不怕丟官，不受外界影響，堅決照自己的步驟完成對匈戰略佈署的過程，其個人風格相當顯著，《史記》也評李牧為「良將」，故筆者以很有自我風格的優秀將領形容之。又漢初牧為良將之評已著，中郎署長馮唐曾對皇帝稱讚李牧之為將，漢文帝博髀恨不得其為將，見《史記三家注》，卷一百二，〈馮唐列傳〉，頁2757。

偵察得知，可以達到引其來犯的目的。

其四，匈奴侵盜的軍事行動並非每次都能有所收穫，有時也會撲空，如李牧統兵駐邊時，在他的指揮監督下，趙國的邊防烽火系統有很高的運作效率，發揮及時警示的作用，配合趙軍大量的坼堠蒐集情資，匈奴每每發動攻擊時，雖然馬騎部隊的行動很快，但還是被趙方坼堠偵知，因而暴露行蹤，趙地邊境的百姓、畜產得以緊急收躲，匈奴的入侵就做了白工。

其五，匈奴人在戰場上的警覺性奇高，李牧以「避戰」塑造自己「畏戰」形象，還得費了數年時間驕敵，佈好陷阱引敵來犯。匈奴雖然覺得李牧怯戰，但進兵仍然如臨大敵般謹慎，先以小股軍隊試探，李牧不得不犧牲了一批人員，佯裝合戰不利，才能讓匈奴人放鬆警戒，胡騎大軍乃敢深入。

其六，匈奴由首領親自統兵進攻，其首領尊號是「單于」，這個單于很可能就是頭曼。〔註61〕

其七，匈奴軍隊以騎兵為主，數量至少有十餘萬騎。一個能出動十餘萬武裝騎兵的國家，軍事力量已經相當可觀，對比趙軍僅有車一千三百乘，騎一萬三千匹，此戰匈奴軍隊的機動力是遠遠勝於趙軍的。趙軍機動性遠不如匈奴，盲目越塞出擊徒費心力，即使勝利也難追逐亡北，所以李牧要耗費多年長期佈署，以引誘匈奴人前來入縠而伏擊，才有機會捕捉到匈奴人的主力，以求擴大戰果。

其八，單于雖得於這場敗戰中逸脫，但因深入中伏，以致部隊的傷亡大，對匈奴人自是是一大打擊，從此十餘年間，匈奴記取教訓，忌憚李牧，避免接近趙的邊城之地。

其九，此戰使得鄰近燕、趙的其他北方游牧民族連帶受到重創，這些部落如果不是因為與匈奴聯兵攻掠趙國賈禍，就是李牧追逐亡北之際，乘勝進擊鄰近這些無備的游牧部落：活動於燕北的東胡，被趙軍擊敗；位於趙北及趙西（今山西北方與內蒙古伊克昭盟東部地區）的林胡被迫降趙；位於趙北（今山西朔縣以北至內蒙古自治區一帶）的襜襤（澹林）敗滅。〔註62〕

〔註61〕學者陳序經推估頭曼為單于約 40 年，與秦始皇在位期差不多，見氏著，《匈奴史稿》，頁 174。

〔註62〕林胡在晉北，東胡在燕北，見《史記三家注》，卷一百十，〈匈奴列傳〉，頁 2885；「林胡」與「樓煩」活動地域之今地參照史念海，〈論戰國時期稱雄諸侯各國間的關係及其所受地理環境的影響〉，收入氏著，《河山集》（北京：生活·讀書·新知三聯書店，1981），第四集，頁 355；與倉修良主編，魏得良、王能

　　此戰趙國大獲全勝，鄰近趙北的游牧部落幾無倖免，受到大小不等的打擊。匈奴人遭李牧擊敗，在趙國北部雲、代一帶的活動發展大受壓制，是戰國時期，匈奴人南下的一大挫敗，但此敗似未至影響其民族生存的地步，匈奴人仍馳逞於趙長城以北的草原上。在秦帝國（前221～前207）之前，北起外貝加爾，南至陰山以南鄂爾多斯，西至杭愛山，東至大興安嶺的遼闊地域，都可見匈奴人活動的足跡。〔註63〕

　　匈奴人受制於趙國，武安君李牧是關鍵人物，他是趙國末期卓越的軍事將領，除了大敗匈奴外，破燕、秦，拒韓、魏，尤其多次擊敗秦軍，軍事才華洋溢。〔註64〕秦軍在戰場上一時拿李牧沒輒，便施用反間計對付他，賄賂趙王的寵臣郭開，趙王遷信其讒言，於七年（前229）解除李牧兵權，隨後將他處死。趙王自毀干城的結果，〔註65〕難以抵敵秦軍，趙國隨之滅亡（前228）。〔註66〕

毅副主編，《史記辭典》，〈林胡〉條，頁253、〈澹林〉條，頁757；今日山西省西北方的偏關，其北與內蒙古的清水河相連，其西與內蒙古準格爾旗相鄰，在春秋、戰國時代爲林胡的活動之地，見牛儒仁主編，《偏關縣志》（太原：山西經濟出版社，1994），卷二，〈地理志〉，頁69；又馮唐對文帝所言李牧此戰之勝，僅提破東胡、滅澹林，未及降林胡之事，見《史記三家注》，卷一百二，〈馮唐列傳〉，頁2758；馬長壽以爲「儋林」或「禟襤」，即是「林胡」，見氏著，《北狄與匈奴》，頁19～20；吳榮曾以爲「林胡」是「澹林」的簡稱，此處《史記》「降林胡」三字疑爲衍文，見吳榮曾，〈戰國胡貉各族考〉，收入氏著，《先秦兩漢史研究》（北京：中華書局，1995），頁122。查《中國歷史地圖》所編繪，以分佈地域而論，禟襤（澹林）、樓煩、林胡三者依次由東向西分立，〈趙、中山圖〉及〈燕圖〉中，在趙國的北方，燕的西北方均有禟襤（澹林），則譚氏等歷史地理學者，是將三者列爲不同民族，見譚其驤主編，《中國歷史地圖集》，第一冊（原始社會‧夏‧商‧西周‧春秋‧戰國時期），頁37～38、41～42。

〔註63〕馬利清，〈從考古學文化的分佈與傳播看匈奴疆域的變遷〉，《內蒙古大學學報（人文社會科學版）》37.1（2005）：17。

〔註64〕梁啓超以「守如處子，出如脫兔」盛讚李牧，認爲後世文帝、景帝、武帝時的軍略，李牧以一身而備之，見梁啓超，〈李牧傳〉，收入氏著，張品興主編，《梁啓超合集》，第三卷，〈新民說〉，頁812。梁氏所稱引李牧之語，出自於《孫子》，原文是：「是故始如處女，敵人開戶；後如脫兔，敵不及拒」，見（周）孫武撰，（漢）曹操等注，楊丙安校理，《十一家注孫子校理》，卷下，〈九地篇〉，頁266。

〔註65〕秦朝子嬰進諫二世時，已論趙王遷殺李牧之不該，以致於趙王受殃，趙失其國，見《史記三家注》，卷八十八，〈蒙恬列傳〉，頁2568。

〔註66〕《史記三家注》，卷八十一，〈廉頗藺相如列傳〉，頁2451。

隨著一代名將李牧的殞命，趙國亡滅，理論上匈奴在雲、雁、代的軍事壓力減輕，但長城以南的政局已起了巨大的變化，秦國東向之勢沛不可擋，陸續擊定關東諸侯國，秦王政二十六年（前 221），滅關東最後一個諸侯齊國，結束戰國群雄並立之局。〔註 67〕匈奴所面臨的長城以南，與過去大不相同，從多國不相屬，互相牽制，彼此廝殺，力量分散的局面，轉變成全國一統，中央集權，廣土眾民的國家。強力的秦政權，帶給匈奴人更大的挑戰。

第二節　秦末北方草原游牧勢力的消長

位於陰山南方的鄂爾多斯高原，東、西、北三面環繞黃河，南有長城橫亙，約當今日內蒙古自治區西南部及陝西省榆林區的北部，包括內蒙古伊克昭盟和陝西省定邊、靖邊、橫山、榆林、神木、府谷等縣的長城以北之地。〔註68〕秦漢時期稱這個地為「河南地」。〔註69〕河南地的南界，便以秦昭襄王（前306～前251）時所築的長城為分野。〔註70〕匈奴人進入蒙古草原後，可能從陰山南部和鄂爾多斯地區興起擴張。〔註71〕匈奴在戰國晚期的擴張，游牧範圍及於鄂爾多斯地區的林胡及樓煩皆當其衝。〔註72〕

林胡與樓煩的關係密切，兩族活動的地域一直頗為鄰近，春秋時期（前八～前三世紀），原似生息於今內蒙古河套及大青山一帶，〔註73〕幾經遷徙，

〔註67〕秦王政二十六年，以將軍王賁滅齊得齊王建，終於兼併天下，見《史記三家注》，卷六，〈秦始皇本紀〉，頁235。

〔註68〕王尚義，〈歷史時期鄂爾多斯高原農牧業的交替及其對自然環境的影響〉，收入中國地理學會歷史地理專業委員會《歷史地理》編輯委員會編，《歷史地理》（上海：上海人民出版社，1987），第五輯，頁11。

〔註69〕見中國歷史大辭典歷史地理卷編纂委員會編，《中國歷史大辭典·歷史地理卷》（上海：上海辭書出版社，1997），〈河南〉條，頁566；《中國古今地名大辭典》將河套的範圍界定為東西北三面距其河，南限長城的鄂爾多斯高原，見謝壽昌、陳鎬基等編輯，《中國古今地名大辭典》（上海：商務印書館，1931），〈河套〉條，頁516。

〔註70〕辛德勇著，《秦漢政區與邊界地理研究》，頁262。

〔註71〕馬利清，〈關於匈奴人種的考古學和人類學研究〉，《中央民族大學學報（哲學社會科學版）》173（2007）：52。

〔註72〕烏恩岳斯圖以為匈奴興起後，首先南下征服林胡、樓煩等游牧人，見氏著，《北方草原考古學文化研究：青銅時代至早期鐵器時代》（北京：科學出版社，2007），頁352。

〔註73〕林幹著，《中國古代北方民族通論》（呼和浩特：內蒙古人民出版社，1998），

在戰國時與中原列強鄰邊。林胡人在戰國大致分佈於趙北及趙西,即今山西北方與內蒙古伊克昭盟東部之地,因為地緣上與趙國接壤,彼此長年爭戰,趙肅侯(前 349～前 326)時即曾敗之於荏,趙武靈武王(前 325～前 299)時,林胡王曾被迫獻馬於趙,又過了幾十年,復遭趙將李牧所破。[註 74]秦末的河南地的樓煩、白羊河南王中的河南王,很可能就是林胡王。[註 75]

　　戰國時的樓煩族,其活動範圍很廣,東起今天河北西北部之地,向西直至今內蒙古的伊克昭蒙一帶,北至內蒙古呼和浩特市至集寧市一帶,南至陝西府谷縣至山西代縣以北之地為主。[註 76]由於地處匈奴、燕國、趙國的包圍之中,受到周遭諸國強勢擴張的衝擊,匈奴人進犯,趙人長期入侵,[註 77]燕人蠶食,[註 78]以致勢力益小。樓煩人最後若不是被匈奴合併,則多被燕、趙兩國所征服,餘下一部份未被征服的樓煩人留於河南地,維持舊有部落的統治。[註 79]

　　趙國的九原、[註 80]雲中、雁門、代郡等邊郡的設置,及代(今河北蔚

　　　　頁 81～82。

〔註 74〕趙與林胡接壤,兩國多有衝突,趙肅侯、武靈王、孝成王屢破林胡事,見《史記三家注》,卷四十三,〈趙世家〉,頁 1806、1811;《史記三家注》,卷一百十,〈匈奴列傳〉,頁 2885。

〔註 75〕烏恩岳斯圖認為「河南王」指的是居於黃河以南的林胡之王,見氏著,《北方草原考古學文化研究:青銅時代至早期鐵器時代》(北京:科學出版社,2007),頁 352;史念海以趙武靈王及秦昭襄王皆未能征服林胡,河南地在落入匈奴之手前,基本上為林胡人所盤據,見〈論秦九原郡始置的年代〉,收入史念海著,《河山集》(西安:陝西師範大學出版社,1999),第七集,頁 381～382;查《中國歷史地圖集》所編繪,林胡人分佈於河南榆中之地域似比樓煩更西更廣,「河南王」確有可能是「林胡王」,見譚其驤主編,《中國歷史地圖集》,第一冊(原始社會‧夏‧商‧西周‧春秋‧戰國時期),〈戰國時期全圖〉,頁 31～32,及〈諸侯稱雄形勢圖(公元前 350 年)〉,頁 33～34。

〔註 76〕王延棟編著,《戰國策辭典》(天津:南開大學出版社,2001),〈樓煩〉條,頁 196。

〔註 77〕如主父(趙武靈王)出代,西遇樓煩王而致其兵,此前如無以武力相威,難致此等游牧外族之兵,見《史記三家注》,卷四十三,〈趙世家〉,頁 1813;匈奴侵入樓煩之事,見前引《說苑‧君道》篇,頁 16。

〔註 78〕燕國的樓煩之地遭到胡人襲擊,此「樓煩地」本為燕奪之於樓煩族,見(漢)劉向集錄,《戰國策》,卷十二,〈蘇秦說齊閔王〉,頁 434。

〔註 79〕吳榮曾以為樓煩大部份被燕、趙所征服,在今內蒙古伊克昭盟未被燕、趙征服的樓煩白羊河南王,即未被征服的樓煩人餘部,見氏著,〈戰國胡貉各族考〉,收入氏著,《先秦兩漢史研究》,頁 125～127。

〔註 80〕《史記三家注》,卷四十三,〈趙世家〉,頁 1811。

縣東北）至高闕（內蒙古巴彥淖爾市杭錦後旗）築起的趙長城，〔註 81〕此二
事可知樓煩與林胡兩族承受趙國武力打擊之沉重。趙在武靈王（前 325～前
299）時，變易國俗，以胡服騎射增強軍隊的戰鬥力，積極自外開疆拓土，曾
親率趙騎入胡，開闢了千里的疆土，〔註 82〕林胡與樓煩以此失地甚廣，漸至
勢窮力蹙。

　　匈奴部落聯盟的政權成立時間，似近於戰國晚期，〔註 83〕這時北方諸多游
牧民族文化漸趨一致，匈奴部落聯合體逐漸形成。〔註 84〕在頭曼成為匈奴首領，
擔任單于之時，匈奴已具備政權運作應具備的要素，日後冒頓繼承了這個政權
體系。〔註 85〕有學者認為「頭曼」這個單于號的稱呼，有「萬人」、「萬戶」的
意思，恰反映了此時匈奴尚未強大到足以一統草原諸部的事實。〔註 86〕

　　匈奴人從陰山的擴張，在征服其他部落後，通常沒有打破所臣服部族的
內部結構，只是將之納入匈奴部落聯盟之中。〔註 87〕匈奴人最晚在秦始皇三
十二年（前 215）之前，勢力就已越過大河，佔有河套，取得河南地，南與秦
國相鄰，向北最遠可能至貝加爾湖之間的蒙古高原地區。〔註 88〕在冒頓即單

〔註81〕《史記三家注》，卷一百十，〈匈奴列傳〉，頁 2885。代與高闕今地名參見倉修
　　　　良主編，魏得良、王能毅副主編，《史記辭典》，〈代〉條，頁 137；〈高闕〉條，
　　　　頁 431。

〔註82〕（漢）劉向集錄，《戰國策》，卷十九，〈王破原陽〉，頁 675。

〔註83〕麥高文以為匈奴聯盟，晚至西元前三世紀末之時才建立。（美）W.M.麥高文著，
　　　　章巽譯，《中亞古國史》，卷二，〈匈奴帝國之興亡〉，頁 108。

〔註84〕馬利清，〈從考古學文化的分佈與傳播看匈奴疆域的變遷〉，《內蒙古大學學報
　　　　（人文社會科學版）》37.1（2005）：16。

〔註85〕何天明，〈對匈奴創建政權若干問題的探討——匈奴政權始自冒頓單于說質
　　　　疑〉，《內蒙古社會科學（漢文版）》27.1（2006）：40～45；楊寬認為頭曼是匈
　　　　奴部落聯盟的第一個單于，居於陰山以北的頭曼城（今內蒙古五原東北的陰
　　　　山北麓），見氏著，《戰國史（增訂版）》，頁 433；王可賓以為匈奴自冒頓開始
　　　　建國，見氏著，〈從匈奴單于的繼承看父死子繼與兄終弟及〉，《社會科學戰線》
　　　　1984.1：144。

〔註86〕羅新，〈匈奴單于號研究〉，收入氏著，《中古北族名號研究》（北京：北京大
　　　　學出版社，2009），頁 32；江上波夫以「頭曼」其名，乃因其為「萬騎」之故，
　　　　見（日）江上波夫著，張承志譯，《騎馬民族國家》，頁 28。

〔註87〕江上波夫指出被匈奴征服或歸順的部族之自身結構，似可大體維持舊有的傳
　　　　統形勢，見氏著，張承志譯，《騎馬民族國家》，頁 34。

〔註88〕參見林劍鳴著，《新編秦漢史》（臺北：五南圖書出版股份有限公司，2003），
　　　　上冊，頁 91；另譚其驤主編，《中國歷史地圖集》，第一冊（原始社會・夏・
　　　　商・西周・春秋・戰國時期），〈戰國時期全圖〉，頁 31～32，已將匈奴的活動
　　　　範圍標至外蒙的烏蘭巴托附近。

于位（前 209）之前的一個世紀裏，匈奴人最穩固的勢力範圍，仍是以今呼和浩特與包頭一帶爲中心的陰山南北本部之地。〔註89〕

　　匈奴最早何時取得河南地，與秦國上郡北界的地理位置在何處，這兩者比較有爭議，學界意見大致可歸納下列看法：

　　其一，在秦始皇派將北伐前，秦的上郡北界一直是以秦昭王長城舊址爲主。〔註90〕也就是說戰國時魏、趙、秦國一直沒有將河南地納入領地之中。〔註91〕在戰國時，鄂爾多斯高原由匈奴人據有，〔註92〕所以河南地匈奴人非取之於中原之手。

　　其二，另一種可能是戰國時期，河南地已被趙國所佔，至戰國晚期中原倥傯，趙國疲於應付秦國的征伐，無暇顧及鄙遠邊區，抽調李牧的邊防軍回防，〔註93〕匈奴趁機奪佔九原及河南地。〔註94〕如此，則河南地是匈奴轉取於關東中原國家之手。

　　其三，河南地在戰國時期已納屬於秦（參見附圖二秦與戰國群雄圖），〔註95〕所以匈奴攻取河南地，乃是得自於秦國的領土。當然，最佳的取得時

〔註89〕（日）江上波夫著，張承志譯，《騎馬民族國家》，頁 23。

〔註90〕見史念海，〈新秦中考〉，《中國歷史地理論叢》1987.1：119～120；秦上郡北界的爭議，及可靠的秦上郡屬縣推估，見後曉榮著，《秦代政區地理》，頁 159～160。

〔註91〕內蒙古自治區蒙古語文歷史研究所歷史研究室、內蒙古大學蒙古史研究室編，《中國古代北方各族簡史（修訂本）》（呼和浩特：內蒙古人民出版社，1979），頁 59～60；（英）傑佛里·巴勒克拉夫主編，鄧蜀生中文編輯，《泰晤士世界歷史地圖集》（北京：生活·讀書·新知三聯書店，1985），頁 80，將秦昭襄王長城以北的河南地，列入秦一統之後才取得的新領地，之前非屬於趙與秦。

〔註92〕王明珂著，《游牧者的抉擇：面對漢帝國的北亞游牧部族》（臺北：聯經出版事業股份有限公司，2009），頁 123。

〔註93〕勞榦，〈秦的統一與其覆亡〉，收入氏著，《古代中國的歷史與文化》（臺北：聯經出版事業股份有限公司，2006），頁 105。

〔註94〕楊寬著，《戰國史（增訂版）》，頁 433～434；林幹的論述也以戰國時趙已臣服樓煩、林胡，故河套（河南地）已受趙支配，見林幹著，《中國古代北方民族通論》，頁 81～82。

〔註95〕（美）費正清所繪之〈秦與戰國群雄圖〉，已將鄂爾多斯高原畫入戰國時秦國的領域內，見氏著，薛絢譯，《費正清論中國：中國新史》，此圖爲書中附圖，無頁碼，是費氏亦認爲戰國時，秦已得河南之地；（英）崔瑞德等繪製西元前 250 年的戰國圖，將河套之處歸於趙，河南地則納入秦國領地中，見（英）崔瑞德、（英）魯惟一編，楊品泉、張書生、陳高華等譯，《劍橋中國秦漢史：公元前 221～公元 220 年》（北京：中國社會科學出版社，1992），頁 54；《秦

機，在中原一統戰爭最激烈，秦國無暇北顧之時。〔註96〕是匈奴得河南地，乃取之中原，攻奪的時間亦甚晚。

戰國時期趙國及秦國是否曾相繼控有河南地，對匈奴與秦朝出兵爭奪此地來說，意義是不同的，如河南曾是趙、秦之地，是匈奴趁中原大戰亂之際奪取，則日後秦朝出師復佔河南地，可說是收復失地或是奪回前趙之故地；若匈奴自樓煩或林胡取得河南地，是與中原不相干的另闢疆土，秦朝出師是侵佔匈奴之域，兩者在意義當然並不相同。無論如何，至少在秦始皇三十二年（前215），大將蒙恬率師北伐前，河南地已入匈奴之手。

秦國擊定關東六國，中原混一成為空前的秦帝國，開前所未有之局，廣土眾民治理殊不易為之，故秦廷施政首重內政問題，汲汲於整合內部，抑或其力有未逮，起初也未見積極處理匈奴活動於河南地的問題。秦政府頒行一連串重大的政治措施：廢封建行郡縣，治馳道、收銷軍器、統一度衡、車同軌、書同文、徙富豪於咸陽、墮壞城廓、決通川防、夷去險阻，推動工程建設，〔註97〕對維護帝國的一統做了很大的努力。〔註98〕秦在制度方面的巨大變動，政策在全國推動，藉官僚體系推動運作，需假以時日，方能真正落實。

當秦廷集中精力於內政與制度規畫時，發生了一件意外，使得秦廷的心力忽然轉而向北，〈秦始皇本紀〉記載斯事：

> 燕人盧生使入海還，以鬼神事，因奏錄圖書，曰「亡秦者胡也」。始皇乃使將軍蒙恬發兵三十萬人北擊胡，略取河南地。三十三年……西北斥逐匈奴。自榆中並河以東，屬之陰山，以為（三）〔四〕十四縣，城河上為塞。又使蒙恬渡河取高闕、（陶）〔陽〕山、北假中，築亭障以逐戎人。徙謫，實之初縣。禁不得祠。明星出西方。

史稿》中，林劍鳴氏以為河套是秦國北方的領土，被匈奴人佔去者，見氏著，《秦史稿》（上海：上海人民出版社，1981），頁356。

〔註96〕林劍鳴氏的《新編秦漢史》中，並未明指河南原屬趙抑是秦國，僅說明秦滅六國的最後階段，匈奴趁中原戰事激烈，諸國無力顧及河南地時取之，見氏著，《新編秦漢史》，上冊，頁91。此處林氏結論自注乃參考《史記・秦始皇本記》，經查似未及此，或注解編排上有失。

〔註97〕秦統一六國，及統一後的施政，見《史記三家注》，卷六，〈秦始皇本紀〉，頁233～235、239、241、252。

〔註98〕錢穆氏以為秦為一統事業做了大努力，秦政治的背後有一高遠的理想，見氏著，《國史大綱》，上冊，收入氏著，錢賓四先生全集編委會整理，《錢賓四先生全集》，乙編，第二十七冊，頁136～139。

三十四年，適治獄吏不直者，築長城……三十五年，除道，道九原
抵雲陽，塹山堙谷，直通之……始皇怒，使扶蘇北監蒙恬於上郡
……三十六年……遷北河榆中三萬家〔註99〕

因燕方士盧生奏錄圖書，上呈「亡秦者胡也」的圖讖。〔註100〕秦廷將「亡
秦者胡」的圖讖，理解成「滅亡秦朝是胡人」，〔註101〕因此對北方胡人產生高
度疑慮。「胡」之名始見於戰國之際，〔註102〕本是稱呼林胡等某些北方民族，
漸與「戎」之名共同涵蓋北方民族，〔註103〕成了北方各游牧民族的泛稱，到
西漢時專指匈奴。〔註104〕秦始皇在位晚期時，長城以北的草原游牧民族不少，
不管秦人對「胡」的概念是否停留在戰國時，或下開漢人專稱匈奴的用法，
秦廷顯然判定「亡秦者胡也」，這個「胡」就是「匈奴」。

以當時的地理位置來看，匈奴人的勢力範圍，從陰山跨大河至河南地，
南以秦昭王長城與秦國的關中心臟地帶密鄰，具有政權型態又擁有強大的騎
兵武力，在北方諸胡之中，的確以此胡對秦政權的威脅性最大。

始皇欲子孫享國萬世傳之無窮，〔註105〕只要可能對嬴秦政權造成威脅的
人與事，在潛在階段時就要加以處理，以避免不良影響擴散開，如「天子氣」
的事件：秦皇常說帝國的東南方有所謂的「天子氣」，這個「天子氣」的說法
可能來自方士的建言，或僅是個人一種心理上的感覺，秦皇還是不辭旅途勞
頓，寧冒車馬顛跋之辛，向東巡游來鎮服這股「天子氣」。〔註106〕如果說對主

〔註99〕 《史記三家注》，卷六，〈秦始皇本紀〉，頁252～253、256、258～259。

〔註100〕 《資治通鑑》校點版本的斷句與《史記》大不同，《資治通鑑》將《史記》內
的「因奏錄圖書」五個字，改為「因奏《錄圖書》」，將「錄圖書」加了書名
號。《通鑑》注解以《錄圖書》如後世的讖緯之書，見（宋）司馬光等撰，（宋）
胡三省注，《資治通鑑》，卷七，〈秦紀〉，頁242。

〔註101〕 見《史記三家注》，卷六，〈秦始皇本紀〉，《集解》引鄭玄注：「秦見圖書，不
知此為人名，反備北胡」，頁252；漢張衡做《思玄賦》，有提到對秦皇發兵
擊胡的原因：「嬴擿讖而戒胡兮，備諸外而發內」，注解云秦始皇解讖，以為
秦患是北胡，故備北擊之，見（漢）張衡著，張震澤校注，《張衡詩文集校注》
（上海：上海古籍出版社，1986），〈思玄賦〉，頁213、218。

〔註102〕 王國維，〈鬼方昆夷玁狁考〉，收入氏著，《觀堂集林附別集》，第三冊，卷十
三，頁606。

〔註103〕 （清）顧炎武著，黃汝成集釋，欒保羣、呂宗力點校，《日知錄集釋》（上海：
上海古籍出版社，2006），下冊，卷三十二，〈胡〉，條，頁1847。

〔註104〕 吳榮曾，〈戰國胡貉各族考〉，收入氏著，《先秦兩漢史研究》，頁119。

〔註105〕 《史記三家注》，卷六，〈秦始皇本紀〉，頁236。

〔註106〕 〈高祖本紀〉中並未注明秦始皇何以能知東南有天子氣，見《史記三家注》，

觀抽象的「天子氣」都耿耿於懷，必欲去之而後快，焉能放過像「亡秦者胡也」，這樣明確露骨形諸文字，充滿恫嚇的威脅警示。爲除患爲未萌，始皇決定大舉出師，派將軍蒙恬爲統帥，率兵北向攻打匈奴。

蒙恬率大軍北上，用兵似相當順利，戰爭勝利後爲鞏固秦的北疆，繼續統兵留駐北方數年之久，〈蒙恬列傳〉：

> 秦已并天下，乃使蒙恬將三十萬眾北逐戎狄，收河南。築長城，因地形，用制險塞，起臨洮，至遼東，延袤萬餘裏。於是渡河，據陽山，逶蛇而北。暴師於外十餘年，居上郡。是時蒙恬威振匈奴……始皇欲游天下，道九原，直抵甘泉，迺使蒙恬通道，自九原抵甘泉，壍山堙谷，千八百里。道未就。……始皇至沙丘崩……前已囚蒙恬於陽周。喪至咸陽，已葬，太子立爲二世皇帝……二世又遣使者之陽周，令蒙恬曰：「君之過多矣，而卿弟毅有大罪，法及內史。」恬曰：「自吾先人，及至子孫，積功信於秦三世矣。今臣將兵三十餘萬，身雖囚繫，其勢足以倍畔……」〔註107〕

這場秦匈戰役是匈奴首度與大一統後的中原交手，秦朝以長城以南農業大國雄厚的資源爲後盾，悉兵北向與之爭勝，綜合〈秦始皇本紀〉與〈蒙恬列傳〉的記載，此戰可注意的有幾點：

其一，秦發動戰爭的表因是「亡秦者胡」，其中或隱有收復中原失地的可能性，但主要用意在削弱北方游牧政權對南方農業政權的潛在威脅。

其二，此時匈奴首領是頭曼單于，〔註108〕匈奴有相當可觀的軍事實力，秦朝不得不動員三十萬眾的部隊前往作戰。〔註109〕中原開赴戰場的兵力如此龐大，是匈奴軍在數量上難以比擬的。〔註110〕秦兵統帥蒙恬出身職業軍人世

卷八，〈高祖本紀〉，頁348，當時招致的方士最有可能做此建言。

〔註107〕《史記三家注》，卷八十八，〈蒙恬列傳〉，頁2565～2567、2569。

〔註108〕《史記三家注》，卷一百十，〈匈奴列傳〉，頁2887。

〔註109〕秦始皇三十二年出兵北攻的軍隊數量，有三十萬人與十萬人兩種説法，除《史記三家注》，卷一百十，〈匈奴列傳〉，頁2886，記載蒙恬帥十萬軍隊到北方攻打匈奴外，其他多以三十萬人爲主，如蒙恬在陽周獄中自云：「將兵三十餘萬」。故始皇此處派出的軍隊應似爲三十萬人，而非十萬人。史家林劍鳴氏以蒙恬率三十萬軍北征，見氏著，《秦史稿》，頁381。

〔註110〕匈奴在冒頓單于合併四鄰後國勢臻於極盛之世，以四十萬兵與漢高祖決戰於平城，這是匈奴史上唯一一次出動四十萬兵員，見《史記三家注》，卷一百十，〈匈奴列傳〉，頁2894；在秦季之世時，北亞游牧勢力尚未合一，東胡雄據於匈奴之東，月氏稱霸於西，頭曼單于所控之兵，絕無後來冒頓單于至盛時

家，在一統戰爭中立有汗馬功勞，三世爲秦將，積功顯赫。〔註 111〕中原政權以統一後充沛的人力、物力資源，任命優秀的將領爲指揮官，出動三十萬大軍，不畏轉輸之艱，後勤支援源源不絕，相比之下，長城以北的草原游牧民族就沒有這麼好的條件了，草原政權各不相屬，資源力量分散，故匈奴勢難抗擊秦朝大軍。

其三，始皇於三十二年（前 215）發動這場戰爭，約至三十三年（前 214）結束戰事，匈奴敵不過秦軍，棄河南地，向北退卻七百餘里，〔註 112〕其軍隊傷亡狀況不明。勝利的秦軍緊接著又大舉渡河北上續進，逼得匈奴不得不再退往陰山以北，損失了肥美的牧地及重要的戰略要地，勢力範圍大受影響。

其四，獲勝的秦軍並不撤離，秦廷對保有河南地有旺盛的企圖與積極的作爲，設置軍事指揮部於上郡，續留蒙恬經理北方，保持三十幾萬的大軍留駐，始皇後來又派身份尊崇的長子扶蘇負責監軍。北方駐防這一股雄厚的常備軍力，使秦軍有足夠的實力，應付北疆的突發變故，相對使得匈奴受到來自南力中原沉重的軍事壓力。

其五，秦又耗費軍民力量進行大模規的防禦工事建設，行政上設四十四縣，於要地置塞，列築亭障，移民實邊。爲維繫駐軍與新徙移民的糧秣，秦從後方源源不絕轉運糧秣輸往前線。〔註 113〕又構築連結的北方長城，將外防之線北推，使原秦昭王長城成爲內部第二道防線。爲了鞏固河南地與大河以北的防衛，保障長遠控有這一個區域的資域，秦廷實施的配套計畫甚是周延。

其六，既然「亡秦者胡也」，爲了子孫萬世之計，始皇理應有徹底根除胡人禍害之心，秦軍卻僅止兵於陰山之地，應是秦軍已乏進佔陰山以北之能，最可能的原因是秦軍的補給線拉得太長，後勤供應困難，說明此處差不多也是中原武力所及的最北線。

匈奴武力以騎兵爲主體，軍隊移動的機動性極強，戰鬥行進攻守迅捷，若觀察到敵軍軍威壯盛，殊不可侮時，不會與之硬拼白做犧牲，通常會避退

期之兵力，故必難以超過秦朝的三十萬兵，則此戰秦軍眾而匈騎寡。
〔註 111〕蒙驁、蒙武、蒙恬祖孫共三代效命於秦，蒙恬繫獄時對二世使者分辯其功，見《史記三家注》，卷八十八，〈蒙恬列傳〉，頁 2565、2569。
〔註 112〕《史記三家注》，卷六，〈秦始皇本紀〉，頁 280。
〔註 113〕主父偃及嚴安上書分別提到秦朝發動此戰，從後方征集糧食，源源不絕輸往前線，耗費無數民力的狀況，見《史記三家注》，卷一百十二，〈主父偃列傳〉，頁 2954、2958；史念海，〈河西與敦煌（下篇）〉，《中國歷史地理論叢》1989.1：5。

遠逸，〔註114〕或交戰不利時，也可以仰仗腳乘騎力很快脫離戰場。這也是為何趙國的李牧要花費偌大心力與時間，驕敵、誘敵，引敵深入，因為唯有如此，才有機會捕捉到飄忽不定的匈奴主力，以伏擊重創其軍。

秦廷選擇良將為統帥，禦軍統帥有方，秦兵員額數量龐大，戰鬥經驗豐富，後勤支援無虞，是一支戰力強悍的勁旅。秦軍既然沒有再採取曠日費時的誘敵深入伏擊之策，遂以強大的步兵部隊為主力，編制成大兵團直接向匈奴人出擊。匈奴人眼見正旗堂陣的秦軍聲勢浩大，雙方力不相侔，自然會趨利避害，〔註115〕秦軍大概不容易有豐富的「首功」收穫了。〔註116〕估計此次秦軍採取主動攻勢，其勝利來自匈軍避退，非是捕捉到匈奴主力加以殲滅，此《史記》所謂「斥逐」匈奴是也，秦因而擴大佔領土地。

匈奴失河南地，退往陰山以北，雖是一大挫敗，但保全了實力，周遭其他虎視眈眈的游牧民族也難以尋獲可趁之機，免於受到更進一步打擊的危機，其陰山以北的游牧領地似如故。故秦匈河南地之戰後，匈奴人勢力範圍的四至，大體上維持東與東胡為鄰，北與丁靈、鬲昆相接，西與月氏毗連，南以陰山與秦為界的局面，在蒙古高原上仍保有大片草原。〔註117〕

北亞大草原上所分佈的游牧民族中，匈奴以東最重要的游牧政權是東胡，兩族的勢力範圍可能以興安嶺為界。〔註118〕東胡人因活動於胡之東方而得名，「東胡」族名在戰國時期出現，〔註119〕是中原人對活動於匈奴以東的北

〔註114〕史遷提及匈奴攻戰時，戰局不利時則退，不羞遁走，見《史記三家注》，卷一百十，〈匈奴列傳〉，頁2879。

〔註115〕此孫子所謂：「無邀正正之旗，勿擊堂堂之陣」，見（周）孫武撰，（漢）曹操等注，楊丙安校理，《十一家注孫子校理》，卷中，〈軍爭篇〉，張預注解敵人隊伍整齊、行陣盛大時，不能輕戰，頁152。匈奴深明攻戰之理，故李牧不得不以長期經營的方式來對付。蒙恬乃統兵宿將，秦軍嚴整勢大，軍威殊不可悔，匈奴觀之憚忌，若有可退之路，則無死鬥拼擊之理。

〔註116〕魯仲連說秦國是棄禮義，崇尚戰鬥斬首功的國家，《集解》譙周解釋秦以戰獲首級受爵，見《史記三家注》，卷一百十，〈匈奴列傳〉，頁2885～2886。

〔註117〕譚其驤等編繪〈秦時期全圖〉所繪是秦逐匈奴出河南地後之形勢，見譚其驤主編，《中國歷史地圖集》，第二冊（秦・西漢・東漢時期），〈秦時期全圖〉，頁3～4。

〔註118〕（日）白鳥庫吉，〈東胡考〉，收入氏著，方壯猷譯，《東胡民族考》（上海：商務印書館，1934），頁8。

〔註119〕《史記三家注》，卷一百二，〈馮唐列傳〉，《索隱》引崔浩云：「國在匈奴之東，故云東胡也」，頁2759；田廣金、郭素新著，《北方文化與匈奴文明》（南京：江蘇教育出版社，2005），頁413。

方草原民族的泛稱，其內部沒有共同人種學的聯繫。〔註120〕東胡是由眾多部落組成的部落聯盟，遠在商代即已存在，〔註121〕活躍於商、周時期的山戎與之有關連。〔註122〕東胡在戰國後期逐漸強大，活動於內蒙古東部老哈河上游東南至遼寧大、小凌河流域，包括今赤峰、朝陽、錦州周圍的廣大地區，〔註123〕其南疆一度包括上谷、漁陽、右北平、遼西、遼東等地。〔註124〕在這個區域內多森林，所以東胡算是森林草原游牧、狩獵的部族。〔註125〕

戰國時的東胡是燕國及早期匈奴人的主要競爭對手，〔註126〕東胡曾與燕爆發一場對兩國之間有深遠影響的大戰：

> 其後燕有賢將秦開，爲質於胡，胡甚信之。歸而襲破走東胡，
> 東胡卻千餘里。與荊軻刺秦王秦舞陽者，開之孫也。燕亦築長城，
> 自造陽至襄平。置上谷、漁陽、右北平、遼西、遼東郡以拒胡。
> 〔註127〕

〔註120〕朱泓，〈人種學上的匈奴、鮮卑與契丹〉，《北方文物》38（1994）：10。另有一說認爲東胡源於河南鄲城胡家集，在逐漸北遷的過程，沿途與多族不斷融合，最後形成分佈於西遼河一帶的部落聯盟，見何光岳著，《東胡源流史》（南昌：江西教育出版社，2004），頁4～5。

〔註121〕內蒙古自治區蒙古語文歷史研究所歷史研究室、內蒙古大學蒙古史研究室編，《中國古代北方各族簡史（修訂本）》（呼和浩特：內蒙古人民出版社，1979），頁31～32、36。

〔註122〕烏恩岳斯圖著，《北方草原考古學文化研究：青銅時代至早期鐵器時代》，頁248；梁啓超以爲山戎即東胡，見《史記‧匈奴列傳》戎狄名義考〉，收入氏著，張品興主編，《梁啓超合集》，第十二卷，〈先秦政治思想史〉，頁3429；馬長壽以爲春秋時的山戎，入戰國以後即稱爲東胡，見氏著，《北狄與匈奴》，頁19，是梁、馬二氏皆以山戎、東胡二者本爲一族；又舒大剛以爲山戎是東胡組成的重要部份，但東胡並非山戎的直系後裔，見氏著，《春秋少數民族分佈研究》（臺北：文津出版社，1994），頁99～100。諸家之說或略有異，相同的是山戎與東胡之間確有所關連。

〔註123〕林幹，〈東胡早期歷史初探〉，收入林幹、再思著，《東胡烏桓鮮卑研究與附論》（呼和浩特：內蒙古大學出版社，1995），頁10～19。

〔註124〕馬長壽據《史記‧匈奴列傳》，以燕拒東胡千里，所得之地置上谷、漁陽、右北平、遼西、遼東等五郡，見氏著，《烏桓與鮮卑》（上海：上海人民出版社，1962），頁34；林幹著，《東胡史》（呼和浩特：內蒙古人民出版社，1990），頁1～9。

〔註125〕王明珂著，《游牧者的抉擇：面對漢帝國的北亞游牧部族》（臺北：聯經出版事業股份有限公司，2009），頁119。

〔註126〕王明珂，〈遼西地區專化遊牧業的起源——兼論華夏邊緣的形成〉，《中央研究院歷史語言研究所集刊》67.1（1996）：230。

〔註127〕《史記三家注》，卷一百十，〈匈奴列傳〉，頁2885～2886。

　　燕國還沒有得到上谷以東等五郡之地時，疆域頗為侷促，幾乎處於四面受敵之狀，〔註128〕相反的，東胡國勢強盛，據地十分遼闊，擁有上谷等郡時，對南方的小燕威脅很大，燕不得不向東胡派遣人質。燕挑選了精明幹練，交際手腕高明的將領秦開前往為質，他刻意與東胡人交歡，得到東胡高層的信任。秦開利用身處敵國的機會，趁機蒐集東胡內部第一手的情資。等到秦開回國，燕得以掌握了東胡內部的虛實，便勇於發動一場以小擊大的襲擊戰。東胡在沒有防備的情況下，被燕國打的大敗。從東胡人退卻了千餘里的狀況來看，燕國的襲擊戰相當成功，東胡軍慘敗潰退，棄守位於燕東的大片土地。

　　燕國戰勝東胡，不但暫時解除北方與東方的軍事壓力，趁著東胡新敗的機會，儘可能的佔領土地，並將新獲得的這一大塊土地設為郡縣，即上谷、漁陽、右北平、遼西、遼東等五郡，燕的東疆因此大為延展擴張。為了加強防禦，燕國又從造陽（今河北獨石口，另說今河北懷來東南）至襄平（今遼寧遼陽）築起一道長城，〔註129〕做為北向的防禦線（附圖四可見燕長城的設置）。

　　燕因秦開破東胡事，可能發生於燕國國勢最強的燕昭王之世（前 311～前279）。〔註130〕燕昭王收聚眾多人才，圖強以謀齊，生聚教訓多年，即位後第二十八年（前 284）出兵報仇，以樂毅為上將軍，率五國聯軍攻齊，下齊七十餘城。燕於昭王時國勢最為鼎盛，燕昭王一死，燕惠王即位（前 278），燕軍就在齊地慘敗，燕惠王死（前 272），韓、魏、楚又趁機攻燕。燕武成王七年（前 265），齊田單又攻燕。〔註131〕燕國除了昭王在位的三十五年之外，其餘時間少有特殊表現。

〔註128〕與燕昭王同期的齊君是宣王（前 319～前 301）與湣王（前 300～前 265），趙君是武靈王（前 325～前 299）與惠文王（前 298～前 266），正值齊、趙的盛世，兩國對外攻城掠地、強勢進取。燕受扼於南方的強齊，及西方胡服騎射的悍趙，幾無向外擴張領土的機會。

〔註129〕倉修良主編，魏得良、王能毅副主編，《史記辭典》，〈造陽〉條，頁 413；〈襄平〉條，頁 778。

〔註130〕秦開的生卒年不詳，其孫秦舞陽曾奉燕太子丹之命，隨同荊軻入秦刺殺秦王（前 227）。此處據楊寬引宋人呂祖謙的估算，認為秦開可能是燕昭王時人，見楊寬著，《戰國史（增訂版）》，頁 400；吳榮曾以為破東胡事在燕惠王（前278～前 272）或燕武成王（前 271～前 258）時，見〈戰國胡貉各族考〉，收入氏著，《先秦兩漢史研究》，頁 121。燕惠王及武成王時，燕國復弱，文武人才遠遜昭王之世，似無能有秦開之謀！

〔註131〕燕昭王至燕武成王事，見《史記三家注》，卷三十四，〈燕召公世家〉，頁 1558～1559。

　　對燕之戰的大敗，使得東胡在燕東的勢力大爲退縮。又過了幾十年，趙孝王派李牧守趙邊，趙國對匈奴開戰，東胡最終也捲入這場戰事之中，又遭到李牧打敗。但不論是燕因秦開，趙因李牧打敗東胡，僅能使其受創於一時，未足以動搖其國本，一直到西元前三世紀初被匈奴所滅之前，東胡始終是北方草原上的游牧強國。

　　匈奴人的西鄰月氏，是歷史悠久且勢力強大的民族。《史記》追溯月氏早期的歷史，從居於敦煌、祈連間開始。〈大宛列傳〉裏有關月氏的資料，本於西元前二世紀時，張騫出使西域歸漢後的報告，〔註132〕頗爲簡略地敘述月氏在匈奴三代單于（頭曼、冒頓、老上）之時的發展：

　　　　行國也，隨畜移徙，與匈奴同俗。控弦者可一二十萬。故時彊，輕匈奴，及冒頓立，攻破月氏，至匈奴老上單于，殺月氏王，以其頭爲飲器。始月氏居敦煌、祁連閒，及爲匈奴所敗，乃遠去，過宛，西擊大夏而臣之，遂都嬀水北，爲王庭。其餘小眾不能去者，保南山羌，號小月氏。〔註133〕

　　《漢書・西域傳》以《史記・大宛列傳》爲本加以增補，〔註134〕將月氏始居地的文字敘述順序調動，讓月氏歷史的時序更加條理清晰：

　　　　大月氏本行國也，隨畜移徙，與匈奴同俗。控弦十余萬，故強輕匈奴。本居敦煌、祁連間，至冒頓單于攻破月氏，而老上單于殺月氏，以其頭爲飲器，月氏乃遠去，過大宛，西擊大夏而臣之，都嬀水北爲王庭。其餘小眾不能去者，保南山羌，號小月氏。
　　〔註135〕

　　月氏居於敦煌、祈連山之間，是逐水草而居的草原游牧民族，與匈奴文化習俗相近，因擁有一、二十萬的兵力，武力強大而有自信，不怎麼把

〔註132〕林梅村，〈祈連與昆崙〉，《敦煌研究》1994.4：113；《史記》與《漢書》未明確記載漢武帝哪一年派張騫出使，司馬光將張騫第一次奉使歸國的時間繫於漢武帝元朔三年（前126），見（宋）司馬光等撰，（宋）胡三省注，《資治通鑑》，卷十二，〈漢紀〉，頁611。

〔註133〕《史記三家注》，卷一百二十三，〈大宛列傳〉，頁3161～3162。譚其驤在〈戰國時期全圖〉中，將月氏（禺氏）列於今甘肅之地，見氏主編，《中國歷史地圖集》，第一冊（原始社會・夏・商・西周・春秋・戰國時期），〈戰國時期全圖〉，頁31～32。

〔註134〕翦伯贊，《秦漢史》，頁195。

〔註135〕《漢書》，卷九十六，〈西域傳〉，頁3890～3891。

東鄰匈奴看在眼裏。遠自商、周以來，月氏一直是西北強大的游牧民族之一。〔註136〕〈大宛列傳〉所記月氏居於敦煌、祈連間的事，已是比較後期的事。因月氏似非始居河西，學界藉著文獻與考古資料，探討月氏自外移入河西之前的時、地有多種不同看法，如清儒高彌高與何秋濤氏以爲是秦初移入；〔註137〕王國維據《逸周書》與《穆天子傳》內容，認爲戰國時的月氏處於雁門西北，黃河的東方，位於中國正北方，其遷至甘肅，是秦、漢之際；〔註138〕亦有考月氏由東而西，從鄂爾多斯逐步進入河西走廊；〔註139〕或主張「月氏西來說」，以月氏由中亞東移至河西走廊。〔註140〕

月氏人不僅武力強，文化上成就亦高，其青銅文化及早期鐵器文化，對北方草原早期游牧文化之形成與發展，有著重大的影響。〔註141〕月氏在頭曼單于在位時，與東胡並立，雄峙於匈奴的東、西兩方，所以《史記》特別提及「當是之時，東胡彊而月氏盛」，〔註142〕是北方草原中的一等強國。

《史記》沒有指明東胡、月氏、匈奴三國的強弱，但我們依三國之間互動關係進行比較，可以看出《史記》只敘述東胡的國強與月氏人的勢盛，單略過匈奴，不是沒有原因的，匈奴確有可能是三國中最弱小的國家，〔註143〕

〔註136〕林梅村，〈祈連與昆崙〉，《敦煌研究》1994.4：115。

〔註137〕（清）高彌高、李德魁等以河西在周時是西戎之地，秦初爲月氏國地，見氏修纂，《甘肅省肅鎮志》（臺北：成文出版社有限公司，1970），卷一，〈地理志〉，頁8；另《逸周書彙校集注》引何秋濤以爲上古的禺氏本在正北方流沙之外，迄周、秦之際，方渡漠南居於敦煌、祈連之間，見黃懷信、張懋鎔、田旭東撰，李學勤審定，《逸周書彙校集注》，卷七，〈王會解〉，頁942。

〔註138〕王國維，〈月氏未西徙大夏時故地考〉，收入氏著，《觀堂集林附別集》，第四冊，頁1156～1157。

〔註139〕郝樹聲認爲月氏由東而西，從鄂爾多斯逐步進入河西走廊，其游牧範圍極廣，見氏著，〈漢初的河西匈奴〉，《甘肅社會科學》1997.6：30～32。

〔註140〕耿振華論辨諸家之說，他認爲「月氏西來河西走廊說」是比較合理的推估，月氏由中亞東移至河西走廊，見氏著，《貴霜爲大月氏考》，收入王明蓀主編，《古代歷史文化研究輯刊三編》（臺北：花木蘭文化出版社，2010），第三十冊，頁38～44。

〔註141〕烏恩岳斯圖著，《北方草原考古學文化研究：青銅時代至早期鐵器時代》，頁381。

〔註142〕《史記三家注》，卷一百十，〈匈奴列傳〉，頁2887。

〔註143〕于逢春認爲東胡、匈奴、月氏三國中，以東胡最強，月氏次之，匈奴最弱，見氏著，〈構築中國疆域的文明板塊類型及其統合模式序說〉，《中國邊疆史地研究》16.3（2006）：12。于氏未說明其比較的根據。《中國歷代戰爭史》以趙武靈王及燕昭王之後，匈奴比東胡及月氏二族強大，頭曼單于且曾破東胡，

相關的分析在下節文中將予以論述。

　　匈奴以北的草原尚分佈著渾庾、屈射、丁零、鬲昆、薪犁等國，〔註144〕
「渾庾」、「鬲昆」、「薪犁」在《漢書》中也稱爲「渾窳」，「隔昆」、「新犂」，
〔註145〕其中渾庾、屈射、薪犁等三國確切分佈地難明。〔註146〕丁零與鬲昆是
諸國中，最北端的兩個游牧民族。〔註147〕

　　丁零也稱爲「狄歷」、〔註148〕「丁令」、「丁靈」、〔註149〕主要活動於
今日的貝加爾湖畔，〔註150〕即中國古文獻中的北海地區。〔註151〕世居於

　　　　西逐月氏，見中國歷代戰爭史編纂委員會編，《中國歷代戰爭史》（北京：軍
　　　　事譯文出版社，1983），第二冊，頁 232、262。筆者於下文中嘗試依匈奴與
　　　　東胡與月氏間的互動做一比較，所得結果是匈奴國勢確似不及二者，以「東
　　　　胡之強」與「月氏之盛」，則東胡與月氏兩者或伯仲耳。
〔註144〕五國分佈於匈奴之北，見《史記三家注》，卷一百十，〈匈奴列傳〉，頁 2893；
　　　　錢穆以爲此五國應位於匈奴之西，非位於匈奴之北，見氏著，《史記地名考
　　　　（下）》，收入氏著，錢賓四先生全集編輯委員會編，《錢賓四先生全集》，乙
　　　　編，第三十五冊，頁 1385。按此五國的方位，似分佈於匈奴之北至西北方。
〔註145〕見《漢書》，卷九十四，〈匈奴列傳〉，頁 3753。
〔註146〕倉修良主編，魏得良、王能毅副主編，《漢書辭典》（濟南：山東教育出版社，
　　　　1996），〈屈射〉條、〈新　〉條、〈渾窳〉條，頁 434、770、831。
〔註147〕內蒙古自治區蒙古語文歷史研究所歷史研究室、內蒙古大學蒙古史研究室
　　　　編，《中國古代北方各族簡史（修訂本）》，頁 62，認爲丁零是中國古代最北
　　　　的游牧民族；安儉認爲丁零是歷史上活動在最北部的游牧民族，見氏著，《中
　　　　國游牧民族部落制度研究》（蘭州：甘肅人民出版社，2005），頁 11；田廣金、
　　　　郭素新所繪〈匈奴主要活動區域圖〉，將鬲昆（堅昆）的位置標於葉尼塞河上
　　　　游、薩彥嶺西側，見二氏著，《北方文化與匈奴文明》，頁 459。《中國歷史地
　　　　圖集》第二冊的〈秦時期全圖〉中，丁零與鬲昆所處的位置緯度似略等，但
　　　　在〈西漢時期全圖〉中，丁靈（令）的位置似已比鬲昆（堅昆）南移，見氏
　　　　主編，《中國歷史地圖集》，第二冊（秦・西漢・東漢時期），〈秦時期全圖〉，
　　　　頁 3～4、〈西漢時期全圖〉，頁 13～14。
〔註148〕「狄歷」之名出自（北齊）魏收撰，《魏書》（臺北：世界書局，1986），卷一
　　　　百三，〈高車列傳〉，頁 2307。
〔註149〕顏師古以爲丁令與丁零同，見《漢書》，卷七十，〈陳湯傳〉，頁 3008；內蒙
　　　　古自治區蒙古語文歷史研究所歷史研究室、內蒙古大學蒙古史研究室編，《中
　　　　國古代北方各族簡史（修訂本）》，頁 62。
〔註150〕倉修良主編，魏得良、王能毅副主編，《史記辭典》，〈丁靈〉條，頁 5。
〔註151〕漢代北海所在地有不同看法，中外多數學者以爲在今貝加爾湖，如錢穆認爲
　　　　「漢時稱北海」，見氏著，《秦漢史》，頁 137；林劍鳴以蘇武牧羊的北海在今
　　　　貝加爾湖，見氏著，《新編秦漢史》，頁 554；林幹認爲丁零原游牧於北海，
　　　　即今貝加爾湖一帶，見氏著，〈略論兩漢時期烏桓人的最初駐牧地及其後的遷
　　　　徙和分佈〉，收入林幹、再思著，《東胡烏桓鮮卑研究與附論》，頁 44；陳序

匈奴北方，與匈奴是不同的民族，北朝時稱爲敕勒或是高車，隋、唐時的鐵勒。〔註152〕鬲昆又稱「堅昆」，〔註153〕是古代白種的吉爾吉斯人，〔註154〕活動於今葉尼塞河上游，〔註155〕或至額爾齊斯河；〔註156〕丁零位處蒙古高原北方邊緣的草原森林帶，與其西北薩彥嶺地區的鬲昆，俱是森林草原的游牧、狩獵部落，他們的經濟活動比之匈奴人更加依賴狩獵及皮毛的交易。〔註157〕

　　秦末時，中原對北海一帶所知甚稀，丁零與鬲昆雖南與匈奴毗鄰，雙方互動情況未見清楚的記載，推估爲了爭奪草原的資源，彼此難免相互攻伐。直至漢朝中葉之後，史籍中才見到丁零與匈奴連番惡鬥。丁零在壺衍鞮單于（前85～前68）時乘弱攻擊匈奴的北方，在虛閭權渠單于（前68～前60）時比三年入盜，皆對匈奴造成相當的損害。〔註158〕

經著，《匈奴史稿》，頁62；譚其驤所主編的《中國歷史地圖集》第二冊中，不論是秦朝或是漢代，丁零（令）的活動區域皆標明在今貝加爾湖旁，見氏主編，《中國歷史地圖集》，第二冊（秦·西漢·東漢時期），〈秦時期全圖〉，頁3～4、〈西漢時期全圖〉，頁13～14、〈匈奴等部〉，頁39；袁祖亮主編，《中國古代邊疆民族人口研究》（鄭州：中州古籍出版社，1999），頁14、15、21。（俄）C.T.薩爾基襄認爲中國是最早記載貝加爾湖的國家，中國古代歷史文獻裏以「北海」稱之，見氏著，田錫申譯，《貝加爾湖》（上海：新知識出版社，1957），頁2；（美）W.M.麥高文著，章巽譯，《中亞古國史》，卷二，〈匈奴帝國之興亡〉，頁131。認爲北海不是貝加爾湖，而在其他地理位置者，如張志坤以爲最有可能在今日蒙古人民共和國境內的「烏布蘇諾爾湖」，見氏著，〈漢代匈奴北海之考辨〉，《史學月刊》1994.2：11～13；任繼周等學者研究應是甘肅境內民勤縣的「白亭海」，見任繼周、張自和、陳鐘等，〈蘇武牧羊北海故地考〉，《蘭州大學學報（社會科學版）》35.3（2007）：13。張、任之說與丁零的活動區域亦難全然吻合，當以貝加爾湖爲是。

〔註152〕馬長壽著，《北狄與匈奴》，頁49；鍾興麒認爲丁零非高車，敕勒是柔然的別名，丁零是一勢力弱小的部落，見氏著，〈丁零、高車、柔然、敕勒和鐵勒考辨〉，《青海民族學院學報（社會科學版）》1988.2：54～61。

〔註153〕倉修良主編，魏得良、王能毅副主編，《漢書辭典》，〈隔昆〉條，頁844。

〔註154〕（美）W.M.麥高文著，章巽譯，《中亞古國史》，卷二，〈匈奴帝國之興亡〉，頁111、115；堅昆即今日柯爾克孜族的先世，見馬長壽著，《北狄與匈奴》，頁28。按柯爾克孜族分佈於今新疆維吾爾自治區境內，見趙西林、徐頌德、郭光慧等編輯，《中國地圖冊》（北京：中國地圖出版社，1988），〈新疆維吾爾自治區（新）〉圖之文字說明，該頁無頁碼。

〔註155〕馬長壽著，《北狄與匈奴》，頁28。

〔註156〕呂思勉著，《秦漢史》，上冊，頁164。

〔註157〕王明珂著，《游牧者的抉擇：面對漢帝國的北亞游牧部族》，頁119、124～125。

〔註158〕《漢書》，卷九十四上，〈匈奴傳〉，頁3787～3788；匈奴歷代單于在位的時間，參見林幹著，《匈奴史》，所附〈匈奴單于世系表〉，頁249。

　　北亞草原在戰國晚期，受到中原國家的驅迫，逐漸浮現政治整合，匯集草原力量，與中原相抗衡的現實需求。〔註159〕錢穆氏以爲遠在春秋時期，散居北方平原草澤地帶的游牧部落，漸漸被驅迫退入山岳地帶，至戰國時期，情勢對游牧民族更爲不利，中原列強各自築起長城圍牆，游牧部族逐步退避，到秦始皇將秦、趙、秦的北圍牆連接成爲長城，逗留在長城以北，力量分散的游牧部落，爲了與長城內的農業城廓文化相抗衡，浮現整合凝聚分散力量的政治現實需求。〔註160〕

　　所以就某種程度而言，北方游牧民族與長城以南農業民族的鬥爭，生存壓力是促使匈奴人產生國家的附加動因。〔註161〕或謂匈奴的國家，是在秦帝國的壓力下建立。〔註162〕在秦始皇囊括中原後，長城以南興起一個曠古未見的農業民族政治實體。秦帝國擁有的龐大資源，顯現出的政經實力，已遠非長城以北任何單一游牧民族，可與之比擬較量，唯有整合草原力量，長城以北的游牧勢力方足與其相抗。就這個觀點來說，秦合併中原，統一關東六國，建立大一統帝國的政治軍事成就，給北方民族帶來巨大的生存壓力，有利於草原諸部未來朝向整併爲一的政治局勢發展。〔註163〕

　　北方草原有不少部族，在秦朝帝國瓦解前是不相統屬、各自爲政的局面。而匈奴人處於被強鄰四面包圍，僅是草原部落中的一股勢力，〔註164〕東面的東胡，西方的月氏，南邊的秦朝，俱是大邦強國。匈奴如何從草原諸部中脫穎而出，尚須假以時日，未來風雲際會，在傑出領導人適時的帶領下，將步

〔註159〕梁啓超以爲長城以南已一統，草原若不復一統，將爲中原所蠶食，見氏著，《史記‧匈奴列傳》戎狄名義考〉，收入氏著，張品興主編，《梁啓超合集》，第十二卷，〈先秦政治思想史〉，頁3428。
〔註160〕參見錢穆著，《中國文化史導論修訂本》（臺北：臺灣商務印書館，1993），頁60。
〔註161〕（俄）姆‧伊‧里日斯基〈匈奴與東胡〉，收入（日）內田吟風等著，余大鈞譯，《北方民族史與蒙古史譯文集》（昆明：雲南人民出版社，2003），頁245。
〔註162〕田廣金、郭素新著，《北方文化與匈奴文明》，頁471；王明珂引美國人類學者巴費爾德所言，匈奴國家因一統的秦、漢帝國而形成，見氏著，《游牧者的抉擇：面對漢帝國的北亞游牧部族》，頁159。
〔註163〕此處參見（俄）姆‧伊‧里日斯基對秦漢帝國興起，對匈奴國家所造成影響的說法略予修正，因秦漢大一統政府對北方草原造成的壓力及於諸族，應不單只匈奴而已，見〈匈奴與東胡〉，收入（日）內田吟風等著，余大鈞譯，《北方民族史與蒙古史譯文集》，頁245。
〔註164〕見余英時著，汪小烜譯，〈匈奴〉，收入氏著，鄔文玲等譯，《漢代貿易與擴張》（上海：上海古籍出版社，2005），頁236。

步完成草原一統的艱巨任務，進得與長城以南相抗衡，其勢甚且勝之。

第三節　漢初匈奴的崛起與強大

匈奴在頭曼單于時，尚不敵一統中原王朝的北伐大軍，以致棄河南地，濟大河、越陰山北走，是南進一大挫敗，卻在敗後不到十年之內，橫掃北亞草原，捲土重來，復越陰山南下，揚鞭渡河，復取河南地，勢力空前發展，遠勝以往之時，直臻顛峰。奠立匈奴雄強基業，使國勢長足發展，帶領國家邁向顛峰的領袖，是頭曼單于的繼承人冒頓單于。

「冒頓」可能不是人名，而是擔任單于之後才取得的「單于號」，〔註165〕其本名難稽，為了便於稱呼，在他奪取單于位前，仍依一般用法，稱其為「冒頓」。冒頓是頭曼單于的兒子，在位長達三十五年（前209～前174），〔註166〕是一代卓越傑出的草原政軍領袖。他即位前期，對外不斷發動戰爭，破滅臣服諸國，吞眾併地，使草原諸族林立的政權合一，讓匈奴威震東亞，獨霸北方草原，在很短的時間內，就開創了匈奴的盛世。〔註167〕

英雄造時勢，冒頓在匈奴崛起與強大的過程中，起了無可取代的主導地位。冒頓從儲君身份到單于尊位，直至漢匈平城之役前夕，筆者認為可將之分成六個時期來觀察他的奮鬥歷程，在每個階段的作為，都顯現出其勇悍與謀略兼具的軍政才能，除了儲君與萬騎時期外，其政治事功表現，也代表匈奴強勢對外擴張的軍事成就：

一、儲君時期

《史記》並未記載冒頓何時成為王儲，當了多久的太子，掌握多大的權力，從《史記·匈奴列傳》的記載，可知這個儲君的政治地位穩定性，頗悖

〔註165〕羅新，〈匈奴單于號研究〉，收入氏著，《中古北族名號研究》（北京：北京大學出版社，2009），頁31～32。

〔註166〕冒頓單于奪得單于大位的時間，見《史記三家注》，卷一百十，〈匈奴列傳〉，徐廣注解為秦二世元年壬辰歲，頁2889；另，冒頓單于在位的西元年代時間斷限參考林幹著，《匈奴史》，頁249。

〔註167〕司馬遷評匈奴在冒頓時最為彊大，見《史記三家注》，卷一百十，〈匈奴列傳〉，頁2890。經漢武帝一再向匈奴發動大規模的軍事攻擊行動，在司馬遷著作《史記》時，匈奴國勢已走下坡，嚴謹的太史公以史家的觀點，對匈奴的國勢發展作出如此評論，有很大的說服力。

單于的愛憎而定：

> 單于有太子名冒頓。後有愛閼氏，生少子，而單于欲廢冒頓而
> 立少子，乃使冒頓質於月氏。冒頓既質於月氏，而頭曼急擊月氏。
> 月氏欲殺冒頓，冒頓盜其善馬，騎之亡歸。〔註168〕

　　單于因新寵愛的閼氏生了少子，子以母貴幸，冒頓的王儲之位因而動搖。〔註169〕頭曼打算易儲，不直接廢立，反費心將貴為太子身份的冒頓質押在強國月氏，安排成借刀殺人之策，有其特殊的考量。〔註170〕頭曼放棄爽快廢立，採用既麻煩、效率又差的質子方式，有其難題與無奈，對照漢高帝打算易換太子劉盈的事件，〔註171〕可以清楚看出頭曼應有不得已之處：按政權接班人周遭往往凝聚一股強大的政治衛護勢力，致使易儲的阻力甚大，如果太子的政治表現不差，也沒有犯下落人口實的不當錯誤，在廢立無由的情況下，易儲是不太容易取得氏族親貴的認同；設若太子有政治手腕，又善於經營網羅黨羽，則自成一股勢力，加上太子母閼氏及其娘

〔註168〕《史記三家注》，卷一百十，〈匈奴列傳〉，頁2888。

〔註169〕王可賓認為冒頓欲廢冒頓而立少子，可能是一種「幼子繼承制」習俗的反映，見氏著，〈從匈奴單于的繼承看父死子繼與兄終弟及〉，《社會科學戰線》1984.1：145～146。

〔註170〕陳序經以為月氏在頭曼任單于之初，是比匈奴強大的，所以匈奴向月氏送人質，後來匈奴國勢強起來，足與月氏一較高下，頭曼又欲廢太子，所以趁送冒頓為人質時對月氏開戰，見氏著，《匈奴史稿》，頁177；學界亦有不認同頭曼欲借月氏以殺冒頓之說法，對為質另外提出新解：如賈文麗認為頭曼送冒頓為質是交好及打探月氏內部情報，攻打月氏是趁其虛國遠征之際偷襲，見氏著，〈冒頓為質匈奴考〉，《德州學院學報》26.1（2010）：61～62；楊東晨、楊建國認為頭曼為了拉攏月氏才送冒頓作人質，見氏等，〈縱橫馳騁在亞歐大陸上的游牧民族——兼論隋朝以前中國草原與農耕民族文化的關係〉，《哈爾濱學院學報》23.3（2002）：112。賈、楊二文見解有其新意，然筆者以為斯時匈奴國力不比月氏、東胡，原由將於下文中分析；又，若顧慮氏族親貴的力量，單于憚於以愛憎廢立帶來的種種紛爭，捨廢立而改以送太子至鄰國為質的方式，表面上勉強能敷衍反廢立派，減少因廢立引起的政爭，故頭曼以冒頓為人質的做法也是不得已的可行之計。

〔註171〕劉盈以漢高帝嫡長子身份而居太子之位，政治上幾無過失，只因漢高帝新寵戚夫人，其子劉如意以母寵之故得帝歡心，劉盈的太子地位因此動搖。但漢高帝轉念打算易儲，欲招致呂后及外戚們強烈抗拒，呂氏私下運作自保，聯合部份功臣宿將形成一股保太子的強大力量，迫使漢高帝易儲之事終究作罷，見《史記三家注》，卷五十五，〈留侯世家〉，頁2044。此事可見僅以愛憎情感為由易儲之不易，頭曼單于也是為了新寵要易儲，與漢高祖的處境彷彿，其政治阻力亦當相類。

家既有的權勢，〔註172〕其政治力量是很可觀的。

因太子廢立事涉相關氏族親貴整個家族的生死興旺，這些家族的關係彼此盤根錯結，政治利害休戚與共，牽一髮而動全身，一遇危難勢必相互援引、傾力相救，如此一來讓廢立更加棘手。單于既難名正言順、叱咤立廢太子之位，不得不大費周章安排，以降低政治動盪，希望冒頓以人質身份殞命國外，達到自然易儲的目的。

送冒頓入虎口後，頭曼依計進攻月氏，要假月氏人之手置其死地。人質的身份類似兩國和平擔保品，又是尊貴的王儲之尊，豈無嚴密監控？冒頓面臨月氏的政治報復，生死悠關之際，沉著應對，偷盜月氏的好馬，躲過監控及追擊，馳騎平安返國，順利從險境中脫困自救。整個人質事件中，充份表現出冷靜、機智、臨危不亂的人格特質。

二、萬騎時期

不管冒頓的意願如何，他配合父親頭曼單于的政策，身入月氏為人質，為國冒險犧牲，已有政治勞績；匈、月雙方開戰後，從月氏敵國監控下逃脫，有其不凡的智、勇表現，安然返國之舉反而得到聖眷，單于父親大力賞識，政治行情從谷底大翻升。《史記‧匈奴列傳》記載了冒頓回國後，在政治行情看漲的情況下，已陰蓄異志，暗中策畫詭密的政變行動：

> 頭曼以為壯，令將萬騎。冒頓乃作為鳴鏑，習勒其騎射，令曰：「鳴鏑所射而不悉射者，斬之。」行獵鳥獸，有不射鳴鏑所射者，輒斬之。已而冒頓以鳴鏑自射其善馬，左右或不敢射者，冒頓立斬不射善馬者。居頃之，復以鳴鏑自射其愛妻，左右或頗恐，不敢射，冒頓又復斬之。居頃之，冒頓出獵，以鳴鏑射單于善馬，左右皆射之。於是冒頓知其左右皆可用。從其父單于頭曼獵，以鳴鏑射頭曼，其左右亦皆隨鳴鏑而射殺單于頭曼，遂盡誅其後母與弟及大臣不聽從者。冒頓自立為單于。〔註173〕

冒頓似一直保有太子的身份，逃歸匈奴後，獲得頭曼的賞識重用，賦予他掌控「萬騎」的職務，政治上似有鳶飛於天之勢。匈奴是軍政合一的政權，

〔註172〕匈奴貴種姻族出身的閼氏所生之子為嫡子，其娘家本有一定的政治權勢，及相當的影響力，見（日）江上波夫著，張承志譯，《騎馬民族國家》，頁32～33。

〔註173〕《史記三家注》，卷一百十，〈匈奴列傳〉，頁2888。

統轄的騎數意謂掌握軍政權力的大小，萬騎算是擁有很大的兵權。〔註174〕歷
經險惡的人質事件後，冒頓手握重兵，政治行情看似轉佳，但政治大敵猶在，
雙方既已結下大仇，勢成水火難容之局。

　　宮庭鬥爭動輒殺身殞命，頭曼新愛閼氏及少子有寵於內不變的局面下，
冒頓的政治地位終究是不穩的，前有為質強鄰庶幾殞命之驚，後有宮闈窺伺
難安其位之憂，不由異志萌發，不復效忠單于。或基於自保，或出於懷恨，〔註
175〕冒頓不動聲色地訓練掌控下的軍隊，準備發動政變，圖謀單于大位。

　　冒頓發明了新武器──「鳴鏑」，一種「響箭」。〔註176〕這種箭的特殊
結構在於將部份骨質鑽孔的小球安裝固結於箭頭，箭射出後與空氣磨擦後，
破空之際，發出聲嘯響音，〔註177〕類似所謂的「號箭」。〔註178〕他以「鳴
鏑」訓練左右親信部隊，只要箭射聲響，部下的反應不能達到要求者，即使
是稍有遲疑也立遭處死，從對外射鳥獸，射自己的善馬與愛妻，到射單于的
善馬，一步步地建立以「鳴鏑」制約的「反射性動作」，做到響箭一發，部
下不假思所隨之射箭，算是完成整個訓練，其技巧類似今日心理學上「行為
改變技術」。〔註179〕

　　「萬騎」在冒頓的手上，有著濃厚的「侍衛親軍」的性質，成了效忠其
個人，私人武裝性質的軍隊。〔註180〕冒頓練軍有成，即勒兵待變，趁著跟隨

〔註174〕何天明，〈對匈奴創建政權若干問題的探討──匈奴政權始自冒頓單于說質
　　　　疑〉，《內蒙古社會科學（漢文版）》27.1（2006）：40～45。
〔註175〕陳序經以為冒頓對頭曼的仇恨銘記不忘，故有政變之舉，見氏著，《匈奴史
　　　　稿》，頁175。筆者以為從上文中所分析匈奴政局對冒頓不利的因素，足致蘊
　　　　釀其政變之因，仇恨是與否非為政變之主因。
〔註176〕林幹著，《匈奴通史》（北京：人民出版社，1986），頁24。
〔註177〕據匈奴遺址出土的實物考古資料鑑定所知，見（蘇）姆·伊·里日斯基，〈匈
　　　　奴與東胡〉，收入（日）內田吟風等著，余大鈞譯，《北方民族史與蒙古史譯
　　　　文集》，頁241。
〔註178〕馬長壽著，《北狄與匈奴》，頁65。
〔註179〕冒頓訓練部下的過程甚符合心理學上「行為強化」的原理，行為強化的定義
　　　　是：「行為被緊隨其出現直接的結果加強的過程」，通過行為強化過程得到增
　　　　強的行為稱作操作性行為，如桑代克及斯金納的實驗，見（美）米爾騰白格
　　　　爾著，石林等譯，《行為矯正：原理與方法》（北京：中國輕工業出版社，2004），
　　　　頁58～68；「制約的操作行為……是把某一特定行為，經過增強作用的處理，
　　　　終於形成一種可以操作環境以獲致預期後果的特定行為」見許天威編著，《行
　　　　為改變之理論與應用》（高雄：復文圖書出版社，2000），頁40。
〔註180〕曉克認為這是北方游牧民族最早的侍衛親軍，見氏著，〈北方草原民族侍衛親
　　　　軍探析〉，《內蒙古社會科學（漢文版）》28.5（2007）：31～32。

頭曼射獵時，發出指向單于的鳴鏑。冒頓的響箭一出，已受制約的部下，反射動作不假思索即引弓發箭，亂箭齊發射殺頭曼。冒頓既已發動殺害單于父親的流血奪位政變，為根除後患，一併誅殺閼氏後母、弟，鏟除異己派重臣，肅清一干政敵，然後自立為單于，取得最高政治權力。

冒頓統萬騎時期為了奪取大位，精心訓練這批騎射部隊，在這樣性命交關、極嚴酷的訓練下，能夠熬過如此艱苦訓練的部隊，其紀律性必高、服從性必強。這支訓練有素、剛毅堅強的部隊，以之對內可以發動深冒族滅及自身性命危險的政變行動，以之對外派往戰場上，所發揮的戰鬥力非同小可。這支精銳之師將成冒頓主政後，對外軍事行動中最可靠的力量，在匈奴崛起的強勢擴張中起了作用。

冒頓縝密策劃奪位，犧牲了身邊的閼氏，動輒斬死處置部下的訓練方式，最後終於射殺父親頭曼，殺戮後母、弟，誅連異己重臣，其發動政變的手段與過程，堪稱為達目的不擇手段的馬基維利主義式君王。〔註181〕

三、東胡之戰

東胡雖與南方鄰近的中原國家燕、趙迭次發生戰爭，互有勝負，〔註182〕也以畜產與中原交易，與西鄰匈奴的爭鬥激烈，經濟文化關係密切，相互影響深，〔註183〕有學者甚至認為頭曼單于被秦朝擊敗後損失很大，匈奴還一度被迫向東胡稱臣，〔註184〕姑不論此說確否，秦末的東胡是北方草原強國則是不爭的事實，強盛時可能擁有「控弦之士二十餘萬」。〔註185〕東胡武力強大，

〔註181〕馬基維利主義常被簡單定義為如此，見（德）弗里德里希‧邁內克著，時殷弘譯，《馬基雅維里主義「國家理由」觀念及其在現代史上的地位》（北京：商務印書館，2008），頁 31；一般所謂馬基維利主義的核心價值觀，是「以目的證成手段」，為求達到目的，不擇一切手段，見蕭高彥，〈西塞羅與馬基維利論政治道德〉，《政治科學論叢》16（2002）：18。

〔註182〕東胡與燕的爭戰，見《史記三家注》，卷一百十，〈匈奴列傳〉，頁 2885～2886；東胡與趙的爭戰，見《史記三家注》，卷四十三，〈趙世家〉，頁 1821。

〔註183〕見傅朗云、楊暘編著，《東北民族史略》（長春：吉林人民出版社，1983），頁 26～28，但該文認為東胡曾一度打敗匈奴，逼其西邊，未審其說之據。大體上東胡、匈奴兩草原之國毗鄰，互動影響當係密切。

〔註184〕（蘇）姆‧伊‧里日斯基認為匈奴曾向東胡稱臣，見氏著，〈匈奴與東胡〉，收入（日）內田吟風等著，余大鈞譯，《北方民族史與蒙古史譯文集》，頁 245；方豪認為匈奴臣事東胡惟謹，見氏著，《東西交通史》（長沙：岳麓出版社，1987），上冊，頁 86。二氏之文未註明所說之據，或為推斷之論。

〔註185〕（唐）房玄齡等撰，《晉書》（臺北：鼎文書局，1995），卷一百八，〈慕容廆

從匈奴王廷喋血政變後，對匈奴強勢的外交政策也可以看出端倪。《史記·匈奴列傳》：

> 冒頓既立，是時東胡彊盛，聞冒頓殺父自立，乃使使謂冒頓，
> 欲得頭曼時有千里馬。冒頓問群臣，群臣皆曰：「千里馬，匈奴寶馬
> 也，勿與。」冒頓曰：「奈何與人鄰國而愛一馬乎？」遂與之千里馬。
> 居頃之，東胡以為冒頓畏之，乃使使謂冒頓，欲得單于一閼氏。冒
> 頓復問左右，左右皆怒曰：「東胡無道，乃求閼氏！請擊之。」冒
> 頓曰：「奈何與人鄰國愛一女子乎？」遂取所愛閼氏予東胡。東胡王
> 愈益驕，西侵。與匈奴閒，中有棄地，莫居，千餘里，各居其邊為
> 甌脫。東胡使使謂冒頓曰：「匈奴所與我界甌脫外棄地，匈奴非能
> 至也，吾欲有之。」冒頓問群臣，群臣或曰：「此棄地，予之亦可，
> 勿予亦可。」於是冒頓大怒曰：「地者，國之本也，奈何予之！」諸
> 言予之者，皆斬之。冒頓上馬，令國中有後者斬，遂東襲擊東胡。
> 東胡初輕冒頓，不為備。及冒頓以兵至，擊，大破滅東胡王，而虜
> 其民人及畜產。〔註186〕

冒頓發動政變，殺父強取單于之位，誅戮異己政敵，國內政局動盪不安，引起鄰國虎視眈眈。東胡對新遭大喪的匈奴，其外交策略，顯得盛氣凌人，接連提出索要「千里寶馬」、要「閼氏」、要「土地」等三項要求，輕視無禮流露無遺，一派有恃無恐的姿態。照說一般小國對比鄰的大國常懷戒慎恐懼，謹守以小事大之道，畏逼避禍唯恐不及，〔註187〕外交舉措審慎應對，以免落敵口實，致啟戰端而遭吞併之禍。東胡統治層對冒頓挑釁的態度，已經到了讓單于「左右皆怒」的地步，設若小國對於大國如此不遜，其後果可想而知，但若大國自恃其強，不把比較弱的對手放在眼裏，這種不得體的外交策略就不足為奇了。

面對東鄰強國的覬覦，接連遣使前來觀察試探、尋伺挑釁，提出一次比一次過份的要求，執掌國政的冒頓單于在兩國關係危機處理上，表現異常冷靜自制，對東胡的過份要求，在群臣的反對下先送出本國的千里寶馬，在左

　　　載記〉，頁2803。

〔註186〕《史記三家注》，卷一百十，〈匈奴列傳〉，頁2889。

〔註187〕如滕文公對孟子所言，小國竭力承歡大國，猶不能免除後患的窘境，見（漢）
　　　趙岐注，（宋）孫奭疏，廖名春、劉佑平整理，錢遜審定，《孟子注疏》，卷二
　　　下，〈梁惠王章句下〉，頁62。

右激怒聲中又奉上所愛閼氏，塑造出怯懦懼敵的形象，使東胡王低估看輕冒頓，鬆弛戒心。冒頓以退爲進的「驕敵戰術」次第成形，〔註188〕使「東胡王益愈驕」，得寸進尺地提出更大膽的要求，希望佔有位於兩國邊地軍政集團——甌脫之間的緩衝地區。〔註189〕

接連兩次外交屈辱，不知實情的大臣也以爲單于對外軟弱，助長匈奴內部對外敵侵逼的軟弱退讓意見，東胡王自是滿擬匈奴將如前兩次一樣順從納地，幾乎毫無軍事防備。此時，冒頓出人意表，悍然斬殺對外退讓派大臣，當即傾全國之兵向東突襲。無備的東胡遭到毀滅性打擊，不僅是戰敗，國家頓時瓦解，從此一蹶不振，其內部有兩支餘眾逃散，分流至烏丸山與鮮卑山，即後來各自發展的烏丸與鮮卑，〔註190〕匈奴獲得巨大勝利。

東胡雄峙一方，蔚爲草原大國，其強似在匈奴之上，在冒頓率軍奮力一擊之下，一個歷史如此悠久的大國，竟灰飛煙滅，實是匈奴空前的軍事勝利，對匈奴的發展具有重大的意義。合併東胡所獲得的人力、畜產、物資、疆土、財富，厚植匈奴國力，奠立進一步鯨吞北亞草原的基業；冒頓以弒父政變取得政權，對內悍然誅連政敵，威懾部眾，使異己派勢力噤口，政治阻力看似消減，然不易敉平內部潛在裂痕，藉著東胡之役大勝，對國家帶來巨大的利益，以顯赫功績，掩過血腥政變之瑕，有助提高冒頓的威望，凝聚內部共識，鞏固其領袖的地位。

唐朝的杜牧注解《孫子兵法》，便以冒頓單于對東胡的策略爲例，來說明孫子在〈計篇〉中所舉「卑而驕之」法的實戰運用。〔註191〕有學者認爲冒頓

〔註188〕（周）孫武撰，（漢）曹操等注，楊丙安校理，《十一家注孫子校理》，〈計篇〉，頁16。冒頓運用驕敵戰術之釋，見下文時說明。

〔註189〕白鳥庫吉認爲兩敵國之間有置間空地、中立地帶，以杜絕糾紛，見（日）白鳥庫吉，〈東胡考〉，收入氏著，方壯猷譯，《東胡民族考》（上海：商務印書館，1934），頁8；對「甌脫」的見解，學界看法不一，楊茂盛、郭紅衛綜合學者研究，總結「甌脫」是匈奴和東胡游牧民族所創建擁有屬民的社區的組織和機構，有一定游牧範圍和防區的軍政集團，見〈中國近年「甌脫」研究概述〉，《社會科學輯刊》1995.2：108～112；李煥青、王彥輝認爲甌脫的語意有長遠的發展，到了匈奴時代甌脫的語意外延而廣泛，大體上和住所、部落、宮帳、軍營、社區組織相關聯，也被其後迭興的北方游牧民族繼承發展，見氏等，〈匈奴「甌脫」考辨〉，《史學理論研究》2009.2：116～117。

〔註190〕（西晉）陳壽，《三國志》（臺北：鼎文書局，1982），卷三十，〈烏丸鮮卑東夷傳〉，頁832、836。

〔註191〕（周）孫武撰，（漢）曹操等注，楊丙安校理，《十一家注孫子校理》，〈計篇〉，

單于對付東胡所使的「驕敵戰術」，可能從漢人中學得，或受到漢人的影響。〔註192〕日後歷史的發展證明，冒頓不僅在草原上成功「驕敵」，相同的策略運用，在長城以南一樣獲售。

　　冒頓單于精明強幹，工於謀略，因勢利導，引強敵入毂，然後親率大軍征戰，一戰破滅強敵，展現擅於組織，長於統禦大兵團的軍事指揮才能，是匈奴騎兵縱橫草原的開端，未來將進一步稱雄於北亞。

四、月氏之戰

　　破滅東胡，解決來自東方的威脅，匈奴版圖大增，冒頓下一個目標轉向對付西方大敵「月氏」。匈、月舊有質子之仇，新有河西戰略地域之爭。不論在勢力範圍上，或是西域財源方面，〔註193〕月氏與匈奴都處於激烈競爭的矛盾之中，衝突很難避免。在匈奴併滅東胡之前，月氏的國力似強於匈奴，〔註194〕從四件事情中可以看出端倪，筆者試析如下：

　　其一，月氏人的勢力範圍甚大，一度向東發展到河套內外，經祈連山北，至今天阿爾泰山之東，役屬西域三十六國。〔註195〕

　　其二，「質子事件」，頭曼單于將太子冒頓質押在月氏，此舉雖意在借敵殺子，卻突顯月氏其強似在匈奴之上，若匈奴的國力比月氏強，卻以大國之尊向小國輸送尊貴的太子當人質，其屈辱寧有是理？冒頓應該也不是匈奴第

頁16。

〔註192〕王慶憲，〈匈奴冒頓單于的軍事活動及其政治影響〉，《內蒙古社會科學（漢文版）》23.4（2002）：63。

〔註193〕西域是廣泛的地理名詞，狹義的範圍大體上東起後來漢所設之玉門關、陽關為主，西迄於蔥嶺，崑崙山、阿爾金山以北，今新疆古爾班通古特沙漠以南，見中國歷史大辭典・秦漢史卷編纂委員會編，《中國歷史大辭典・秦漢史卷》（上海：上海辭書出版社，1990），〈西域〉條，頁158。勞榦氏以為西域是匈奴財源所在，漢朝必須控制天山南路，才能打擊匈奴經濟，並從天山北路做側面攻擊匈奴，對匈戰爭才能獲致全勝，見〈從歷史和地理看過去的新疆〉，收入氏著，《古代中國的歷史與文化》（臺北：聯經出版事業股份有限公司，2006），頁362。勞氏所言西域是匈奴財源所在，這是後來歷史的發展，冒頓在位前期尚未控有西域，月氏既阻於河西，匈奴若欲向西進取，則匈、月兩雄利益衝突，相競無可避免。

〔註194〕梁啓超以為在冒頓敗月氏之前，月氏其強凌匈奴之上，見氏著，〈張博望班定遠合傳〉，收入氏著，張品興主編，《梁啓超合集》，第三卷，〈新民說〉，頁801。

〔註195〕余太山著，《塞種史研究》（北京：中國社會科學出版社，1992），頁52～56。

一個送往月氏的人質，此前應有其先例。〔註196〕

其三，月氏擁有十至二十萬人兵力，為當世強盛的游牧大國，自恃強大，流露出看輕匈奴的姿態，「故時彊，輕匈奴」，其驕傲之態有自。

其四，遠在春秋戰國之時期，秦國經由河西，與西方有頻繁的交通往還，大月氏至漢朝時，仍以「秦」稱呼「漢」。張騫後來西使，乃沿自古西行之道而走。〔註197〕天山南路的沙漠綠洲國家，其經濟活動兼具畜牧、農耕、商業三者，其途經的商隊絡繹不絕，是東西貿易的動脈所在，月氏立足的河西綠洲，是東西往來必經之路，勢力及於西域，獲得中介的利潤，經濟力亦非匈奴可以比擬。〔註198〕

東胡滅國是何等大事，北方草原震動，政治版圖重組。月氏與匈奴水草毗連密邇，有相互競爭的利益衝突，與新單于結有質子之仇，對匈奴崛起擴張焉能無動於衷，不特加防範？故爾冒頓單于不易重施潛師襲擊戰術，待東方局勢穩定後，匈奴大軍返回，「既歸，西擊走月氏」，〔註199〕隨即挾戰勝東胡之威，強行攻打月氏。

此役冒頓雖未能取得像東胡之戰般巨大的成果，卻逼迫彊國月氏退卻西徙，讓出部份河西之地。〔註200〕河西可大致分為雨量、植被比較多的東部地區，及極為乾燥的西部地區，〔註201〕月氏既走，匈奴至少得到水草較豐美的河西東部，〔註202〕亦是一大勝利。月氏喪失部份河西，其勢仍足為大國，冒

〔註196〕陳序經著，《匈奴史稿》，頁177。

〔註197〕張星烺，〈「支那」名號考〉，收入氏編注，朱杰勤校訂，《中西交通史料匯編》（北京：中華書局，1977），第一冊，頁457～458。

〔註198〕札奇斯欽著，《蒙古文化與社會》（臺北：臺灣商務印書館股份有限公司，1987），頁11。

〔註199〕《史記三家注》，卷一百十，〈匈奴列傳〉，頁2889～2890。

〔註200〕月氏未全部失去河西，見郝樹聲，〈漢初的河西匈奴〉，《甘肅社會科學》1997.6：30。

〔註201〕（日）前田正名著，陳俊謀譯，《河西歷史地理研究》，收入西藏社會科學院漢文文獻編輯室編輯，《西藏學參考叢書》（北京：中國藏學出版社，1993），第二輯，頁7～8；河西走廊的東部屬於黃土地區，西部是荒漠地區，見趙永復，〈歷史時期河西走廊的農牧業變遷〉，收入中國地理學會歷史地理專業委員會《歷史地理》編輯委員會編，《歷史地理》（上海：上海人民出版社，1986），第四輯，頁75。

〔註202〕江上波夫認為後來冒頓派右賢王擊破月氏時，才全部奪取了從甘肅西部，至新疆東部的月氏之地，見（日）江上波夫著，張承志譯，《騎馬民族國家》，頁25。所以冒頓這次的軍事行動，大約只能迫使月氏退出河西東部之地。

頓單于衡量欲全勝滅之不易，故爾停止追擊。

　　匈奴擊敗月氏後，匈、月雙方二十餘年間，沒有大規模的衝突，直到冒頓晚年（約前 177～前 176）復舉兵再攻月氏，以右賢王領軍西征，又一次取得輝煌的軍事勝利，〔註203〕擁有超過二十萬兵力的月氏再度不敵匈奴。〔註204〕此戰冒頓還不恪對漢朝誇大戰果，號稱「夷滅月氏」，用以恫赫威懾漢朝屈服和親，實則月氏敗而未滅。老上單于繼位（前 174）後，繼續西進擴張的政策，終於攻殺月氏王。匈奴經過兩代單于，三次大用兵，才取得全部河西。〔註205〕

　　歷經匈奴兩代單于三度強擊，月氏抵敵不過匈奴來勢洶洶向外擴張的軍事壓力，最終不得不棄河西遷徙他往，以避匈奴的鋒芒，其國雖敗而不滅，民族韌性非凡。月氏西徙所經之處對亞洲高原其他民族造成很大衝擊，引起連鎖效應，〔註206〕最終落腳於媯水流域，歷漫長的兩漢之世，國勢皆甚強大，〔註207〕期間漢朝還曾一度希望聯合月氏共擊匈奴，才有漢武帝派張騫出使西

〔註203〕漢文帝三年（前177），匈奴右賢王侵盜漢朝上郡，漢朝發兵備邊，引發漢朝與匈奴的關係緊張，後來冒頓致書文帝，表示派破壞兩國關係的右賢王西征月氏做爲處罰。（宋）王益之將冒頓致書繫於漢文帝四年（前176），見氏撰，《西漢年紀》，收入楊家駱主編，《漢紀西漢年紀合刊》（臺北：鼎文書局，1977），卷六，〈文帝〉，頁 69；若《紀年》所載的年代無誤，則右賢王西征月氏時間當於前177～前176之間；匈奴右賢王侵漢與冒頓致書漢文帝之事，見《史記三家注》，卷一百十，〈匈奴列傳〉，頁 2895～2898。

〔註204〕林梅村，〈吐火羅人與龍部落〉，《西域研究》1997.1：11～20。

〔註205〕關於匈奴取得河西的確切時間，學者有不同的看法，如馬長壽認爲匈奴攻擊始於西元前175，月氏於隔年向西北潰退，見氏著，《北狄與匈奴》，頁 26；郝樹聲認爲西元前206年冒頓單于打敗月氏，到西元前174年，匈奴才完全取得河西地，見氏著，〈論月氏在河西的幾個問題〉，《甘肅社會科學》1997.6：30；錢伯泉認爲匈奴在西元前177秋至前176夏才取得全部的河西，他主張《史記》對該役的時間記載有誤，將月氏被冒頓單于擊破始遷伊犁河，及之後再度戰敗由伊犁河再抵阿姆河的不同時間點混淆了，見氏著，〈烏孫和月氏在河西的故地及西邊的經過〉，《敦煌研究》1994.4：110～112；翦伯贊以爲月氏退出的時間在文帝前八年（前172）至後元三年（前161）之間，見氏著，《秦漢史》，頁 167～168；張星烺認爲月氏自敦煌西徙在孝文帝前十五年（前165）時，見氏編注，朱杰勤校訂，《中西交通史料匯編》，第四冊，頁 10。大體上匈奴最遲也在老上單于在位期間（前174～前161），取得全部河西之地。

〔註206〕（法）勒內・格魯塞著，藍琪譯，項英杰校，《草原帝國》（北京：商務印書館，1999），頁 52～61。

〔註207〕翦伯贊著，《秦漢史》，頁 167～168。

域之舉。〔註208〕

　　冒頓在即位的三年內（前 209～前 207），就獲得兩次重大軍事勝利：滅東胡，東方大敵瓦解，東疆拓地千里，敗月氏，攘奪河西，確保陰山西側的安全，敲開了爭雄西域的大門，匈奴的疆域向東西伸展開來，長城以北廣袤無垠的草原主權連綿成一片，一個前所未見、強大的草原帝國初步成形。

五、河南之戰

　　解除東西兩面大敵的威脅後，不論是爲了保障陰山大本營或是漠南安全，加強戰略深縱，確保匈奴東西交通無阻，或是爲收復肥美的草場，拓展游牧的生存空間，冒頓都有奪據南方鄂爾多斯的必要性。

　　從月氏取得河西的東部後，河套地區的北、西兩面盡入匈奴勢力包圍之中，適逢秦末中原大亂，爲消滅風起雲湧、動搖國本的反秦勢力，情勢迫在眉睫，秦二世（前209～前207）朝廷顧不得北方大敵的潛在威脅，將原爲蒙恬所率領駐防於北疆，繼由王離接統的精銳衛戍兵團南調，〔註209〕與關中派出的章邯軍夾擊關東反秦勢力。〔註210〕王離統率的北方衛戍兵團開拔南下平叛，中原北方雄厚的邊防力量轉趨薄弱。秦亡繼之楚漢相爭，漢廷方當逐鹿之際，無暇也無力北顧，形勢有利於匈奴的南進。冒頓把握這個好時機，揮師南進：

　　　　南并樓煩、白羊河南王。悉復收秦所使蒙恬所奪匈奴地者，與
　　　漢關故河南塞，至朝那、膚施，遂侵燕、代。是時漢兵與項羽相距，
　　　中國罷於兵革，以故冒頓得自彊，控弦之士三十餘萬。〔註211〕
　　胡馬越度陰山，冒頓大軍南下，兼併了樓煩、白羊部落，令其臣屬，〔註212〕

〔註208〕《史記三家注》，卷一百二十三，〈大宛列傳〉，頁3157。
〔註209〕始皇死，趙高與公子胡亥矯詔解除蒙恬兵權，以兵屬裨將王離，見《史記三家注》，卷一百八十七，〈李斯列傳〉，頁2551。
〔註210〕朱紹侯，〈關於秦末三十萬戍守北邊國防軍的下落問題〉，《史學月刊》1958.4：10～11；張學聰，〈關於「章邯軍」與「王離軍」的關係問題〉，收入氏著，《秦漢問題研究（增訂本）》（北京：北京大學出版社，1995），頁357～359。
〔註211〕《史記三家注》，卷一百十，〈匈奴列傳〉，頁2889～2890。
〔註212〕學界對樓煩、白羊河南王有不同見解，有「一王」及「兩王」的看法，目前廣泛使用的校點本《史記》，在〈匈奴列傳〉中「樓煩」與「白羊河南王」之間有加上頓號，另〈衛將軍列傳〉中「走白羊、樓煩王」亦以頓號分隔，見《史記三家注》，卷一百十一，〈衛將軍列傳〉，頁2923，依文意，白羊王與樓煩王應似兩王爲宜；馬長壽主有兩河南王，見氏著，《北狄與匈奴》，頁24、31；林劍鳴氏認爲白羊王、樓煩王是兩王，見氏著，《新編秦漢史》，上冊，

奪取河南地，使得秦朝在河套所設立的長城防線失守，秦始皇派蒙恬統軍北上後所得的土地易手，河南地重新納入匈奴的勢力範圍，與漢朝交界於蒙恬北伐前，秦與匈奴的原來舊疆界的「故塞」。〔註213〕

推估冒頓南侵時間，不晚於漢王二年（前205），即冒頓單于即位第五年，因這一年漢廷在北方邊地採取兩個重大的軍事措施：其一「繕治河上塞」，〔註214〕在河上郡北境修繕邊防要塞工事，〔註215〕其二「興關中卒乘邊塞」，〔註216〕從關中派出兵卒守塞。此時因匈奴已奪去河套，所以漢方的北方防衛線，比之秦始皇晚年大爲內縮，南退至朝那（今寧夏的固原東南）、〔註217〕膚施（今陝西榆林東南無定河北岸）這一線。〔註218〕

頁402、655；陳勇也認爲有「樓煩」與「白羊」兩河南王，見氏著，〈《史記》所見「胡」與「匈奴」稱謂考〉，《民族研究》2005.6：67；主張「一王」的學者，如：林澐認爲從冒頓取河南地，至漢武帝衛青攻取河南地，大約八十年間，河套黃河南岸只有一個「樓煩白羊王」或「白羊樓煩王」，見氏著，〈關於中國的對匈奴族源的考古學研究〉，收入氏著，《林澐學術文集》（北京：中國大百科全書出版社，1998），頁382；烏恩岳斯圖認爲「河南王」指的是居於黃河以南的林胡之王，見氏著，《北方草原考古學文化研究：青銅時代至早期鐵器時代》，頁352；倉修良等以冒頓取得河南地後，設白羊王統其地，見倉修良主編，魏得良、王能毅副主編，《漢書辭典》，〈白羊王〉條，頁200；吳榮曾以爲在河南地的樓煩白羊河南王，即未被征服的樓煩人餘部，見氏著，〈戰國胡貉各族考〉，收入氏著，《先秦兩漢史研究》，頁125〜127。

〔註213〕故河南塞當指秦之前與匈奴之間的關塞故界，冒頓南侵復與漢關於原故塞之處，見（宋）司馬光等撰，（宋）胡三省注，《資治通鑑》，卷十九，〈漢紀〉，頁635。勞榦推估這個故塞的位置，可能在陝西榆林和靖邊的長城附近，見氏著，〈秦漢時代的長城〉，收入氏撰，《勞榦學術論文集甲編》（臺北：藝文印書館，1976），下冊，頁1084；史念海以漢初冒頓所奪取的，即朝那和膚施兩縣故塞以北的土地，見氏著，〈黃河中游戰國及秦時諸長城遺跡的探索〉，收入氏著，《河山集》（北京：生活・讀書・新知三聯書店，1981），第二集，頁453。

〔註214〕《史記三家注》，卷八，〈高祖本紀〉，頁369。

〔註215〕河上塞的所在地爲「河上郡」，見錢穆著，《史記地名考（下）》，收入氏著，錢賓四先生全集編輯委員會編，《錢賓四先生全集》，乙編，第三十五冊，頁999〜1000。

〔註216〕《漢書》，卷一，〈高帝紀〉，頁38。

〔註217〕倉修良主編，魏得良、王能毅副主編，《史記辭典》，〈朝那〉條、〈朝那塞〉條，頁533。

〔註218〕倉修良主編，魏得良、王能毅副主編，《史記辭典》，〈膚施〉條，頁680；後曉榮以爲今陝西省靖邊縣龍眼古城可能是上郡膚施故城，見氏著，《秦代政區地理》，頁160。

　　為何冒頓僅止兵於河南地，不趁勝南下，於中原大動亂之際，深入漢地漁利？筆者認為可能的原因有五：

　　其一，冒頓取得鄂爾多斯之後，匈奴在陰山以南的勢力範圍拓展開來，讓樓煩、白羊部落在河南地游牧，〔註219〕取得對長城以南的戰略優勢地位，匈奴的南方邊境已獲得較大的保障。

　　其二，河南地近於陰山，自秦邊防大軍團去後，不復有重兵駐守，是新興漢方鞭長莫及之地，反之，匈奴騎兵渡河即至其地，〔註220〕攻取輕易，得之不甚費力。然匈奴設若逾越秦長城以南，即脅逼漢方大本營的關中，在此漢軍有強固的防衛力量，對心腹根本之地必死力相爭，匈奴將遭遇強大的反擊力量，預計是一場殊死戰，勝負未可知。

　　其三，北地與上郡的地理環境是宜於畜牧的，〔註221〕匈奴得之有游牧之利，如逾越河南地繼續往南，趨近農業之區，環境愈異於北方草原，人地不相宜。

　　其四，從戰國以來中原構築城廓，城外往往開鑿環城之池，城與池總是相連。〔註222〕高聳的城牆加上蓄水深池的結構，所謂「城郭溝池以為固」，〔註223〕有利於強化守城方在遭到外來武力攻擊時的防禦力量。騎兵在攻城戰中，其強大機動力的長技無所施展。

　　其五，匈奴北方並未真正穩固，尚未臣服的北方草原部落與國家不少，月氏也強阻於河西以西，而中原兵多將廣，若南下與漢方相爭，又無法速戰速決，陷入持久戰的話，師老於中原所冒的風險甚大。於是冒頓單于止兵於河南地，即旋師北上。

〔註219〕劉敬出使歸報漢高帝所言匈奴河南地之軍情，見《史記三家注》，卷九十九，〈劉敬列傳〉，頁2719。

〔註220〕孟古托力以歷史事例為證，說明馬在江河中的運動性能甚佳，是頗佳的渡河工具，可以泅渡江河，他本人曾在托克托縣渡河口騎馬渡河至對岸的準格爾旗，回程亦順利騎渡，見氏著，〈騎兵基本功能探討——兼釋馬文化〉，《北方文物》48（1996.4）：86。

〔註221〕虞詡之言，見（宋）司馬光等撰，（宋）胡三省注，《資治通鑑》，卷五十一，〈漢紀〉，頁1653。

〔註222〕史念海，〈歷史時期黃土高原溝壑的演變〉，《中國歷史地理論叢》1987.2：3；史念海，〈先秦城市的規模及城市建置的增多〉，《中國歷史地理論叢》1997.3：16。

〔註223〕（清）孫希旦撰，沈嘯寰、王星賢點校，《禮記集解》（北京：中華書局，1989），中冊，卷二十一，〈禮運〉，頁583。

匈奴雖止兵河南地一線，與漢界於秦昭襄王長城，因中原戰事方殷，漢的心力著重於與西楚的爭勝，就算有心也無力阻止北胡南來，匈奴的勢力仍侵入長城東線以南，如代地沒匈之地甚多，〔註224〕使得漢的北疆與匈奴犬牙交錯。胡騎出沒於長城以南的殺虜，漢方也加以抵禦防備，如以張蒼爲代相備邊寇，〔註225〕再後來更有移穎川韓國於太原之舉。〔註226〕

六、北方之戰

冒頓單于奪回河南地後，一統長城沿線的南方草原，轉向攻打這些北方的草原部落，《史記‧匈奴列傳》：

> 後北服渾庚、屈射、丁零、鬲昆、薪犁之國。於是匈奴貴人大
> 臣皆服，以冒頓單于爲賢。〔註227〕

《史記》對當時北亞游牧民族，除匈奴外，僅特別指出「東胡彊而月氏盛」，〔註228〕餘未多加著墨，東胡與月氏兩國似雄視北亞草原，以兩國之強尚不敵匈奴，餘族亦難匹敵，渾庚、屈射、丁零、鬲昆、薪犁等國非滅則臣。在地中海與遠東之間，有商道經過北亞加以連結，〔註229〕筆者以爲冒頓單于臣服北方諸國，同時掌握了此一商道，取得畜產物資流通上的財富，並打開了匈奴北疆西向聯結的通路。

從匈奴本部四面出擊，東攻、西征、南進，至北定諸國旋師爲止，冒頓單于皆節節勝利，使匈奴政權一統東亞北方草原，勢力範圍東起遼東，西臨河西，北至貝加爾湖、葉尼塞河上游，南方與漢相鄰於長城之區。〔註230〕

〔註224〕周振鶴著，《西漢政區地理》，頁72。

〔註225〕漢三年（前204）漢以韓信定魏、破趙，見《史記三家注》，卷三十六，〈張耳陳餘列傳〉，頁2582；韓信殺陳餘，擊定趙地後，以張蒼爲代相備邊寇，見《史記三家注》，卷三十六，〈張蒼列傳〉，頁2676；韓信擊定魏、代、趙，聲威震動北地，臧荼以小燕，避韓信唯恐不及，必不敢輕易爲寇於漢，是張倉爲代相所備之邊寇爲匈奴。

〔註226〕《史記三家注》，卷九十三，〈韓信列傳〉，頁2633。

〔註227〕《史記三家注》，卷一百十，〈匈奴列傳〉，頁2893。

〔註228〕《史記三家注》，卷一百十，〈匈奴列傳〉，頁2887。

〔註229〕（法）伯希和、耿世民譯，〈高地亞洲〉，收入中國社會科學院民族所歷史研究室資料組編，《民族史譯文集》（北京：中國社會科學院民族所歷史研究室資料組，1978），第六輯，頁7。

〔註230〕冒頓單于時匈奴尚未能將月氏完全逐出河西，匈奴既受阻於河西，其西面勢力似未抵蔥嶺，西域諸國未服，餘三面的勢力範圍參見呂光天、古清堯編著，《貝加爾湖地區和黑龍江流域各族與中原關係史》（哈爾濱：黑龍江教育出版

　　冒頓從月氏脫逃後，強悍治軍、政變奪位，強勢主政，舉兵轉戰四方，攻無不捷，一連串的作為，展現出饒富智計、勇於殺伐、處事獨斷果決、對外積極擴張進取的領導人風格，以不到十年的時間（前 209～前 201），建立一個空前的草原帝國，政治上交出耀眼的功績，開創了匈奴輝煌的盛世，掩過他弒父自立，權位取得正當性的問題，至此匈奴的貴人、大臣咸心服其能。

第四節　草原盛世的政軍力量

　　匈奴歷史可分為「極盛」與「衰徵、分裂」兩個時期。極盛時期從冒頓單于（前 209～前 174）開始，歷老上單于（前 174～前 161），至軍臣（前 161～前 126）等三位單于，約當中原秦二世元年（前 209），至漢武帝元朔元年（前 128）為止，[註231] 差不多八十餘年左右。冒頓單于是這個盛世的開創者，他個人無疑擁有非凡的領袖才能和鐵的意志，[註232] 是傑出的政治領導人，[註233] 即位後匈奴國勢如旭日東昇般蒸蒸日上，對外「盡服從北夷」，[註234] 成為北亞草原的主宰。

　　匈奴人居馬上得天下，在很短的期間內吞併四鄰諸部，疆域至為遼闊，如何有效控制管理這樣一個地域寬廣，族群組成複雜的國家，成為新的政治課題。為了維繫政權，進行有效統治，匈奴政權在政治制度上做了相應調整，以適應從游牧小邦到草原大國的政治格局。

社，1991），頁 42～43。

〔註231〕此分期參見馬長壽著，《北狄與匈奴》，頁 23；呂思勉亦以冒頓、老上、軍臣三單于為匈奴全盛期，見氏著，《中國民族史》（北京：東方出版社，1996），頁 47；張維華亦以漢興至漢武帝之世為匈奴的鼎盛期，見氏著，〈漢置邊塞考略〉，《齊魯學報》1（1941）：55；林劍鳴氏雖以冒頓單于至軍臣單于為鼎盛期，但這個鼎盛期的西元斷限從前 174 至前 126 年，見氏著，《新編秦漢史》，頁 655。林氏的斷限應是依馬長壽所推斷冒頓於西元前 174 年擊敗月氏，取得月氏之地，匈奴的勢力又復西展的時間為準；江上波夫則以冒頓與其子老上單于的時代，為崛起和最盛期，見（日）江上波夫著，張承志譯，《騎馬民族國家》，頁 26。

〔註232〕（美）W.M.麥高文之語，見氏著，章巽譯，《中亞古國史》，卷二，〈匈奴帝國之興亡〉，頁 117。

〔註233〕梁啟超以為冒頓是匈奴一大豪傑領導人，見氏著，《張博望班定遠合傳》，收入氏著，張品興主編，《梁啟超合集》，第三卷，〈新民說〉，頁 800；錢穆以冒頓為雄桀之主，見氏著，《秦漢史》，頁 67。

〔註234〕《史記三家注》，卷一百十，〈匈奴列傳〉，頁 2890。

　　下文筆者試著從幾個方面來觀察匈奴人在興盛時期，國家體系的運作概況，以明瞭草原盛世期，匈奴政軍力量的所在：

一、行政體系

　　《史記》將匈奴政治制度的記載，放在冒頓稱雄草原的事蹟之後，不是沒有原因的，前此長城沿線的北方草原諸部林立，政治生態複雜，因冒頓的征伐而漸趨一統，匈奴政權職官體系的運作，也相應調整過渡到適用於控制北亞大草原的新政治型態。《史記・匈奴列傳》所敘述職官體系之層級、權責正反映此種新局：

> 　　置左右賢王，左右谷蠡王，左右大將，左右大都尉，左右大當戶，左右骨都侯。匈奴謂賢曰「屠耆」，故常以太子為左屠耆王。自如左右賢王以下至當戶，大者萬騎，小者數千，凡二十四長，立號曰「萬騎」。諸大臣皆世官。呼衍氏，蘭氏，其後有須卜氏，此三姓其貴種也。諸左方王將居東方，直上谷以往者，東接穢貉、朝鮮；右方王將居西方，直上郡以西，接月氏、氐、羌；而單于之庭直代、雲中：各有分地，逐水草移徙。而左右賢王、左右谷蠡王最為大（國），左右骨都侯輔政。諸二十四長亦各自置千長、百長、什長、裨小王、相、封都尉、當戶、且渠之屬。歲正月，諸長小會單于庭，祠。五月，大會龍城，祭其先、天地、鬼神。秋，馬肥，大會蹛林，課校人畜計。〔註235〕

　　冒頓採用一種更加成熟的政治組織，即左比右尊的「左右二元體制」。〔註236〕從賢王、谷蠡王、大將、大都尉、大當戶、骨都侯，都以左右加以分列。為了適應領地四至遼闊的格局，匈奴人以蒙古高原為中心，將疆域分成三個行政區塊：

　　（一）「單于庭」由單于直接管轄，是匈奴本部的政治中樞，統轄匈奴中部地區，北自貝加爾湖、色楞格河、土拉河、鄂爾渾河，南與漢朝雲中郡、雁門郡、代郡接壤。〔註237〕

〔註235〕《史記三家注》，卷一百十，〈匈奴列傳〉，頁2890～2892。
〔註236〕（英）崔瑞德、（英）魯惟一編，楊品泉、張書生、陳高華等譯，《劍橋中國秦漢史：公元前221～公元220年》，頁422。
〔註237〕單于庭轄區的北境範圍，參考烏恩，〈論匈奴考古研究中的幾個問題〉，《考古學報》99（1990）：416～417。

　　（二）「左賢王庭」由左賢王負責，管理中部以東，直至與穢貊、朝鮮相接的東部領地，南接漢朝的上谷郡。值得注意的是，左賢王庭的東部轄地已涵蓋原東胡範圍在內，可以讓我們確知此處〈匈奴列傳〉的記載，是冒頓單于吞併東胡之後的新情勢。

　　（三）「右賢王庭」由右賢王統領，轄中部以西的區域，南接漢朝上郡，與月氏、氐、羌相鄰。這裏西方又提到接月氏、氐、羌，未及西域的部份，也是符於冒頓單于晚年之前，匈奴的勢力範圍。

　　左右賢王是地方最高長官。單于之下設二十四長——萬騎統率軍隊。整個職官體系簡明，承平之際，行政官員治民，戰爭的時候，行政官員領軍，擔任軍事首腦，有著軍政合一的特點。〔註238〕匈奴將疆域分爲三部的安排，左賢王領地幾對應於原東胡之地，單于庭爲原匈奴本部，右賢王庭領西部新得月氏等之地，有助加強所征服地區的控制。也有學者認爲匈奴人將草原區分爲三部的安排，與應付來自長城以南農業帝國的威脅有關。〔註239〕

　　在匈奴政權的中樞，有關最高權力的轉移，一個相對穩定的制度也確立起來：

　　（一）冒頓奪位後，從此確立單于大位落於攣鞮氏族掌控之中。〔註240〕匈奴前期的政權轉移，以父死子繼爲主，兄終弟及爲輔，大統代代相承，〔註241〕最終過渡到諸子的兄終弟及制。

　　（二）匈奴人對天地十分尊崇，〔註242〕冒頓自稱「天所立匈奴大單于」，〔註243〕其子老上稽粥單于自稱：「天地所生日月所置匈奴大單于」，

〔註238〕張曉松著，《中國少數民族職官制度》（北京：中國科學研究出版社，2006），頁42。
〔註239〕田廣金、郭素新著，《北方文化與匈奴文明》，頁471。
〔註240〕林幹著，《匈奴史》，頁24。
〔註241〕王可賓統計單于大位的繼承原則，自冒頓（前209～前174）爲單于開始，至烏師盧單于（前105～前102）死，這一百零七年之間，有六個單于，除伊稚斜（前126～前114）憑藉武力奪取大位外，單于之位皆是父死子繼。從呴犁湖（前102～前101）至呼韓邪（前58～前31）在位的七十一年間，以兄終弟及爲主，韓邪單于臨死之前，確立了諸子的兄終弟及繼承制，見氏著，〈從匈奴單于的繼承看父死子繼與兄終弟及〉，《社會科學戰線》1984.1：144；武沐，〈匈奴單于繼承制度突變的探討〉，《內蒙古大學學報（人文社會科學版）》36.1（2004）：13。
〔註242〕林幹著，《匈奴史》，頁171。
〔註243〕冒頓單于對漢的國書中之自稱，見《史記三家注》，卷一百十，〈匈奴列傳〉，

〔註244〕以天做為單于政權的權力來源，使單于的意義轉變為至高無上的意義，〔註245〕具有神格化首領的身份，〔註246〕藉此加強對所屬部族與臣民的號召。

　　（三）每年的正月，各部首領在單于庭召開小集會，〔註247〕舉行春祭；五月，在龍城召開大集會，〔註248〕祭祀祖先、天地、鬼神。等到秋天，馬匹肥壯，在蹛林舉行大會，查核課校人口與牲口。〔註249〕

　　匈奴人將疆域分成三部管理的設計，應是最有利於克服草原疆域廣闊所帶來的不便，維繫高度行政效率，以加強統治。而一年至少舉行三次重大的首腦會議：單于庭春祭小會、龍城祭祀大會、蹛林課校大會等，這些部落大會首要任務便是課賦及傳達重要政令，掌握各地人口和畜產資料，凝聚國政與族群共識，具推動政務、經濟與宗教等多重功能，並強化匈奴本部對諸部的控制，使組織縱向與橫向緊密連結，再藉著安排有序的職官體系，層層負責指揮管理，使整個國家機器有效率的運作起來，以駕馭草原上眾多部落。

　　　　　頁 2896。
〔註244〕老上稽粥單于對漢的國書之自稱，見《史記三家注》，卷一百十，〈匈奴列傳〉，頁 2899。
〔註245〕林幹著，《匈奴史》，頁 26。
〔註246〕（日）江上波夫著，張承志譯，《騎馬民族國家》，頁 27。
〔註247〕王明珂以為正月之會的「單于庭」，應是單于所在的冬場，見氏著，《游牧者的抉擇：面對漢帝國的北亞游牧部族》，頁 135；袁祖亮以匈奴王庭在今日的烏蘭巴托，見氏主編，《中國古代邊疆民族人口研究》，頁 26。
〔註248〕《史記三家注》，卷一百十，〈匈奴列傳〉，《索隱》之注已注意到在《漢書》中，「龍城」，作「龍城」，頁 2892。本文中「龍城」之寫法，以《史記》版為主。烏恩以為匈奴的龍城，極有可能是由旂帳所構成的聚居地，見氏著，〈論匈奴考古研究中的幾個問題〉，《考古學報》99（1990）：417；余英時認為龍城是匈奴聯合體的首都，位於蒙古鄂爾渾河流域的和碩柴達木，見（英）崔瑞德、（英）魯惟一編，楊品泉、張書生、陳高華等譯，《劍橋中國秦漢史：公元前221～公元220年》，頁 422；何天明認為龍城是以單于大帳為核心的車帳式的匯游牧建築群，見氏著，〈對匈奴創建政權若干問題的探討——匈奴政權始自冒頓單于說質疑〉，《內蒙古社會科學（漢文版）》27.1（2006）：44。江上波夫氏以為龍城乃由林木樹枝等植物性材料所構成之自然或人為營造物，見氏著，<匈奴的祭祀>，收入劉俊文主編，辛德勇、黃舒眉、劉詔軍等譯，《日本學者研究中國史論著》（北京：中華書局，1993），第九卷，頁 9。
〔註249〕如果以地點來認定龍城與蹛林的地理位置，學者對二者位於何處的看法甚分歧，至今未有共識，見何天明，〈對匈奴創建政權若干問題的探討——匈奴政權始自冒頓單于說質疑〉，《內蒙古社會科學（漢文版）》27.1（2006）：44。

二、經濟力

在北方草原有許多雨量較少，不宜農耕之地，牧民藉著放牧畜群，讓牲畜將人類不能食用的粗草，轉化成馴化動物的乳品和肉類、皮革，以供人類使用，牧民馴化動物的技巧，可能需要比農民馴化植物更高的技巧。〔註250〕《史記·匈奴列傳》對匈奴人的經濟運作方式有所說明：

> 匈奴……隨畜牧而轉移。其畜之所多則馬、牛、羊，其奇畜則橐駝、驢、驘、駃騠、騊駼、驒騱。逐水草遷徙，毋城郭常處耕田之業，然亦各有分地。〔註251〕

匈奴人活躍於北方草原，畜牧業是其經濟基礎，但受到環境的影響，發展出適於草原生活型態的畜牧經濟活動方式——游牧。「游」同「遊」字，〔註252〕「遊（游）牧」的定義是「居無定處，逐水草而居，以畜牧爲生」，〔註253〕牧人在草場看顧放牧畜群，在草源消耗後，人畜往新草源移動遷徙，並以所放養的牲畜供應生活所需。〔註254〕

匈奴人善於放牧，牲畜的種類雖多，以馬、牛、羊爲主，其中羊的數量最爲龐大，〔註255〕對游牧民族提供最高的經濟價值，〔註256〕另有少量特殊品種的奇畜。在平城戰役時，匈奴前線僅戰騎就能出動四十萬騎，若加上一兵可能帶著多匹的備用馬，〔註257〕及隨軍食用牲畜，再將前線以外的全國各地

〔註250〕（英）湯因比認爲馴化動物的技巧比馴化植物高，牧民比起農民更是高明的專家，牲畜將草料轉爲人類可以食用的肉品，見氏著，（英）索麥維爾節錄，曹未風譯，《歷史研究》（上海：上海人民出版社，1986），上冊，頁210〜211。

〔註251〕《史記三家注》，卷一百十，〈匈奴列傳〉，頁2879。

〔註252〕見漢語大字典編輯委員會編纂，《漢語大字典》（武漢：湖北長江出版集團·崇文書局；成都：四川出版集團·四川辭書出版社，2010），〈游〉條，頁1805。

〔註253〕「遊牧」的定義，見廣東、廣西、湖南、河南辭源修訂組、商務印書館編輯部編，《（大陸版）辭源（單卷合訂本）》（臺北，遠流出版事業有限公司，1988），「游牧」條，頁0933。

〔註254〕參見鄭君雷，〈關於游牧性質遺存的判定標準及其相關問題——以夏至戰國時期北方長城地帶爲中心〉，收入教育部人文社會科學重點研究基地吉林大學邊疆考古研究中心編，《邊疆考古研究》（北京：科學出版社，2004），第二輯，頁425。

〔註255〕據王明珂的統計《史記》、《漢書》與《後漢書》中，漢匈戰爭中，漢軍虜獲的匈奴牲畜記錄，羊的數量是最多的，見氏著，《游牧者的抉擇：面對漢帝國的北亞游牧部族》，頁127。

〔註256〕拉鐵摩爾以爲羊在食、衣、住、燃料上貢獻度大，是游牧經濟價值最大的牲畜，見（美）拉鐵摩爾著，唐曉峰譯，《中國的亞洲內陸邊疆》，頁53。

〔註257〕孟古托力，〈騎兵基本功能探討——兼釋馬文化〉，《北方文物》48（1996.4）：

牲畜算入，匈奴的畜產數量極為驚人。要繁殖照料數量如此龐大的牲畜，各方面條件要能配合得宜，才能有此成就，匈奴人基本上應具備下列條件：

（一）高度的畜牧技術：距今二千多年前，蒙古草原的游牧民族已擁有高度的畜牧養育技術，才能繁衍出數量龐大的牲畜。匈奴人的畜牧技術中，有一種通過牡牝分牧，以實行人工控制生育，藉此繁殖大量牲畜，這是一種很專門的技術，出使匈奴遭留置的漢朝使者蘇武，在北海就是專門從事放牧種羊的工作。〔註258〕

（二）醫療與獸醫藥技術的掌握：匈奴人興盛的年代，在醫療理論指導下形成的醫療體系，有長足的發展，在治療人與治療牲畜上，已掌握針刺、放血、灸焫、草藥治療等混用的技術，特別是「灸焫」溫熱療法，〔註259〕起源於蒙古地區。〔註260〕

在匈奴盛世之時，老上稽粥單于（前174～前161）初立，降附匈奴的燕人中行說甚受親信任用。中行說隨著匈奴人過草原游牧生活，身處接近權力核心的地位，他兩度談到匈奴人的生活方式，第一次是勸告單于正視漢人物質流入草原的潛在問題：

> 中行說曰：「匈奴人眾不能當漢之一郡，然所以彊者，以衣食異，無仰於漢也。今單于變俗好漢物，漢物不過什二，則匈奴盡歸於漢矣。其得漢繒絮，以馳草棘中，衣袴皆裂敝，以示不如旃裘之完善也。得漢食物皆去之，以示不如湩酪之便美也」〔註261〕

82。

〔註258〕蘇武出使遭到留置，匈奴人使牧羝，揚言如果蘇武能讓羝產乳，才放他歸漢，事見《漢書》，卷五十四，〈蘇建傳〉，頁2463；蘇武以漢昭帝始元六年（前81）歸漢，凡留匈奴一十九年，見《漢書》，卷五十四，〈蘇建傳〉，頁2467；蕭愛民以為匈奴人已採行「牡牝分牧」的方式，以人工控制生育的方式，用於繁殖羊隻等牲畜，〈「蘇武牧羊」所反映的匈奴族養羊技術〉，《農業考古》2003.3：286～288。畜牧技術須長期累積傳承，蘇武羈留匈奴時間雖距平城戰百年，所運用畜牧之術亦師承於前人，以平城戰時匈軍牲畜量之大，當時匈奴必已掌握相當的畜牧知識技術，否則難以繁殖與照顧龐大之畜產。

〔註259〕查《黃帝內經》，「灸焫」做「艾焫」，兩種似是同一種治療手法，見（清）張志聰集註，莫承藝參訂，朱景韓校訂，《黃帝內經素問集註》（臺南：王家出版社，2004），卷二，〈異法方宜論篇〉，頁50。

〔註260〕見巴音木仁、烏蘭塔娜、包金山，〈匈奴興盛時期的獸醫藥研究〉，《中獸醫醫藥雜誌》2007.4：71～72。

〔註261〕《史記三家注》，卷一百十，〈匈奴列傳〉，頁2899。

中行說提醒單于必須警惕喜用漢地飲物與衣物等，對匈奴人帶來的後遺症，也說明匈奴人在飲食、衣物上的特徵。第二度是與漢朝使者相互辯詰時的說辭，也透露牲畜與匈奴人在生活上密切結合的情況：

> 漢使曰：「匈奴父子乃同穹廬而臥……」，中行說曰：「匈奴之俗，人食畜肉，飲其汁，衣其皮；畜食草飲水，隨時轉移。故其急則人習騎射，寬則人樂無事……則候秋孰，以騎馳蹂而稼穡耳」〔註262〕

老上稽粥單于多次對漢採取軍事行動，攻擊的範圍甚廣，入侵的收穫頗豐，有很明顯的經濟目的：

> 匈奴日已驕，歲入邊，殺略人民畜產甚多，雲中、遼東最甚，至代郡萬餘人。〔註263〕

從中行說勸說單于的言辭，與漢使的辯詰，及匈奴攻擊漢邊，皆與畜產有關，筆者小結如下：

（一）匈奴人的生活與牲畜相結合，畜產提供匈奴人食、衣、住、行各方面所需，其從吃的肉類、乳汁，及乳類製品奶酪等，住的皮革帳篷，及以皮毛製成旃裘等禦寒保暖的衣物、鞋子、騎士護甲，並交通工具等，無不仰賴牲畜，其經濟效益很大。

（二）馬匹是最重要的交通工具，〔註264〕平時供載物、代步，騎乘往來看顧畜群，與武裝的戰士搭配後成騎兵，以之向外劫掠與作戰，成為戰場上最富機動力的戰鬥部隊。

（三）以游牧為主的經濟型態，牲畜繁殖的數量雖大，在農產穀物與手工產品上難以自給自足，從漢地輸入繒絮食物等農產手工品，可補充游牧經濟在這方面的不足。匈奴取得資源的方式，一部份藉交易的方式獲得，以互通關市，向南方輸入其農產品、礦產、各項手工及生活產品，〔註265〕相對以畜產、皮毛輸出。

（四）匈奴人也仰仗騎力，以武力奪取外族的資源，如向漢地的劫掠，以人口、畜產主。比起笨重值賤、較難搬運的穀物，人口與畜產的價值較高，又容易以驅趕的方式生致虜獲。

〔註262〕《史記三家注》，卷一百十，〈匈奴列傳〉，頁 2900。

〔註263〕《史記三家注》，卷一百十，〈匈奴列傳〉，頁 2901。

〔註264〕麥高文認為馬是匈奴人最重要的家畜，供騎乘及提供皮革、肉、乳，羊次之，見氏著，《中亞古國史》，頁 110。

〔註265〕田廣金、郭素新著，《北方文化與匈奴文明》，頁 468～470。

　　另外，人口數的問題，人口是勞動力與士兵組成的來源，匈奴於盛世之際有多少人口，各家估計的數目有不小的差異：

　　（一）中行說匈奴人口不能當漢之一郡，同時期的漢人賈誼認為甚至比不上漢的千石大縣。賈誼（前 200～前 168）身當匈奴之盛世，〔註266〕他認為匈奴有三十萬人，這個數目與匈奴的人口數的落差太大，畢竟冒頓時匈奴僅兵力就達三、四十萬人，除非冒頓動員的軍隊中半數以上都是所征服的外族，不然三十萬人的數字實在是太過偏低。但賈誼對匈奴人口的計算公式：「五口而出介卒一人」，〔註267〕卻成為日後估算匈奴人口的通用法則。

　　（二）錢穆、馬長壽、與何茲全均以冒頓單于時，控弦三十萬的兵力為準，〔註268〕按賈誼五口出一丁之制，得出漢初匈奴盛世的總人口，差不多是一百五十萬左右的結論。〔註269〕江上波夫亦以為匈奴極盛期，總人口大約是一百五十萬。〔註270〕

　　（三）林幹以冒頓控弦四十萬，同樣依賈誼的人口計算法，可得匈奴彼時有人口約二百萬人，到了漢宣帝（前 73～前 49），因五單于爭立，人口減為一百七十五萬，匈奴大亂之後，人口再減為一百五十萬，南北分裂後，僅剩一百三十萬。〔註271〕

　　（四）袁祖亮估冒頓單于時期的人口在一百四十萬以下，〔註272〕可能是介於一百三十萬到一百四十萬之間。〔註273〕

　　（五）匈奴人口中的奴隸人數不少，其來源有戰俘、被統治地之民、犯罪者、鄰近部族販賣之奴、積欠債務為奴等，這些奴隸以僕役運用於放牧、

〔註266〕賈誼生卒年參見中國歷史大辭典・秦漢史卷編纂委員會編，《中國歷史大辭典・秦漢史卷》，〈賈誼〉條，頁349。

〔註267〕見（漢）賈誼撰，閻振益、鍾夏校注，《新書校注》（北京：中華書局，2000），卷四，〈匈奴〉，頁134。

〔註268〕《史記三家注》，卷九十九，〈劉敬列傳〉，頁2719。

〔註269〕如馬長壽著，《北狄與匈奴》，頁27；錢穆著，《國史大綱》，上冊，收入氏著，錢賓四先生全集編委會整理，《錢賓四先生全集》，乙編，第二十七冊，頁227；何茲全著，《秦漢史略》（上海：上海人民出版社，1955），頁44。

〔註270〕（日）江上波夫著，張承志譯，《騎馬民族國家》，頁26。

〔註271〕林幹著，《匈奴史》，頁17～18。

〔註272〕見袁祖亮主編，《中國古代邊疆民族人口研究》，頁14、15、21。

〔註273〕袁祖亮，〈略論冒頓單于時期的匈奴人口〉，《南都學壇（哲學社會科學版）》18.18（1998）：9。

工匠等生產工作。〔註274〕被虜掠來的外族人口，可能多達幾十萬人。〔註275〕奴隸大都被迫從事各種生產勞動的工作。

各家估算的匈奴人口數不同，欲精算之甚難，大體上冒頓時是匈奴鼎盛之世，所轄部落眾多，他在位時能夠征集的兵力，以平城戰役的四十萬騎而言，歷代單于遠瞠乎其後，如漢孝文帝十四年（前 166），冒頓子老上單于以十四萬騎入朝那、蕭關，〔註276〕這是兩漢之世，除平城戰役外，匈奴出動兵力最多的一次，但仍遠不及冒頓單于時的半數，可見斯時匈奴所轄人口之眾。

三、社會與軍事組織

從戰國時進襲趙地，被李牧擊破十餘萬騎，不論是東胡奇襲戰，月氏之戰，到平城之役，冒頓動員幾十萬精騎決戰，匈奴的主要兵種都是騎兵。武裝士兵乘坐在馬背上，以馬為乘騎，可謂人馬合一。馬的移動能力相當快，小跑的速度每小時近二十公里，慢跑速度每小時二十五公里，奔馳的速度可高達每小時七十公里。〔註277〕這使得騎兵的機動性，快速運動的能力，遠遠超過其他軍種。

游牧民族善騎，將馬匹能夠快速奔馳的特點發揮到淋灕盡致，在平野間萬馬奔驤，衝鋒陷陣，軍隊運動產生巨大衝擊力，又可瞬間化整為零，化零為整，從四面八方向敵突襲攻擊，於逆戰追擊間運用得力，在戰場上屬大規模決戰的兵種，〔註278〕擁有強大的攻擊力。匈奴騎兵的高度機動性，大軍行進出沒迅捷，行蹤飄忽，南侵時尋找敵人防禦薄弱之地加以突襲，〔註279〕長城邊塞東西綿亙數千里，確實是防不勝防，讓農業民族倍感棘手。

〔註274〕有關匈奴奴隸來源見林幹著，《匈奴史》，頁 14～16；及（俄）姆‧伊‧里日斯基，〈匈奴與東胡〉，收入（日）內田吟風等著，余大鈞譯，《北方民族史與蒙古史譯文集》，頁 243。

〔註275〕林幹估計約三十萬人，佔總人口的七分或五分之一，見氏著，《匈奴史》，頁 18；馬長壽估約五十五萬人，達人口的三分之一以上，見氏著，《北狄與匈奴》，頁 27。

〔註276〕《史記三家注》，卷一百十，〈匈奴列傳〉，頁 2901。

〔註277〕（英）西蒙‧安格里姆、（美）菲莉斯‧杰斯蒂絲等著，周桂銀等譯，《圖解世界戰爭戰法‧古代（公元前 3000 年～公元 500 年）──裝備、作戰技能和戰術》（銀川：寧夏人民出版社，2008），頁 90。

〔註278〕（德）克勞塞維茨著，中國人民解放軍軍事科學院譯，《戰爭論》（北京：商務印書館，1982），第二卷，頁 373。

〔註279〕陶晉生，〈邊疆民族在中國歷史上的重要性〉，收入查時傑編，《中國通史集論》（臺北：華世出版社，1986），頁 153。

　　頭曼單于時，匈奴有多少軍隊不得而知，但冒頓在即位十年內，在草原上轉戰各地，破併四鄰，平城戰役發生（前 200），親自領兵南下，將漢高帝圍困在白登山，匈奴投入戰鬥的部隊數量就高達四十萬人。《史記・匈奴列傳》記載斯役時匈奴騎兵驚人的數量，與強大的氣勢：

　　　　冒頓縱精兵四十萬騎……匈奴騎，其西方盡白馬，東方盡青駹

　　馬，北方盡烏驪馬，南方盡騂馬。〔註280〕

　　從白登向下望去，匈奴幾十萬的馬騎，〔註281〕以四種不同顏色的馬匹，集結於東西南北四區：白馬全部排列在西方，青駹馬全部列陣於東方，烏驪馬全部集結於北方，南方全部是赤黃色的騂馬。這樣一個四色分明，一眼望不到邊際的威武馬騎戰陣，所襯映出雄偉、壯觀的場面，反映出匈奴騎兵在編制上的嚴密性，與高度的組織紀律性。〔註282〕匈奴戰馬成群，數量誇張到「投鞍高如城者數所」，〔註283〕把馬鞍子從馬背上解下，疊聚的幾堆鞍子像幾座高聳城垣般，展現馬畜彌多的驚人氣勢。冒頓單于時，能夠動員的騎兵數目，遠超過後世匈奴所有時期的軍隊數。

　　在傳統戰爭中，戰鬥方式是人力密集型，單以投入戰場的部隊數量而論，兵力數量多的一方在作戰上有相對優勢，是決定一次戰鬥結果的最重要因素。〔註284〕在西元前三世紀末時，北亞游牧民族能控有數量這麼龐大的武裝騎兵部隊，不論從當時或後世來說，都是罕見的。

　　匈奴全民軍事化，全軍騎兵化，騎乘的機動性高，爲增強集體攻擊的力量，使騎士在戰鬥中揮發最大力量，在軍隊編制上，採取效益高而特殊的「十進位編制」，以每十人爲一隊，編組成戰鬥單位，集十人隊爲百人隊，集百人隊爲千人隊，集千人隊爲萬人隊，在軍事任務中，行進、戰鬥時各有順序與位置，分層領導負責，上下統屬有方，攻守相互配合，隊伍組織嚴密。〔註285〕

〔註280〕《史記三家注》，卷一百十，〈匈奴列傳〉，頁 2894。

〔註281〕《漢書》的記載爲「縱精兵三十餘萬騎圍高帝於白登」見卷九十四，〈匈奴傳〉，
　　　　　頁 3743。匈奴的兵力不論是四十萬騎，或三十餘萬騎，馬匹的數量都是很驚
　　　　　人的。

〔註282〕孟古托力，〈古代騎兵編制和訓練之芻議〉，《北方文物》56（1998）：66～74。

〔註283〕《漢書》，卷五十二，〈韓安國傳〉，頁 2399。

〔註284〕（德）克勞塞維茨著，中國人民解放軍軍事科學院譯，《戰爭論》，第一卷，
　　　　　頁 205。

〔註285〕參見孟古托力的研究，孟氏認爲北方游牧民族的騎兵，不論在東方的中原、
　　　　　中亞，乃至與歐洲人戰鬥，經常掌握主動攻擊權，並獲致勝利，與騎兵「十

　　軍隊要發揮戰力，需要配備適當的攻擊與防禦武器，西元前三世紀以前，匈奴已進入鐵器文化，西元前三紀以後廣泛使用鐵器。〔註 286〕匈奴人自行生產武器，〔註 287〕工藝已能成熟鍛製青銅及鐵器，製做大量的刀、劍、鏃等各式攻擊器械，〔註 288〕「其長兵則弓矢，短兵則刀鋋」，〔註 289〕戰士配備各式的長短武器，弓背在騎士的左邊，箭則裝在右背的箭筒裏，〔註 290〕遠距離以弓箭射擊，近距遠離以刀鋋格鬥，身披皮革製做成的革笥戰甲，配有木盾，〔註 291〕以增強防禦力。騎士跨乘馬背之上，攻擊武器與防禦配備兩者兼具，以此武裝起數量龐大的騎軍兵團。

　　為了適應草原上游牧遷徙，與掠奪戰爭型態的特點，匈奴人有其獨特的社會組織，《史記・匈奴列傳》提到匈奴兵民合一的特點：

　　　　士力能毋弓，盡為甲騎。其俗，寬則隨畜，因射獵禽獸為生業，
　　急則人習戰攻以侵伐，其天性也。〔註 292〕

　　匈奴人以軍事方式組織全體牧民，其社會組織可說是軍事與生產相互結合的部落兵制，〔註 293〕平時牧民們各自生活作息，是勞動生產的百姓，習於放牧、遷移與射獵，有戰鬥需要時，牧民們立即轉化成具有騎射、戰鬥、遠征能力的戰士，很快被召集編組成軍；壯丁雖抽調入伍，老弱婦孺家屬仍可藉著畜力乘載，攜帶家當驅趕牲畜，轉移到比較安全地帶，避免遭戰火波及，戰士們少了後顧之憂；官僚機構平時治民，戰時各級官員成為各級軍事將領。從徵召百姓入伍，到集結編制成軍，進而擴組兵團，指揮體系也同時完成，這是一個機動性極高，武力強大的軍事政權。

　　所謂「生活條件與戰鬥條件一致者強，相離者弱，相反者亡」，〔註 294〕

　　　進位編制」，有直接的關係，見氏著，〈古代騎兵編制和訓練之芻議〉，《北方文物》56（1998）：66～74。
〔註 286〕林幹著，《匈奴史》，頁 127～129。
〔註 287〕（美）W.M.麥高文著，章巽譯，《中亞古國史》，卷二，〈匈奴帝國之興亡〉，頁 111。
〔註 288〕見林幹著，《中國古代北方民族史新論》，頁 64。
〔註 289〕《史記三家注》，卷一百十，〈匈奴列傳〉，頁 2879。
〔註 290〕見（俄）姆・伊・里日斯基，〈匈奴與東胡〉，收入（日）內田吟風等著，余大鈞譯，《北方民族史與蒙古史譯文集》，頁 241。
〔註 291〕《漢書》，卷四十九，〈鼂錯傳〉，頁 2281。
〔註 292〕見《史記三家注》，卷一百十，〈匈奴列傳〉，頁 2879。
〔註 293〕林幹著，《中國北方民族新論》，頁 66。
〔註 294〕蔣方震著，《國防論》，收入民國叢書編輯委員會編，《民國叢書》（上海：上海

匈奴游牧的生活型態，軍事生產合一的社會體系，本具強大軍事力量的潛能，適逢謀勇有略的領袖居於單于之位，掌控住這樣一個猶如由心使臂般靈巧的軍事政權，將游牧民族軍事攻戰方面的優越潛能充份發揮。北方大草原有著廣袤遼闊的地理特點，使得以騎兵為主的民族，因軍隊在戰場上的運動迅捷，國家勢力得以擴張快速。〔註295〕

　　冒頓以不到十年時間，完成北方草原前所未有的一統大業，就這一點而言，其政治事功的成就非凡。後世的諸葛亮曾稱讚曹操「智計殊絕於人，其用兵也，彷彿孫、吳」。〔註296〕若肯定魏武有「因事設奇，譎敵制勝，變化如神」之能，〔註297〕則冒頓單于在軍事上的表現，與魏武相較，其有過之無不及之處，當得到更高的評價。冒頓擁有相當傑出的能力與活力，〔註298〕強勢領導匈奴，決斷對外攻伐征戰，堪稱草原不世出的領袖。

　　學者已注意到冒頓即位後，匈奴崛起之速與擴張之快，成為雄峙北方草原上軍事強權，江上波夫云：

　　　　匈奴的游牧騎馬國家，幾乎只在冒頓一代就興隆起來了。它已經把東起熱河，西至東土耳斯坦，北達貝加爾湖畔及葉尼塞流域，南抵長城地帶及鄂爾多斯的全部民族都收于管下。〔註299〕

　　學者估計在西元前三世紀到西元一世紀時，匈奴文化代表游牧文化所能發揮的最高水平。〔註300〕冒頓單于不但是這個游牧文化的最高水平的開創者，甚至可能是這三、四個世紀中，匈奴國勢最鼎盛的時期。

　　　　書店，1990），第二編，頁3。

〔註295〕（美）保羅・肯尼迪認為廣袤的平原利於騎兵帝國的迅速擴張，實現其統治，見氏著，蔣葆英等譯，《大國的興衰》（北京：中國經濟出版社，1989），頁20。

〔註296〕諸葛亮之語見（清）嚴可均輯，馬志偉審訂，《全三國文》（北京：商務印書館，1999），頁590。

〔註297〕此語移之冒頓單于亦甚貼切，語見（晉）陳壽，《三國志》，卷一，〈武帝紀〉，頁53。

〔註298〕（英）崔瑞德、（英）魯惟一編，楊品泉、張書生、陳高華等譯，《劍橋中國秦漢史：公元前221～公元220年》，頁413。

〔註299〕見（日）江上波夫著，張承志譯，《騎馬民族國家》，頁26。冒頓在統治前十年就已成就個人的政治事功，雖然西域與小部份河西尚未到手，但北方草原一統大局已成，確如江上氏所言，匈奴在冒頓一代就興隆起來。

〔註300〕見馬利清，《原匈奴・匈奴歷史與文化的考古學探索》，頁392。

第三章　漢政權的建立與北疆佈局

第一節　中原的動亂與政權復歸一統

春秋時期中原的戰事曾慘烈至「析骨而炊，易子而食」的情狀，〔註1〕列國更不乏重賦敝民的統治，魯昭公三年（前539）時，齊、晉兩國大臣有一次互吐苦水的對話，吐露齊、晉政治的黑暗面，與當時百姓生活條件不佳的處境：

> 晏嬰曰：「民參其力，二入于公，而衣食其一。公聚朽蠹，而三老凍餒。國之諸市，屨賤踊貴，民人痛疾」……叔向曰：「然。雖吾公室，今亦季世也……庶民罷敝，而宮滋侈。道殣相望，而女富溢尤。民聞公命，如逃寇讎」〔註2〕

齊臣晏嬰奉命使晉，與晉國派來接待的叔向會面，兩位重臣各自對本國的內政問題憂心忡忡，當前兩國內政的共同點是：權臣跋扈危及公室、主上無道民不堪命。〔註3〕晉平公不恤百姓，晉國道路上餓死之人比比皆然；齊景公好享樂而聚斂，〔註4〕強斂收入三分之二的重賦，齊國百姓困頓到連最基本

〔註1〕楚莊王爲報殺使之仇，出兵圍宋五個月，宋城因之斷糧困敝，見《史記三家注》，卷三十八，〈宋微子世家〉，頁1629；《史記三家注》，卷四十，〈楚世家〉，頁1702。

〔註2〕（周）左丘明傳，（晉）杜預集解，《春秋左傳集解》，〈昭公三年〉條，頁1219。

〔註3〕田氏在齊與六卿在晉，皆有脅及公室之勢，晏嬰與晉國叔向互表内政憂慮，見《史記三家注》，卷四十六，〈田敬仲完世家〉，頁1881；《史記三家注》，卷四十三，〈趙世家〉，頁1786。

〔註4〕晏子向齊景公直言：「今君好酒而養辟，德無以安國，厚藉歛，急使令，正無

的吃、穿生活條件都有問題。齊、晉兩國相繼爲春秋霸主，是中原第一等的大國，百姓生活尚艱苦若是，餘且不可問。或以齊、晉之聚斂苛政乃是一地一時，非是常時之態，但隨著列國兼併戰爭的日趨激烈，情況也很難好轉，爲了擴大徵兵，確保賦役來源的穩定，各國地方行政體系的建立，編戶齊民制度的實施，使政府對農民的掌控愈趨嚴密，中央牢牢控制住地方。〔註5〕編戶民難逃無窮盡的抽丁、力役、徵賦，日子過的並不輕鬆。

到了戰國時期，華夏各國的社會生產力有著顯著的提昇，因冶鐵手工業相關的技術精進，使得鐵器鑄造在質與量上不斷提昇，鐵器廣泛使用於農業與手工業生產，加上築堤及水利灌溉工程、牛耕、選種、施肥、防蟲害、適應土壤條件、注意水源供應、一年兩熟制的推廣等農業栽培知識的掌握，及農業技術的進步，又大力開墾荒地，發展精細耕作，政府實施重農政策等。〔註6〕社會生產力提高，物質供應較爲充裕，有助於改善生活條件，理論上可使廣大的農民百姓溫飽無虞，或有一個「日出而作，日入而息」，〔註7〕可供安居樂業的生活水平。

然戰國之世戰火不熄，〔註8〕各諸侯國兼併戰爭激烈超過既往，必須集中國家資源，爲生存而戰。〔註9〕生當戰國之世的孟子（約前390～前305），〔註10〕親睹戰禍慘烈，他抨擊「爭地以戰，殺人盈野；爭城以戰，殺人盈城」的殘暴行爲，批判爲了奪取土地、城邑發動戰爭的國君，及執行戰爭任務的將領。〔註11〕但知識份子的疾呼，不敵政治局勢的現實殘酷，兼併戰爭終究難

以和民」，見駢宇騫校釋，《銀雀山漢墓竹簡晏子春秋校釋》（北京：書目文獻出版社，1988），〈景公問伐魯晏子對以不若修政待其亂〉，頁32。齊景公的厚斂役使統治，齊國百姓的生活困頓可知。

〔註 5〕 參見杜正勝著，《編戶齊民：傳統政治社會結構之形成》，頁49～55。

〔註 6〕 參見楊寬著，《戰國史（增訂版）》，頁77～88、544；及許倬雲，〈漢代的精耕農作與市場經濟〉，收入氏著，《求古編》，頁550～551。

〔註 7〕 善卷之語當爲上古時期農業社會安定時期，理論上百姓應可獲致之生活情景，見（清）王先謙撰，沈嘯寰點校，《莊子集解》（北京：中華書局，1999），卷八，〈讓王〉，頁251。

〔註 8〕 戰國之世諸侯不斷相爭攻戰，百姓常遭受屠戮，見《史記三家注》，卷二十七，〈天官書〉，頁1344。

〔註 9〕 許倬雲，〈戰國的統治機構與治術〉，收入氏著，《求古編》，頁385。

〔註10〕 錢穆著，《先秦諸子繫年》，收入氏著，錢賓四先生全集編輯委員會編，《錢賓四先生全集》，甲編，第五冊，〈附諸子生卒年世數〉，頁695。

〔註11〕 （漢）趙岐注，（宋）孫奭疏，廖名春、劉佑平整理，錢遜審定，《孟子注疏》，卷七下，〈離婁章句上〉，頁202。

以抑扼，不論孟子生前死後，殺人取地的戰爭只有愈演愈烈。從周敬王四十四年（前476），至秦王二十六年（前221），二百五十五年間，列國就發動了較具規模的一百八十五次戰役。〔註12〕據不完全的統計，秦國自獻公二十一年（前364），至秦王政十三（前234）為止，在這一百三十年之間，不計六國彼此的攻殺，不問百姓的傷亡部份，也不計秦軍自身的傷亡，光只是秦軍在戰場上斬首關東六國士兵的數量，便超過一百七十六萬人。〔註13〕若再計入秦軍與各國百姓的傷亡，整個中原人口的傷殘死亡，將至令人怵目驚心的境地。

　　兵燹戰禍對社會造成嚴重的殺傷破壞，已至空前地步，據楚人黃歇敘述戰禍之慘烈云：「韓、魏父子兄弟接踵而死於秦者，百世矣。本國殘，社稷壞，宗廟隳，刳腹折頤，身首分離，暴骨草澤，頭顱僵仆，相望於境，父子老弱係虜，相隨於路，鬼神狐祥無所食，百姓不聊生，族類離散，流亡為僕妾，滿海內矣。」〔註14〕長期不斷的戰爭，將各國發展起來的財富與人口消耗掉。〔註15〕關東六國遭到蠶食鯨吞，人命的犧牲與物資不斷消耗破壞，終於抵受不住軍事壓力，逐個被西方的強秦擊破統一。

　　在戰國時，包括秦國在內的各諸侯國，已發展出使政府管理運作最有效率的君主集權，暨文武分工的專業化官僚制度。〔註16〕秦國君臣歡愉一統勝利的到來，也面臨史無前例的難題，秦帝國的版圖甚大（見附圖五秦郡圖），該如何克服疆域如此廣闊，及自然環境複雜所帶來的不便。秦廷將原先秦國行之有年，又具成效的君主專制體制及官僚制度套用到秦帝國之上，盡可能以高效率，嚴密控制的方式展開統治。為此秦帝國支付了龐大的費用在巨大政府的組織開銷，這些巨額的支出，花費於下列諸項：第一加速內部互聯訊

〔註12〕路遇、滕澤之著，《中國人口通史》（濟南：山東人民出版社，2000），頁45。
〔註13〕杜正勝所統計的秦軍斬首數，見氏著，《編戶齊民：傳統政治社會結構之形成》，頁396。
〔註14〕黃歇此以韓、魏受禍為例，見（漢）劉向集錄，《戰國策》，卷六，〈頃襄王二十年〉，頁248；此事另見於《史記三家注》，卷七十八，〈春申君列傳〉，頁2387～2391，其文辭略異，其中「百姓不聊生」，做「人民不聊生」。
〔註15〕路遇、滕澤之著，《中國人口通史》，頁44。
〔註16〕參見許倬雲，〈戰國的統治機構與治術〉，收入氏著，《求古編》，頁403～406；邢義田亦論述系統化與專業化的文武官僚層層節制，君王集軍政大權於一身，見邢義田，〈奉天承運──皇帝制度〉，收入鄭欽仁主編，《中國文化新論──制度篇：立國的宏規》（臺北：聯經出版事業公司，1991），頁45。

息的傳遞，第二加速軍事行動和戰略物資的運送，第三鞏固邊疆防禦體系，以武力打擊具威脅性的外族，第四實施恐怖統治，鎮壓國內一切異議與反抗力量，並嚴密監控思想文化，第五加強國家對社會與經濟的控制力，藉以上的措施，強化控制國內，以求有效管理國家。〔註17〕

秦國順應了時代的要求與趨勢，掌握一統需求的時代脈動，君臣上下努力，終能一統六國，其制度安排與行政措施的背後，有一個長治久安的高遠理想。〔註18〕但秦廷在制度面的盲點，也埋下日後土崩瓦解之因，秦政府組織了一套專制集權的國家制度，一切以讓這個制度有效運作為前提，集中全國的資源投入維持這個制度的運作，卻完全不考慮制度維持運作的費用，是否超過社會生產的承受能力範圍，可以說秦政權出於降低以制度控制國家難度的安排，最後反而增加了制度控制上的難題。〔註19〕就某種程度而言，秦帝國政府的體制頗有試驗性質，〔註20〕只是試驗的結果並不成功。

秦政權對制度運用的操作彈性顯然不夠，未能掌握民情與社會生產力的限度，導致內部的運作出現問題。一統六國之後，如何恢復並提高社會生產顯然未被秦廷列入首要的施政議程，沒有適度調整勞民政策，讓百姓休養生息，並諧和地域族群關係，反積極於內外事功的興作，徵發數百萬人從事諸如長城、馳道、直道、阿房宮等大型工程，及北擊匈奴，南攻百越的軍事行動。對一個剛剛結束漫長的統一戰爭，收拾自春秋戰國以來列強攻鬥不休局面的新國家，社會內部的創傷未復，持續不斷的巨型工程與大規模的軍事行動，造成軍民「死者不可勝數」，〔註21〕這一段時間「死人如亂麻」，〔註22〕無疑重創瘡痍滿目的社會。

〔註17〕 參見程念祺著，《國家力量與中國經濟的歷史變遷》（北京：新星出版社，2006），頁18～19。

〔註18〕 錢穆著，《國史大綱》，上冊，收入氏著，錢賓四先生全集編委會整理，《錢賓四先生全集》，乙編，第二十七冊，頁135～139。

〔註19〕 參見程念祺著，《國家力量與中國經濟的歷史變遷》，頁19～20。

〔註20〕 （英）崔瑞德、（英）魯惟一編，楊品泉、張書生、陳高華等譯，《劍橋中國秦漢史：公元前221～公元220年》，頁122。

〔註21〕 主父偃提及秦對匈奴採取的軍事行動，造成丁男死亡無數，見《史記三家注》，卷一百一十二，〈主父列傳〉，頁2954；伍被云秦對匈奴用兵及築長城等軍事工程，造成軍民巨大的傷亡，見《史記三家注》，卷一百一十八，〈淮南衡山列傳〉，頁3086。

〔註22〕 司馬遷特別指出，自秦滅六王以來的，至陳勝張楚建政前的這一段時間的施政措施，犧牲無數的人命，見《史記三家注》，卷二十七，〈天官書〉，頁1248。

　　秦廷又實施嚴刑威懾百姓，其刑罰種類名目繁多，以殘暴聞名，〔註23〕且以之取得爲數龐大刑徒的免費勞動力。〔註24〕學者總結秦徭役的特點是：徭役名目繁屬多，始傅期早，普遍的過年及逾時之役，役期漫長，征調過於急促，督責嚴苛，婦女從役，謫戍貲戍，居貲贖債制，官吏擅自興發，服役者甚至得自備衣物，沉重殘酷的徭役負擔，使得大批農民百姓脫離生產工作，被迫離鄉背井，無法照料家庭，生命健康備受影響，社會經濟遭受到嚴重影響與破壞。〔註25〕

　　秦合併六國後，全國人口約二千萬左右，對外征戰、工程勞役、雜役等，差不多動員三百萬青壯人口人力，〔註26〕佔總人口的百分之十五，爲徵收支應龐大的動員的開銷，已超越勞力弱化的農民所能負擔的界限。〔註27〕秦政權沒有正視並及時處理這個問題，使得生活艱苦的基層農民，掙扎浮沉於生存臨界點，社會瀰漫的不滿與不安，漸漸超過種種恐怖刑罰的壓制能力，在始皇生前即已醞釀的一股反秦力量，終於在秦始皇死後宣洩出來。

　　不具施政成本效益概念，嚴重役使民力逾量，終成了秦政權最大的致命傷。〔註28〕秦二世元年（前209）七月，適戍漁陽失期當斬的陳勝與吳廣，在大澤鄉（安徽宿縣東南二十里的劉村集附近）殺秦尉起事，〔註29〕自立爲王，

〔註23〕劉海年，〈秦律刑罰考析〉，收入帛書出版社編輯部編，《雲夢秦簡研究》（臺北：帛書出版社，1986），頁203。

〔註24〕勞榦，〈漢代的雇傭制度〉，收入氏撰，《勞榦學術論文集甲編》（臺北：藝文印書館，1976），上冊，頁747；有很多農民被迫稱爲罪人，去服各種勞役，見范文瀾著，《中國通史》（北京：人民出版社，1978），第二冊，頁17。

〔註25〕參見黃今言，〈秦代租賦徭役制度初探〉，收入中國秦漢史研究會編，《秦漢史論叢》（西安：陝西人民出版社，1981），第一輯，頁80；及高敏，〈秦漢的徭役制度〉，收入氏著，《秦漢史探討》（鄭州：中州古籍出版社，1998），頁145～151。

〔註26〕《中國古代史》雖認爲秦朝人口約二千萬，但動員於勞役，脫離生產的青壯年人口，不下二百萬人，所估勞役人力，少於下列伊藤與范氏，見朱紹侯、張海鵬、齊濤主編，《中國古代史》（福州：福建人民出版社，2000），上冊，頁237。

〔註27〕伊藤道治、范文瀾與林劍鳴等學者對秦人口數、服徭役數目，服役比例的看法頗爲一致，參見（日）伊藤道治，《中國社會的建立》，收入伊藤道治等著，吳密察、耿立群、劉靜貞譯，《中國通史》（臺北縣：稻鄉出版社，1992），頁136；及范文瀾著，《中國通史》（北京：人民出版社，1978），第二冊，頁17；林劍鳴著，《新編秦漢史》，上冊，頁215。

〔註28〕參見錢穆著，《國史大綱》，上冊，收入氏著，錢賓四先生全集編委會整理，《錢賓四先生全集》，乙編，第二十七冊，頁135～140。

〔註29〕倉修良主編，魏得良、王能毅副主編，《史記辭典》，〈大澤鄉〉條，頁29。

國號「張楚」，〔註30〕首揭反秦武裝鬥爭。民怨的缺口一打開，各地殺長吏響應起事者不斷，〔註31〕秦朝嚴峻深刻的統治，成就秦末全國大動亂的根源。

武臣奉陳勝的命令，至趙地游說當地的豪桀共同舉事反秦，〔註32〕即數說秦亂政虐刑在於徭戍、重賦、苛法峻刑，使老百姓生活困苦的情況：

> 秦爲亂政虐刑以殘賊天下，數十年矣。北有長城之役，南有五嶺之戍，外內騷動，百姓罷敝，頭會箕斂，以供軍費，財匱力盡，民不聊生。重之以苛法峻刑，使天下父子不相安……家自爲怒，人自爲鬥，各報其怨而攻其讎。〔註33〕

武臣說出廣大秦民的心聲，不但立即得到趙地豪桀的響應，擁其爲武信君，進而自立爲趙王。〔註34〕各國貴族之後與各地豪桀競相起事，在一年之內，關東六國的王號全部復現。〔註35〕在關東民變持續擴大，國勢搖搖欲墜，問題嚴重性突顯後，秦廷中樞重臣建請皇帝調整政策，右丞相馮去疾、左丞相李斯、將軍馮劫聯合向二世皇帝進諫：

> 關東羣盜並起，秦發兵誅擊，所殺亡甚眾，然猶不止。盜多，皆以戍漕轉作事苦，賦稅大也。請且止阿房宮作者，減省四邊戍轉。〔註36〕

秦廷文武重臣們深刻檢討，以屯戍、轉輸、工程造作，加上稅賦太重，超過民力的負荷，是整個國家的問題所在，勸諫二世皇帝停止大型工程，減少四方轉戍之事，避免局勢繼續惡化，說明這一批追隨秦始皇打天下的菁英，已看到秦朝制度運作上的缺失，並提出修正方案以設法補救。後來漢人論秦政之失也以開邊、賦役與峻刑過度，百姓困頓難以生活，才會鋌而走險：

> 又作阿房之宮，治直、馳道，賦斂愈重，戍徭無已……於是行

〔註30〕田餘慶以爲「張楚」是王號，也是國號，兼以之紀年，見〈說張楚——關於「亡秦必楚」問題的探討〉，收入氏著，《秦漢魏晉史探微（重訂本）》，頁2。

〔註31〕《史記三家注》，卷四十八，〈陳涉世家〉，頁1950～1953。

〔註32〕《史記》中多有「豪桀」之用法，如「沛中豪桀吏聞令有重客，分往賀。」見《史記三家注》，卷八，〈高祖本紀〉，頁344；「召諸縣父老豪桀」，《史記三家注》，卷八，〈高祖本紀〉，頁362。他卷亦多見，本文襲用之。

〔註33〕《史記三家注》，卷八十九，〈張耳陳餘列傳〉，頁2573。

〔註34〕《史記三家注》，卷八十九，〈張耳陳餘列傳〉，頁2574～2576。

〔註35〕《史記三家注》，卷十六，〈秦楚之際月表〉，頁761～767。

〔註36〕《史記三家注》，卷六，〈秦始皇本紀〉，頁271。

督責益嚴，稅民深者爲明吏……刑者相半於道，而死人日成積於市
〔註37〕

至於始皇，遂並天下，内興功作，外攘夷狄，收泰半之賦，發
閭左之戍。男子力耕不足糧饟，女子紡績不足衣服。竭天下之資財
以奉其政，猶未足以澹其欲也。海内愁怨，遂用潰畔。〔註38〕

赭衣塞路，囹圄成市，天下愁怨，潰而叛之。〔註39〕

夫秦王有虎狼之心，殺人如不能舉，刑人如恐不勝，天下皆叛
之。〔註40〕

從秦二世元年（前209）七月開始，反秦勢力前撲後繼，如野火燎原般興
起，各地陸續形成有組織的武裝力量。〔註41〕反秦勢力一方面對付共同的秦
國大敵，一方面明爭暗鬥，爲了爭奪地盤與資源，彼此衝突競爭。〔註42〕首
先建號的張楚，〔註43〕在秦王朝強力反撲後，受第一波重擊而敗滅，〔註44〕
楚地反秦勢力擁立熊心爲楚懷王。〔註45〕在攻城掠地的軍事行動中，反秦軍
不時可見大肆屠戮。在濫殺無辜的行動上，反秦軍似也不讓「亂政虐刑以殘
賊天下」的秦王朝專美於前。

楚懷王在武信君項梁死後的重大決策，是讓楚軍分兩路進擊，一路北上
救援趙國，一路西向直擊關中。北征救趙之軍以宋義爲上將軍統帥，西征
軍的統帥人選則挑中碭郡長武安侯劉邦。楚懷王爲激勵西征，開出「先入定

〔註37〕　《史記三家注》，卷八十七，〈李斯列傳〉，頁2553、2557。
〔註38〕　《漢書》，卷二十四上，〈食貨志〉，頁1126～1127。
〔註39〕　《漢書》，卷二十三，〈刑法志〉，頁1096。
〔註40〕　《史記三家注》，卷七，〈項羽本紀〉，頁313。
〔註41〕　山東諸郡縣殺守尉丞反秦者，多到不可勝數，見《史記三家注》，卷六，〈秦
　　　　　始皇本紀〉，頁269；豪桀競相起事，見《史記三家注》，卷七，〈項羽本紀〉，
　　　　　頁338。
〔註42〕　如田儋在齊地自立爲王，出兵擊逐陳勝的部下周市，田儋敗死後，齊地諸田
　　　　　自相殘殺。對楚軍抗擊秦兵的重大軍事行動，田榮甚至置身事外袖手旁觀，
　　　　　見《史記三家注》，卷九十四，〈田儋列傳〉，頁2644～2645。
〔註43〕　項梁說陳王是最先起來與秦朝對抗者，見《史記三家注》，卷七，〈項羽本紀〉，
　　　　　頁299。
〔註44〕　章邯破殺周章曹陽，殺陳勝於城父，見《史記三家注》，卷六，〈秦始皇本紀〉，
　　　　　頁270；陳勝稱王才六個月，見《史記三家注》，卷四十八，〈陳涉世家〉，頁
　　　　　1960。
〔註45〕　《史記三家注》，卷七，〈項羽本紀〉，頁300；楚之實際政權操在項梁與項羽
　　　　　叔侄手中，見林劍鳴著，《秦史稿》，頁431。

關中者王之」的封賞條件，讓首先入關滅秦的將領，擁有據關中而王的權力，這個獎勵不能說不大，但楚將鑑於陳王與武信君項梁敗死，秦王朝兵力尚強，打關中是場大硬仗，除長安侯項羽有意願之外，將領們對西征意興闌珊，「王關中」的誘因沒有對他們產生大的激勵作用。楚懷王最後仍獨用劉邦西征，捨悍勇的項羽不用，其中一個原因是項羽的部隊打仗屠戮太過凶狠。〔註46〕

懷王老將們批評項羽「所過無不殘滅」，這個現象始終存在於項羽的軍事生涯裏，前期最著者如城陽（山東荷澤東北）、〔註47〕襄城（河南襄城）、新安（河南澠池東）、咸陽（今陝西咸陽東北）之事：〔註48〕

> 項梁使沛公及項羽別攻城陽，屠之〔註49〕

> 項梁前使項羽別攻襄城，襄城堅守不下。已拔，皆阬之〔註50〕

> 楚軍夜擊阬秦卒二十餘萬人新安城南〔註51〕

> 項羽引兵西屠咸陽，殺秦降王子嬰，燒秦宮室，火三月不滅；
> 收其貨寶婦女而東〔註52〕

項羽軍作戰時的悍勇，讓楚兵冠於諸侯，〔註53〕其殺戮亦復如是，不論是「屠」、「屠之」、「皆阬」、「擊阬」、「殺」、「燒」，加上虜掠破壞，讓軍隊所過之處宛如廢墟。但即使獲得楚懷王老將們一致推薦，素有寬大長者稱譽的劉邦，以「長者扶義而西」，〔註54〕他的軍隊仍不免有屠城之舉。〔註55〕

〔註46〕此段參見《史記三家注》，卷八，〈高祖本紀〉，頁356。

〔註47〕錢大昕考「城陽」當做「成陽」，屬濟陰郡，非齊之城陽，見（清）錢大昕撰，陳文和、張連生、曹明升校點，《二十二史考異》（南京：鳳凰出版傳媒集團・鳳凰出版社，2008），卷一，〈史記一〉，頁7。

〔註48〕城陽、襄城、新安、咸陽今地名見倉修良主編，魏得良、王能毅副主編，《史記辭典》，〈城陽〉、〈襄城〉、〈新安〉、〈咸陽〉條，頁328、778、614、335。

〔註49〕《史記三家注》，卷七，〈項羽本紀〉，頁302；《史記三家注》，卷八，〈高祖本紀〉，頁354。

〔註50〕《史記三家注》，卷七，〈項羽本紀〉，頁299～300。

〔註51〕《史記三家注》，卷七，〈項羽本紀〉，頁310。

〔註52〕《史記三家注》，卷七，〈項羽本紀〉，頁315。

〔註53〕《史記三家注》，卷七，〈項羽本紀〉，頁307。

〔註54〕《史記三家注》，卷八，〈高祖本紀〉，頁356～357。

〔註55〕屠城陽（成陽）是劉邦與項羽兩軍合爲，見《史記三家注》，卷七，〈項羽本紀〉，頁302；攻屠潁陽，見《史記三家注》，卷八，〈高祖本紀〉，頁358；後來還有屠城父、屠六之事，見《史記三家注》，卷七，〈項羽本紀〉，頁332。

　　秦二世三年（前 207），劉邦受命揮兵西征，目標指向秦國關中。〔註56〕同樣是西征關中，對比張楚軍的周章攻至戲（陝西臨潼）時有兵數十萬，〔註57〕劉邦的兵力就顯得薄弱異常，酈食其形容這一支軍隊差不多是去送死的，所謂「起糾合之眾，收散亂之兵，不滿萬人，欲以徑入強秦，此所謂探虎口者也」，〔註58〕以少量素質參差、戰力不高、不到萬人的拼湊部隊，妄想揮兵直搗秦朝大本營關中，無異以卵擊石。但劉邦的應變策略快又靈活，西征過程中避免頓兵堅城，迂迴繞道作戰，採避實擊虛，邊進軍邊發展，既擊敵又收降或聯合，注重宣傳與收攬民心，政治與軍事雙管齊下的策略，在短期內快速壯大勢力，〔註59〕讓這一支本來弱小的西征軍，在一開始不被看好的情況下，順利攻入關中，完成亡秦大業。

　　失去民心的秦政權終於覆滅，秦時「民不聊生」的日子，卻無法結束。從張楚反秦，群雄競起，到陳勝敗滅，漸成秦、楚之戰，秦亡後，演變成另一場漫長的楚、漢之戰。〔註60〕項羽在鉅鹿戰後，實質上已成諸侯共主，〔註61〕他率四十萬兵破關至新豐（今陝西臨潼東北陰盤城）時，劉邦也不得不親赴鴻門（今陝西臨潼東北陰盤鎮東）表示臣服，〔註62〕並含恨屈就對外交通不便，秦時流放罪人的巴、蜀之地。〔註63〕

〔註56〕《史記三家注》，卷八，〈高祖本紀〉，頁 356。

〔註57〕《史記三家注》，卷六，〈秦始皇本紀〉，頁 270；周章也稱爲「周文」，見《史記三家注》，卷四十八，〈陳涉世家〉，頁 1954。

〔註58〕《史記三家注》，卷九十七，〈酈食其列傳〉，頁 2693。

〔註59〕參見詹士模著，《反秦集團滅秦與分裂戰爭成敗之研究》，收入王明蓀主編，《古代歷史文化研究輯刊初編》（臺北縣：花木蘭文化出版社，2009），第三冊，頁 70～71；詹士模，〈劉邦集團的興起與滅秦成功的原因〉，《嘉義大學通識學報》2（2004）：174～176；《中國軍事史》編寫組編，《中國軍事史》（北京：解放軍出版社，1986），第二卷，兵略（上），頁 202～204。

〔註60〕田餘慶，〈說張楚——關於「亡秦必楚」問題的探討〉，收入氏著，《秦漢魏晉史探微（重訂本）》，頁 26。

〔註61〕《史記三家注》，卷七，〈項羽本紀〉，頁 307。

〔註62〕沛公從百餘騎至鴻門，向上將軍項羽當面解釋，以企化解危機，《史記三家注》，卷七，〈項羽本紀〉，頁 312～315；余英時以爲沛公冒奇險赴會，表示接受項羽的領導，項也藉此收服劉邦，見〈說鴻門宴的坐次〉，收入氏著，《史學與傳統》（臺北：時報文化出版企業有限公司，1988），頁 193～195。新豐、鴻門今地名見倉修良主編，魏得良、王能毅副主編，《史記辭典》，〈新豐〉條、〈鴻門〉條，頁 615、781。

〔註63〕《史記三家注》，卷七，〈項羽本紀〉，頁 316；秦王除流放呂不韋及其家屬，復流嫪毐舍人於蜀地，見《史記三家注》，卷八十五，〈呂不韋列傳〉，頁 2513。

初時漢楚之小大不敵，漢單憑在漢中、巴、蜀的力量根本無法與項楚相抗（可參見附圖六楚漢諸侯疆域圖）。〔註64〕項羽似有為稱帝預做安排之意，〔註65〕他以軍功分封諸侯王，〔註66〕卻在分封問題上處理不妥，引起部份諸侯大反彈，以致關東戰端又起。〔註67〕這時項羽誤判形勢，戰略上發生嚴重失誤，讓楚軍主力陷入齊地的泥淖之中，日後等他了解失策，重新調整對齊政策，從齊地抽身，已經來不及挽救，為此付出不小的代價。〔註68〕

漢王就封後，以蕭何為丞相，採穩健的治民政策，又廣泛的羅致人才，〔註69〕投奔者不免龍蛇雜處，以致有「廉節者不來」與「頑鈍嗜利無恥者亦多歸漢」的問題，〔註70〕但不斷的投歸者，使得漢方人才鼎盛，奠下「總攬英雄」與「文武相配」的成功基礎。〔註71〕張良曾對漢王剖析這一大批棄家不顧、離鄉背井的投靠者，肯跟著出生入死，無非是希冀土地封邑與榮華富貴。〔註72〕所謂「天下熙熙，皆為利來；天下壤壤，皆為利往」，〔註73〕漢王自是深明其理。在往後爭奪政權的戰爭中，漢王劉邦以爵邑土地利祿攏絡投靠者，「與天下同利」，〔註74〕以取得人才的歸心支持。

蜀地道路險阻，在秦時是流放罪人的邊地，項、范以距關東遙遠的西鄙蜀地封漢，劉邦當然不會樂意就封。

〔註64〕劉邦對項羽分封自己到蜀與漢中之地非常不滿，本欲出兵抗拒，蕭何分析說今天漢軍數量與戰鬥力都比不上楚軍，他還用「百戰百敗」來形容漢方與楚方相較，終使漢王止怒，接受漢小楚大的政治現實，待時而動，見《漢書》，卷三十九，〈蕭何傳〉，頁2006～2007。

〔註65〕史遷已指出項羽先王諸將，為自王張本，見《史記三家注》，卷七，〈項羽本紀〉，頁315；田餘慶從項羽的政治措施中，觀察出項羽欲自帝的可能性，見〈說張楚——關於「亡秦必楚」問題的探討〉，收入氏著，《秦漢魏晉史探微（重訂本）》，頁27。

〔註66〕《史記三家注》，卷七，〈項羽本紀〉，頁316；《史記三家注》，卷九十二，〈淮陰侯列傳〉，頁2622。

〔註67〕趙陳餘及齊田榮的的大反彈見《史記三家注》，卷七，〈項羽本紀〉，頁320～321；《史記三家注》，卷八，〈高祖本紀〉，頁368；《史記三家注》，卷九十四，〈田儋列傳〉，頁2645。

〔註68〕林聰舜，〈項羽對齊策略檢討〉，《湖南行政學院學報》68（2011）：84～88。

〔註69〕《漢書》，卷三十九，〈蕭何傳〉，頁2006～2007。

〔註70〕《史記三家注》，卷五十六，〈陳丞相世家〉，頁2055。

〔註71〕見《漢書》，卷二十三，〈刑法志〉，頁1090。

〔註72〕《史記三家注》，卷五十五，〈留侯世家〉，頁2041。

〔註73〕《史記三家注》，卷一百二十九，〈貨殖列傳〉，頁3256。

〔註74〕《史記三家注》，卷八，〈高祖本紀〉，頁381。

漢趁項羽注意力轉移東方之際，大舉揮兵關中，襲擊三秦。〔註75〕又利用當時諸侯王不滿西楚的政治形勢，逐漸取得反楚奉漢的盟主地位，〔註76〕具備與項羽爭衡相抗的資本。這一段時間戰事之激烈，虜掠、殺戮斬首之眾，比昔時無有不及：

> 項王遂燒夷齊城郭，所過者盡屠之〔註77〕

> 遂北燒夷齊城郭室屋，皆阬田榮降卒，係虜其老弱婦女。徇齊至北海，多所殘滅〔註78〕

> 漢王部五諸侯兵，凡五十六萬人，東伐楚。項王聞之，即令諸將擊齊，而自以精兵三萬人南從魯出胡陵……大破漢軍。漢軍皆走，相隨入穀、泗水，殺漢卒十餘萬人。……楚又追擊至靈壁東睢水上。漢軍卻，為楚所擠，多殺，漢卒十餘萬人皆入睢水，睢水為之不流〔註79〕

項軍在齊地進行殘酷、懲罰性的全面大破壞，帶給百姓巨大的災難，卻沒有收到應有的威嚇效果，反激起了齊人的忿怒反擊。〔註80〕漢二年（前205），漢王統五諸侯兵，共五十六萬人攻楚，項羽僅以精騎三萬人回擊，〔註81〕漢軍慘敗於彭城，士兵傷亡幾半。這是楚軍在鉅鹿戰後，在新安阬秦二十餘萬降卒以來，在戰場上又一次大勝利與大殺戮。漢聯軍幾十萬兵潰沒，楚強漢弱的現實面，讓漢王不得不採取新戰略，以關東土地為誘因，吸引諸侯及將領附漢效命；又接受張良的建議，拉攏九江王黥布、彭越，又讓大將

〔註75〕《史記三家注》，卷八，〈高祖本紀〉，頁368～369。

〔註76〕李開元著，《漢帝國的建立與劉邦集團：軍功受益階層研究》，頁82～87；宮崎市定亦指出劉邦以秦故地與楚相抗，其情況類似戰國末年的秦楚爭霸戰的重現，見（日）宮崎市定，〈中國古代史概論〉，收入中國科學院歷史研究所翻譯組編譯，《宮崎市定論文選集》，上卷，（北京：商務印書館，1963），頁28。

〔註77〕《史記三家注》，卷九十四，〈田儋列傳〉，頁2645～2646。

〔註78〕《史記三家注》，卷七，〈項羽本紀〉，頁321。

〔註79〕《史記三家注》，卷七，〈項羽本紀〉，頁321～322。

〔註80〕《史記三家注》，卷七，〈項羽本紀〉，頁321。

〔註81〕因這次項羽軍的行軍迅度快，發揮奇襲作用，軍事史家多認為擊漢的楚軍三萬人為騎兵，見武國卿、慕中岳合著，《中國戰爭史》（北京：金城出版社，1992），第二冊，頁146～148；陳梧桐亦以楚方的精騎為此次大勝之因，見氏著，《西漢軍事史》，收入軍事科學院主編，《中國軍事通史》（北京：軍事科學出版社，1998），第五卷，頁38。

韓信獨當一面，托付其翦除楚方羽翼，平定河北的重責大任。〔註82〕

　　另一方面漢王見識到到楚騎的戰鬥力後，正視漢方騎戰能力薄弱的問題。車騎是重要的軍備，〔註83〕劉邦為沛公時就注意到戰馬的部份，派任專司管理，如秦二世二年（前208）拜張良為廄將，〔註84〕王陵也曾為廄將，〔註85〕在戰場上也運用現成的騎兵武力，如秦二世三年（前207），沛公軍與南陽守齮戰犨東之前，在陽城還特別將騎兵集中後才出戰。〔註86〕漢方初時騎兵指揮體系，大概借重於原為騎兵軍校來歸與降附的人士，如魏五大夫騎將傅寬投歸後，先為舍人，跟隨漢王從入漢中後，遷為右騎將。〔註87〕「騎將」是統率騎兵的將領，其正式官稱或依騎將所統的騎士數目不同而有異，如「騎千人將」及「騎五百將」等。〔註88〕整體上劉邦沒有著意強化培訓發展騎兵，或與經費、人才、馬匹少有關，以致漢方騎兵發展慢，馬騎的數量也不多。

　　經過這次彭城慘敗，漢方以五十六萬絕對優勢的兵力，卻吃了區區三萬楚騎襲擊的大虧。漢方既見騎戰武力之長，便著手急起直追，積極拔擢有能力指揮及訓練騎兵作戰的人才，整編騎兵將校指揮體系，強化騎兵力量。漢王將整頓騎兵武力的任務，交由年輕受親任的昌文侯灌嬰負責，拜灌嬰為中大夫統帥這支軍隊。灌嬰原於睢陽販繒，從沛公時期便追隨劉邦麾下，以「戰

〔註82〕《史記三家注》，卷五十五，〈留侯世家〉，頁2039。

〔註83〕《漢書》，卷二十四上，〈食貨志〉，頁1133。

〔註84〕「沛公將數千人，略地下邳西，遂屬焉。沛公拜良為廄將。」見《史記三家注》，卷五十五，〈留侯世家〉，頁2036。

〔註85〕見《史記三家注》，卷五十六，〈陳丞相世家〉，《集解》引徐廣曰：「王陵以客從起豐，以廄將別守豐，上東，因從戰，不利，奉孝惠、魯元出睢水中，封為雍侯」，頁2059。

〔註86〕「南，戰雒陽東，軍不利，還至陽城，收軍中馬騎，與南陽守齮戰犨東，破之」，見《史記三家注》，卷八，〈高祖本紀〉，頁359。管錫華考證「馬騎」有「坐騎」或「騎兵」之義的不同用法，此處劉邦到陽城「收軍中馬騎」當是後義，見氏著，〈《史記》「馬騎」小考〉，《西南民族大學學報（人文社科版）》206（2008）：21。

〔註87〕《史記三家注》，卷九十八，〈傅寬列傳〉，頁2707。

〔註88〕劉釗考證《古璽匯編》第0048號為戰國趙國「右騎將」官璽，他認為「右騎將」是武官的官名，統率騎兵的將領，「右騎將」及「騎將」官名，從戰國沿用至秦代，而漢朝的「騎千人將」及「騎五百將」兩官印，應是同一官名的異稱，其差別在於所統騎士的數目不同，見氏著，〈釋戰國「右騎將」璽〉，《史學集刊》1994.3：74～76。

疾力」、「數力戰」讓劉邦留下深刻印象，年輕、力戰肯拼，兼有嫡系將領的條件，〔註89〕讓灌嬰脫穎而出，成為漢方騎兵指揮官。

為了彌補灌嬰在騎兵軍事專業能力的不足，以出身於秦朝騎兵系統的李必、駱甲為左右校尉襄助，負責軍務與實際訓練。〔註90〕這時漢方整建騎兵軍制，大約依循秦制的體系。〔註91〕漢方的騎兵體系重整組織訓練後，開始發揮力量，灌嬰統率的騎兵在戰場上屢傳出捷報。此後漢也持續挹注經費維持車騎，漢四年（前203）時，「初為算賦」，百姓年十五以上，至五十六歲要出賦錢，人百二十為一算，這筆錢就拿來治庫兵車馬。〔註92〕

彭城戰後，漢方調整戰略與戰術，漢王多謀、鬪智與韌性，讓漢方重新扭轉自彭城敗戰後不利於漢方的形勢。漢逐步消滅項氏封國，代之以親漢諸侯王國，戰國七雄並立之局幾乎重現，不同的是漢王為盟主，領諸侯國共抗西楚。〔註93〕局勢對楚雖然愈趨不利，但項王悍勇、鬪力、善戰，與項軍強大的戰鬪力，使楚方正面戰場上，仍得與漢方相持。戰事曠日持久，迫使民間的人力、物力資源，一點一滴不斷流入兩大陣營，分配至軍事組織之中。為求贏得統治權，兩大陣營反復地攤派，強徵丁壯為伍，迫老弱運送物資。兵馬倥傯，長期戰爭的破壞，為社會帶來前所未有的巨大災難：

> 大戰七十，小戰四十，使天下之民肝腦塗地，父子暴骨中野，
> 不可勝數，哭泣之聲未絕，傷痍者未起〔註94〕

> 楚漢久相持未決，丁壯苦軍旅，老弱罷轉漕。項王謂漢王曰：「天
> 下匈匈數歲者，徒以吾兩人耳，願與漢王挑戰決雌雄，毋徒苦天下
> 之民父子為也」漢王笑謝曰：「吾寧鬪智，不能鬪力。」〔註95〕

> 楚漢分爭，使天下無罪之人肝膽塗地，父子暴骸骨於中野，不

〔註89〕灌嬰是早期即追隨劉邦，淮泗集團基本幹部，忠誠度高的嫡系將領，見傅樂成，〈西漢的幾個政治集團〉，收入氏著，《漢唐史論集》（臺北：聯經出版事業公司，1977），頁3。

〔註90〕灌嬰的部份見《史記三家注》，卷九十五，〈灌嬰列傳〉，頁2667～2668。

〔註91〕陳連慶，〈漢代兵制述略〉，收入氏編著，《中國古代史研究（陳連慶教授學術論文集）》（長春：吉林文史出版社，1991），上冊，頁261。

〔註92〕（宋）徐天麟撰，《西漢會要》（上海：人民出版社，1977），卷五十一，〈食貨〉，頁594。

〔註93〕李開元著，《漢帝國的建立與劉邦集團：軍功受益階層研究》，頁88。

〔註94〕《史記三家注》，卷九十九，〈劉敬列傳〉，頁2716。

〔註95〕《史記三家注》，卷七，〈項羽本紀〉，頁328。

> 可勝數……夫銳氣挫於險塞，而糧食竭於內府，百姓罷極怨望，容
> 容無所倚〔註96〕

> 使騎將灌嬰追殺項羽東城，斬首八萬〔註97〕

戰事連歲不絕，中原烽火連天，連用兵不忌屠、阬、殺的西楚霸王，都對遭逢戰爭大難的百姓起了惻隱之心，他對漢王喊話，建議兩個人用決鬥的方式，以便快快分出勝負，結束這場折磨人的戰爭，漢王當然不肯接受單挑，〔註98〕於是戰爭繼續打下去。漢五年（前202）十二月，漢聯諸侯王與楚決戰於垓下，結果項王兵敗自盡，〔註99〕楚方勢力瓦解，楚漢相爭以漢方慘勝告終。

漢初社會經濟殘破的程度，在《史記・平準書》與《漢書・食貨志》中，有深刻的描述：

> 漢興，接秦之獘，丈夫從軍旅，老弱轉糧饟，作業劇而財匱，
> 自天子不能具鈞駟，而將相或乘牛車，齊民無藏蓋……物踊騰糶，
> 米至石萬錢，馬一匹則百金〔註100〕

> 漢興，接秦之敝，諸侯並起，民失作業而大饑饉。凡米石五千，
> 人相食，死者過半。高祖乃令民得賣子，就食蜀、漢。天下既定，
> 民亡蓋臧，自天子不能具醇駟，而將相或乘牛車〔註101〕

> 天下初定，故大城名都散亡，戶口可得而數者十二三〔註102〕

長期的交戰、徵括、濫殺、劫掠、破壞、飢饉，造成軍士百姓大量死亡傷殘，田園荒蕪、廬舍破壞，生產停滯。大亂後的漢初社會，呈現物資奇缺，經濟大蕭條的狀態。以漢初與漢朝往後其他時期的社會情況相比，經過七十餘年後，漢武帝（前 140～前 87）初即位時，彼時社會的富庶繁榮，與漢初已不啻是天壤之別：

〔註96〕《史記三家注》，卷九十二，〈淮陰侯列傳〉，頁2623。
〔註97〕《史記三家注》，卷八，〈高祖本紀〉，頁379。
〔註98〕項羽生於西元前232，卒於西元前202年，見《中國歷史大辭典・秦漢史卷》編纂委員會編，《中國歷史大辭典・秦漢史卷》，〈項羽〉條，頁309。劉邦年長項羽24歲，此時項羽方壯盛，且勇武絕倫，而劉邦本不以武見長，又是老耄之年，天下泰半入漢，可謂勝券在握，劉自不會捨長就短，意氣相鬥。
〔註99〕《史記三家注》，卷八，〈高祖本紀〉，頁378～379。
〔註100〕《史記三家注》，卷三十，〈平準書〉，頁1417。
〔註101〕《漢書》，卷二十四上，〈食貨志〉，頁1127。
〔註102〕《史記三家注》，卷十八，〈高祖功臣年表〉，頁877。

　　至今上即位數歲，漢興七十餘年之間，國家無事，非遇水旱之災，民則人給家足，都鄙廩庾皆滿，而府庫餘貨財。京師之錢累巨萬，貫朽而不可校。太倉之粟陳陳相因，充溢露積於外，至腐敗不可食。眾庶街巷有馬，阡陌之間成羣，而乘字牝者儐而不得聚會。守閭閻者食粱肉……人人自愛而重犯法，先行義而後絀恥辱焉。當此之時，網疏而民富，役財驕溢〔註103〕

　　爲了解漢初的社會與經濟，在兩漢四百多年間，相對弱勢格局的處境，筆者在此對幾個方面略做探討：

一、漢初因戰亂導致糧食生產不敷所需，以致糧價奇高

　　米價一石五千錢，甚至到一萬錢。據勞榦以漢簡與文獻資料的對比，除天下動亂的時代，西漢一石米的價值大概是百餘錢，穀價約爲七、八十錢；東漢的米價差不多二百錢，穀價百錢，漢代的米價通常貴不過二千錢而已。〔註104〕除去極端特例的情況，如漢宣帝元康四年（前62）農作物大豐收，導致穀一石便宜到五錢；〔註105〕抑是漢靈帝於中平六年（189）死，董卓入京掌權，壞五銖錢更鑄小錢，造成惡性通膨，物價喧騰引發的穀石數萬錢，〔註106〕漢初米一石五千至一萬錢，實屬天價。

　　兩漢四百年中，物價因地因時而有差異，以一個月工資而言，低從三百，高可至二千。〔註107〕一般民生物品與粗重的糧食穀物相比，價格通常會比較高，根據漢朝中期留下的漢簡記錄，帛每匹的價值大約三百六十錢，布每匹二百二十錢，〔註108〕一匹布長四丈，只能做一件成人的長袍而已；

〔註103〕《史記三家注》，卷三十，〈平準書〉，頁1420。
〔註104〕勞榦著，《居延漢簡·考釋之部》（臺北：中央研究院歷史語言所，1960），頁58；陳直以爲漢代米粟每石平均的價格，約爲百錢左右，見陳直著，《漢書新證》（北京：中華書局，2008），〈食貨志〉，頁163。
〔註105〕《漢書》，卷八，〈宣帝紀〉，頁259。
〔註106〕（劉宋）范曄撰，（唐）李賢等注，《後漢書》（臺北：鼎文書局，1981），卷七十二，〈董卓列傳〉，頁2325。
〔註107〕勞榦，〈漢代兵制及漢簡中的兵制〉，收入氏撰，《勞榦學術論文集甲編》，上冊，頁229～232。
〔註108〕指廿十兩帛與八稯布的價值，見勞榦，〈簡牘中所見的布帛〉，收入氏著，《古代中國的歷史與文化》，頁329。居延漢簡的年代，始自太初（前104～前101），迄於建武（25～55），一部份最晚到永元時（89～105），見勞榦，〈居延漢簡考釋序目〉，收入氏撰，《勞榦學術論文集甲編》，上冊，頁250。

〔註 109〕較貴重的輶車一乘值一萬錢，〔註 110〕奴隸的價格不斐，依年齡與性別有所不同，少男約值一萬錢，成年女人值二萬錢，成年男子約二萬五千錢或三萬錢，即使實際成交價僅為一半左右。〔註 111〕則漢初糧價之高可得而知。

漢初糧食產量不足，到武帝時的情況已完全改觀，除非遇到水旱災發生，百姓已是家家戶戶豐衣足食，各郡縣糧倉裏的屯積糧食，府庫裏堆貯財貨，京師積存的錢至億萬，綁錢的繩子腐朽，京師庫存的糧食層層覆蓋到滿溢，存糧多到有些還不及支用就霉爛，社會富裕繁榮可見一般。

二、漢初是漢代馬匹十分缺乏的時期

（一）漢初馬匹奇缺連皇帝的車駕都無法找到四匹齊色的馬拉車，高階的文官、武將甚至出門都只能乘坐牛車。西漢的高層統治者一般是乘坐馬車，除了在特別時期，或特殊情況下才會乘坐窮人、下層官吏、破落諸侯所乘坐的牛車。〔註 112〕漢初連天子與將相等統治高層，在拉車牲畜上都不得不克難將就著用，馬荒的程度是全面性的。

（二）馬價高達百金。漢代「一金」即「黃金一斤」，〔註 113〕一金價值一萬錢。但戰亂時期鑄錢往往粗劣，一萬錢是難以兌換實足的黃金一斤。〔註 114〕漢初馬少，一匹馬值百金，換算成錢，價格高達百萬錢以上。百金的價值甚高，在承平之際，已是漢朝中等家庭十家的財產。〔註 115〕所謂物以稀為貴，馬價因馬少而昂貴，馬匹數量之稀可知。

〔註 109〕見陳直所考，陳氏且以每匹布價通常為三百錢左右，見氏著，《漢書新證》，〈食貨志〉，頁 163。但陳氏並未說明是何種布的價錢，不同做功的布料或有不同的價錢。

〔註 110〕據劉增貴以居延漢簡估算所得，見氏著，〈漢隋之間的車駕制度〉，《中央研究院歷史語言研究所集刊》63.3（1993）：380～381。

〔註 111〕（日）西村元祐，田人隆譯，〈漢代王侯的私田經營和大土地所有制結構——兼及秦漢帝國的統治形態〉，收入中國秦漢史研究會編，《秦漢史研究譯文集》（內部印行刊物，1983），第一輯，頁 286。

〔註 112〕見劉增貴，〈漢隋之間的車駕制度〉，《中央研究院歷史語言研究所集刊》63.3（1993）：410～411。

〔註 113〕《漢書》，卷二，〈惠帝紀〉，頁 85，其注引鄭氏曰：「四十金，四十斤金」，則一金為黃金一斤。

〔註 114〕勞榦，〈漢代黃金及銅錢的使用問題〉，收入氏撰，《勞榦學術論文集甲編》，下冊，頁 1318。

〔註 115〕漢孝文帝（前 180～前 157）欲作露臺時，曾召來工匠計算工費，見《史記三家注》，卷十，〈孝文本紀〉，頁 433。

（三）春秋時代秦國受到周遭善騎的戎人影響，最早建立騎兵。〔註116〕但先秦時期騎兵量少，騎兵兵種幾乎不單獨作戰。戰國晚期中原各國紛紛訓練騎兵，可能受限於馬的數量少，與動輒幾十萬的步兵比較起來，騎兵的數量算是甚低。〔註117〕各國騎兵數量所佔總兵力的比例不同，高比例的不到百分之十，低比例的甚至不到百分之一。〔註118〕秦統一之前，國家雖有設苑養馬，西漢初年時同樣也設養馬的苑囿，〔註119〕但長期激烈的戰事，使得騎兵的數量銳減，漢五年（前202）十二月，項羽從垓下突圍，身邊只帶八百騎，漢騎將灌嬰以五千騎追趕。〔註120〕漢初的騎兵數量之少，已處於歷史上一個相對的低點。

（四）至漢武帝即位（前140）時，漢帝國境內馬匹之多，被形容為田野裏馬匹成群，百姓之家在大街小巷都養著馬，騎母馬的人被排擠在騎馬者聚會之外。元狩十四（前119）漢出動十萬騎，連私從馬共十四萬，越過大漠攻擊匈奴，取得輝煌的勝利，漢也因戰馬死傷甚眾，接著幾年暫緩出塞攻擊的行動；〔註121〕但不到十年內，漢又培育集結出可觀數量的戰馬，元封元年（前110），武帝本人親率大軍巡邊，御駕出長城，登單于臺，勒騎十八萬以待朔方，遣使向匈奴挑戰，單于雖然大怒，卻也不敢應戰。〔註122〕經過七十餘年，漢騎之眾已遠非漢初可比。

三、漢初是戰國以來，中原人口數最少的時期

先秦至漢初的人口數，歷來有不同的估計，數字差距不小，西晉時皇甫謐認為戰國人口約有千餘萬，經過長期的戰亂，至漢初時「五損其二」，他沒具體說明千餘萬數目，如保守以一千萬初頭來估算，剩下五分之三的人口，

〔註116〕彭文，〈秦代的騎兵〉，《軍事歷史》1994.5：51。

〔註117〕勞榦，〈戰國時代的戰爭方法〉，收入氏撰，《勞榦學術論文集甲編》，上冊，頁1173。

〔註118〕安忠義，〈先秦騎兵的誕生及演變〉，《考古與文物》2002.4：35。

〔註119〕陳連慶認為《史記》的〈留侯世家〉記載，張良對劉邦談到定都關中之利及顏師古之注，可徵西漢初年養馬之苑，見陳連慶著，〈《史記·平準書·貨殖列傳》與《漢書》有關部份的對校〉，收入氏編著，《中國古代史研究（陳連慶教授學術論文集）》（長春：吉林文史出版社，1991），下冊，頁987。

〔註120〕《史記三家注》，卷七，〈項羽本紀〉，頁334。

〔註121〕《史記三家注》，卷一百十，〈匈奴列傳〉，頁2910～1911。

〔註122〕《史記三家注》，卷一百十，〈匈奴列傳〉，頁2912；《漢書》，卷六，〈武帝紀〉，頁189。

則爲六百多萬人，如以一千五百萬算，則爲九百多萬；〔註123〕翦伯贊估計從秦漢之際，中國內部近十年的動亂，廣大的農民百姓（包括地主在內）死於戰禍者，其數可能高達數百萬人，他推斷西漢初的人口總數，差不多只有千萬人左右；〔註124〕葛劍雄推斷漢初約至少一千兩百萬以上〔註125〕；尚新麗估計約一千三百多萬人；〔註126〕路遇之等估戰國中期，人口約二千六百萬，秦朝一統時約二千萬，西漢初約一千三百萬。〔註127〕各家估計漢初的人口不一，少從六百多萬，多到二千三百萬人。

西漢末年的人口數，則見之於正式的官方記載，《漢書‧地理志》：

> 訖於孝平……墾田八百二十七萬五百三十六頃。民戶千二百二
> 十三萬三千六十二，口五千九百五十九萬四千九百七十八。漢極
> 盛矣〔註128〕

漢平帝元始二年（2），當時官方的記錄，全國人口總數幾於六千萬，〔註129〕這差不多已是漢帝國人口數的極盛期，〔註130〕雖然也有學者估計在更早的西漢朝中期，人口可能就已近六千萬，〔註131〕甚或西漢晚期人口總數高達六千四百萬。〔註132〕然而一般情況下，排除特殊時期，漢朝的人口數徘徊在

〔註123〕皇甫謐的推估蠻籠統的，如中原人口以一千萬初頭來算，得到的數字是六百多萬，如以一千五百萬人來算，爲九百多萬，則皇甫版本的漢初人口約六至九百萬人，見（晉）皇甫謐著，徐宗元輯，《帝王世紀輯存》（北京：中華書局，1964），〈星野及歷代墾田戶口數〉，頁120；路遇等認爲《帝王世紀》的傳抄有誤，千餘萬前漏掉「二」字，應是二千萬人，見路遇、滕澤之著，《中國人口通史》（濟南：山東人民出版社，2000），頁46。

〔註124〕翦伯贊，《秦漢史》，頁217～218。

〔註125〕葛劍雄著，《西漢人口地理》（北京：人民出版社，1986），頁47。

〔註126〕尚新麗，〈西漢人口數量變化考論〉，《鄭州大學學報（哲學社會科學版）》36.3（2003）：19～22。

〔註127〕路遇、滕澤之著，《中國人口通史》，頁56、74、77。

〔註128〕《漢書》，卷二十八下，〈地理志〉，頁1640。

〔註129〕《漢書》，卷二十八上，〈地理志〉，頁1543。

〔註130〕魏特夫以漢帝國極盛時代的人口約六千萬人，見（美）卡爾‧A‧魏特夫著，徐式谷、奚瑞森、鄔如山等譯，鄔如山校訂，《東方專制主義——對於集權力量的比較研究》（北京：中國社會科學出版社，1989），頁59。

〔註131〕（美）費正清著，薛絢譯，《費正清論中國：中國新史》（臺北：正中書局，1996），頁60。

〔註132〕尚新麗，〈西漢人口數量變化考論〉，《鄭州大學學報（哲學社會科學版）》36.3（2003）：19～22。實際人口數高於官方掌握的數字是合理之推估。

五千萬至六千萬之間，西元前後應是是差不多的。〔註133〕漢初高帝時的人口，不論採用哪一種估計數，仍遠遠比不上漢代後世其他時期。

宋儒王船山云：「戰國之爭，逮乎秦、項，凡數百年，至漢初而始定。」〔註134〕中原歷時數百年以上的戰亂，漢代史家總結這漫長戰亂史中的末段，即自戰國末年，經秦朝的統治，再秦楚之際迄楚漢相爭，直到漢朝一統爲止，中原在這短短一段時間所發生的人禍，巨大的戰爭破壞，是自上古蚩尤以來，歷史上未曾見過的災難：

> 秦始皇……遂以兵滅六國，并六王，外攘四夷，死人如麻，因以張楚并起，三十年之閒兵相駢藉，不可勝數。自蚩尤以來，未嘗若斯也〔註135〕

在漢王擊滅項楚即帝位之時，漢初的國力，不論在政治、經濟、軍事與人口各方面的狀況，都可說是兩漢最衰弱的一段時間，尤其內政上尚隱伏著一股暗潮洶湧的力量，即令中央疑懼的關東諸侯王問題，這部份在下文中再予以補充。

若將長城內外做一比較，我們會發現北胡南漢的處境是大不相同的：同一時期的長城以北，悍勇的冒頓單于強勢主導匈奴大政，中央政權強而有力，對外急速兼併擴張，建立起一個曠古未之有的草原游牧大國，國勢如日方中，正處於匈奴國力最強大的階段；長城以南，結束激烈戰爭的漢帝國，殘破的經濟與勢力強大的諸侯王，成爲嚴重棘手的內政問題。如何撫平戰爭創傷，恢復經濟生產，穩固中央政權，正考驗著漢帝國的統治者。

第二節　漢初的北疆郡縣與諸侯王國

漢政權的政治結構可說是秦代政治基構的延伸，〔註136〕從蕭何入咸陽接收秦朝中央的圖籍資料，〔註137〕就奠立「漢因秦法」的基本格局。秦朝制度既然現成具便，規模體系甚爲完備，而漢政權核心的淮泗功臣集團，又頗多

〔註133〕參見黃仁宇著，《赫遜河畔談中國歷史》，頁 27。
〔註134〕（明）王夫之著，《讀通鑑論（宋論合刊）》（臺北：里仁出版社，1985），上冊，卷十一，〈晉〉，頁 359。
〔註135〕《史記三家注》，卷二十七，〈天官書〉，頁 1348。
〔註136〕勞榦，〈漢代文化概述〉，收入氏撰，《勞榦學術論文集甲編》，上冊，頁 1378。
〔註137〕《史記三家注》，卷五十三，〈蕭相國世家〉，頁 2014。

下層老粗出身，受限於自身的文化水平，識見與能力均不足以在制度面上有所開創，〔註138〕新興的漢朝制度無可避免走向承繼秦制之局。〔註139〕

　　在打江山的過程中，劉邦重整地方行政系統，選任守相，使秦制郡縣體系運作起來，以安定地方秩序，穩固其統治，這是新興的漢政權取得天下的重要關鍵。漢初郡縣除少數地方外，基本上與秦時無大異，隨著地盤的拓展，郡縣數目逐漸增加，其中北方邊郡的建立，兼負扼止匈奴南下的作用：

　　　　二年……於是置隴西、北地、上郡、渭南、河上、中地郡；關
　　外置河南郡。更立韓太尉信爲韓王。諸將以萬人若以一郡降者，封
　　萬戶。繕治河上塞。〔註140〕

　　漢王元年（前206）設立隴西、北地、上郡、渭南、河上、中地諸郡，〔註141〕渭南、河上、中地三郡即後來的「京兆」、「馮翊」、「扶風」。〔註142〕上郡與北地郡兩郡最北，與匈奴相鄰爲界，從戰國時期以來，建置上郡、北地兩郡的目的之一，就是對付匈奴的進攻，〔註143〕漢承置兩郡意同於此。因冒頓南侵奪走蒙恬所取得的河南地，故兩郡的轄地很難保有故秦時的完整，兩郡山川關隘之險要可守者，首推先前秦昭襄王爲了防備匈奴而修築的長城。今考此長城由現今的甘肅岷縣西十公里處興築，沿洮河東岸，到臨洮縣經寧夏，東越甘肅環縣，循陝西志丹、安塞縣分爲二支，一支經綏德縣西，北達榆林南，一支經靖邊東，經榆林、神木，直至內蒙古準格爾旗十二連城附近。〔註144〕沿著朝那（今寧夏的固原東南）、膚施（今陝

〔註138〕傅樂成，〈西漢的幾個政治集團〉，收入氏著，《漢唐史論集》，頁3；傅樂成，
　　　　〈漢法與漢儒〉，收入氏著，《漢唐史論集》，頁41；錢穆氏以漢君臣起於草
　　　　野，不識朝廷政治體制，故因襲秦舊，見氏著，《秦漢史》，頁53。

〔註139〕田餘慶以爲漢承秦制的開端且最根本的，就是繼承了秦朝的帝制，見〈說張
　　　　楚──關於「亡秦必楚」問題的探討〉，收入氏著，《秦漢魏晉史探微（重訂
　　　　本）》，頁27。

〔註140〕《史記三家注》，卷八，〈高祖本紀〉，頁369。

〔註141〕梁玉繩氏考除「中地郡」外，餘郡爲漢元年（前206）八月所置，中地乃漢
　　　　二年（前205）雍王死後方置，見（清）梁玉繩撰，《史記志疑》，卷六，〈高
　　　　祖本紀〉，頁223。

〔註142〕《史記三家注》，卷八，〈高祖本紀〉，《集解》引徐廣之注，頁369。

〔註143〕史念海，〈陝西省在我國歷史上的戰略地位〉，收入氏著，《河山集》（西安：
　　　　陝西師範大學出版社，1991），第四集，頁13。

〔註144〕秦昭襄王長城遺址考古，見史念海，〈黃河中游戰國及秦時諸長城遺跡的探
　　　　索〉，收入氏著，《河山集》（北京：生活・讀書・新知三聯書店，1981），第
　　　　二集，頁453～461；甘肅省定西地區文化局長城考察組，〈定西地區戰國秦

西榆林東南無定河北岸）這一線長城以南，〔註145〕應是漢朝實際上所能控制的區域。

　　朝那控制清水河河谷通道，由此可以直通六盤山，道路較平坦，沿途不乏水草，有利於北方游牧民族騎兵的進攻，有重要的戰略地位，故顧祖禹稱朝那為「華戎之大限」所在，〔註146〕早於戰國時代，即有蕭關的設置，〔註147〕是關中北邊戰略要塞，與東面的函谷關，南嶢武關，西面的散關，共同構成保衛關中之地的四大邊塞。〔註148〕膚施是上郡的治所，〔註149〕秦始皇時北疆邊防重鎮，大將蒙恬的北方衛戍司令部便設於此處。上郡與北地具有合宜的草原環境，很適合畜牧業發展，騎兵往來馳逐衝鋒便捷，有利匈奴軍事活動，秦、漢政權必扼此以禦北胡之南窺。

　　匈奴「與漢關故河南塞」，有學者認為「故河南塞」就是位於河套一帶的河南塞，〔註150〕此與冒頓已取河南地的事實有所衝突，因漢王二年（前205）置諸郡時，漢軍尚圍困三秦王其一之雍王章邯於廢丘，〔註151〕又發大兵東進與楚爭霸，無心也無力遠控已被冒頓拿下的河南地。所以錢穆氏以為晉灼誤認漢修繕的河上塞為秦時攻胡所築之河上塞，即蒙恬所取的河南地，因河為塞之處，他認為這個河上塞正確的位置是在河上郡北境，〔註152〕錢說殊有見

長城遺跡考察記〉，《文物》374（1987）：56～58。
〔註145〕據徐蘋芳的〈秦漢長城遺蹟分佈圖〉，秦昭王長城的走向，其標明經由固原、環縣、榆林、神木，與《史記》所記朝那、膚施吻合，見氏著，〈考古學上所見秦帝國的形成與統一〉，《臺大歷史學報》23（1999）：331～332；譚其驤主編，《中國歷史地圖集》，第二冊（秦・西漢・東漢時期），〈關中諸郡〉圖，頁5～6，亦標有秦昭襄王時所築長城。
〔註146〕（清）顧祖禹撰，賀次君，施金和點校，《讀史方輿紀要》（北京：中華書局，2005），卷五十八，〈陝西〉，〈蕭關〉條，頁2790。
〔註147〕史念海，〈陝西北部的地理特點和歷史上的軍事價值〉，收入氏著，《河山集》，第四集，頁110。
〔註148〕關中的東、西、南、北四關見，《史記三家注》，卷二十二，〈漢興以來將相功臣年表〉，頁1120。
〔註149〕（清）顧祖禹撰，賀次君，施金和點校，《讀史方輿紀要》（北京：中華書局，2005），卷五十七，〈陝西〉，頁2720。顧氏註明朝那在漢為上郡治。
〔註150〕林幹氏認為匈奴與漢分界的河南塞指今日內蒙古河套一帶，見氏著，《匈奴史》，頁30；張維華氏以為河上塞乃蒙恬所築之長城之一段，見張維華，〈漢置邊塞考略〉，《齊魯學報》1（1941）：61～62。
〔註151〕《史記三家注》，卷八，〈高祖本紀〉，頁368。
〔註152〕錢穆以為「晉灼注以遠在朔方、五原解之，蓋誤解『河上』字義」，見氏著，《史記地名考（下）》，收入氏著，錢賓四先生全集編輯委員會編，《錢賓四先

地，應近於彼時現狀。

漢高帝晚年曾派建信侯劉敬出使匈奴，他歸漢回報云：「匈奴河南白羊、樓煩王，去長安近者七百里，輕騎一日一夜可以至秦中」。〔註153〕建信侯的情資顯示河南地與關中的密邇，兩地相鄰僅七百漢里的距離，一旦匈奴騎兵輕裝奔襲，只要一日一夜可以攻抵，嚴重威脅關中的安全；又過了幾十年，漢武帝時，衛青因攻逐白羊、樓煩王，奪取河南地爲朔方郡的軍功，而受到皇帝封賞。〔註154〕這些事實說明漢初所「繕治河上塞」或「故河南塞」，其位置都難以存在於已入冒頓掌握的河南地。

匈奴佔領河南地，漢已失秦時所置隴西、北地與上郡等三郡部份之地，九原郡又遠懸塞外，距離陰山近，理應盡沒入匈，〔註155〕但出土的張家山漢墓竹簡中有呂后二年（前187）所頒行的《二年律令》，〔註156〕其《秩律》條文中出現九原郡及雲中郡的轄縣：如雲中、九原、咸陽、北與、西安陽、武泉等縣名，〔註157〕辛德勇氏以之考推漢初一直未失去全部的九原郡，仍能保有陰山東段趙長城的部份九原郡，他認爲漢初九原郡的建置一直存在。〔註158〕

漢初保有雲中郡殆無可疑，除《二年律令・秩律》的簡牘中曾出現雲中屬縣之名外，「孟舒免職事件」是漢朝有效控制雲中的明證，孟舒曾長期任職雲中守，抵抗來犯的匈奴，因細故遭撤免，漢文帝因田叔之言再起復其爲雲中守。〔註159〕漢初雖保有雲中郡，其轄地未必能如秦時完整。

漢關中諸郡以東，黃河以北之地，由領兵渡河北上的漢大將韓信漸次平定，他首先完成奪取離關中較近的魏與代、趙的任務，陸續完成中央直轄郡縣及諸侯國之建置：

一，漢二年（前205）八月，漢左丞相韓信擊魏王豹，漢平定魏地後，

生全集》，乙編，第三十五冊，〈河上〉與〈河上塞〉條，頁999～1000。

〔註153〕《史記三家注》，卷九十九，〈劉敬列傳〉，頁2719。

〔註154〕《史記三家注》，卷一百一十一，〈衛將軍列傳〉，頁2923。

〔註155〕周振鶴著，《西漢政區地理》，頁17。

〔註156〕張家山二四七號漢墓竹簡整理小組編，《張家山漢墓竹簡〔二四七號墓〕》（北京：文物出版社，2001），《二年律令》之釋文注釋，頁133。

〔註157〕張家山二四七號漢墓竹簡整理小組編，《張家山漢墓竹簡〔二四七號墓〕》，《二年律令・秩律》，頁193、195、197。

〔註158〕辛德勇著，《秦漢政區與邊界地理研究》，頁257～268。

〔註159〕見《史記三家注》，卷一百四，〈田叔列傳〉，頁2776。

置河東郡、上黨兩郡。〔註160〕

　　二，漢二年（前205）九月，韓信又擊破代兵，在閼與（今山西和順）擒代相夏說，〔註161〕清除了攻趙的阻礙。

　　三，漢三年（前204）冬十月，左丞相韓信、故常山王張耳東下井陘擊殺成安君陳餘、趙王歇，置常山郡、代郡、〔註162〕太原郡。〔註163〕

　　四，漢三年（前204），代太尉馮節敢降漢，漢任之為鴈門守。〔註164〕

　　穩定了魏、代、趙之地後，漢軍迫臨燕、齊兩國，韓信採「脅燕取齊」之策，其軍事行動如下：

　　（一）燕國地處雁門郡、代郡以東，直至遼東的遼陽縣之地，〔註165〕領土與戰國時期的燕國相當。〔註166〕韓信聽從廣武君李左車所獻「先聲後實」之計，發動心理戰，以下魏、破代、吞趙之聲勢威嚇燕國，成功脅迫燕王臧荼不戰而從漢。〔註167〕

　　（二）漢王派酈生順利遊說齊王田廣共擊項羽，但奉令攻齊的相國韓信接受蒯通的建議，不顧田廣已叛楚附漢的事實，渡河攻襲毫無防備的齊國，又敗殺救齊的楚大將龍且，虜楚亞將周蘭，得齊地七十縣。〔註168〕

〔註160〕《史記三家注》，卷八，〈高祖本紀〉，頁372，記虜魏豹置河東、太原、上黨郡三郡事，為漢王三年（前204），見《史記三家注》，卷八，〈高祖本紀〉，頁372；《史記三家注》，卷九十二，〈淮陰侯列傳〉，頁2613，記韓信擊魏豹於二年（前205）八月；又《史記三家注》，卷十六，〈楚漢之際月表〉，頁788，將魏屬漢後，為河東、上黨兩郡；梁玉繩考〈高祖本紀〉有兩誤，將擊豹之時誤為「三年」，及「太原」連入魏地，見氏撰，《史記志疑》，卷六，〈高祖本紀〉，頁225。此處從之。

〔註161〕左丞相韓信於漢二年（前205）九月破代，見《史記三家注》，卷九十二，〈淮陰侯列傳〉，頁2614；閼與所在有多種說法，目前學界多主在今山西和順，見倉修良主編，魏得良、王能毅副主編，《史記辭典》，〈閼與〉條，頁759～760；譚其驤主編，《中國歷史地圖集》，第二冊（秦・西漢・東漢時期），〈秦・山東北部諸郡〉圖，頁9，亦以漢「閼與」為今之「和順」。

〔註162〕置常山、代郡見《漢書》，卷一，〈高帝紀〉，頁39。

〔註163〕擊破趙後方置太原郡，見《史記三家注》，卷十六，〈楚漢之際月表〉，頁789。

〔註164〕《史記三家注》，卷十八，〈高祖侯者功臣年表〉六，頁945，《索隱》「漢表太尉作『大與』」。

〔註165〕《史記三家注》，卷十七，〈漢興以來諸侯王年表〉，頁801～802。

〔註166〕周振鶴著，《西漢政區地理》，頁64。

〔註167〕《史記三家注》，卷九十二，〈淮陰侯列傳〉，頁2618。

〔註168〕《史記三家注》，卷八，〈高祖本紀〉，頁375；《史記三家注》，卷九十二，〈淮陰侯列傳〉，頁2619～2621；定齊得七十餘縣，見《史記三家注》，卷九十二，

（三）漢四年（前203）二月，在不得已的情況下，漢王派張良立相國韓信爲齊王。〔註169〕

五，漢四年（前203），爲穩定趙地，增固漢方的勢力，漢王又立故常山王張耳爲趙王。〔註170〕

至漢四年（前203），楚漢戰爭尚未結束，漢方已盡定北方的魏、趙、代、燕、齊之地，設爲郡縣或是附漢諸侯國，天下太半入掌握之中，項楚勢單力孤，處境更加不利，日臻窮途末路。漢五年（前202）十二月決戰垓下，項羽兵敗自盡，漢終於滅楚！

漢五年（前202）正月，漢王即帝位前做了重大的人事安排，兌現了對齊王韓信與魏相國建城侯彭越的承諾，更立齊王韓信爲楚王，都於下邳，魏相國彭越爲梁王，都於定陶。〔註171〕此時趙王張耳已薨逝，其子張敖嗣立爲趙王。〔註172〕

政治利益分配既畢，有功諸侯王雨露咸沾之餘，自是心領神會，對主盟的漢王投桃報李，七大異姓諸侯王接著聯名領銜，上疏勸進漢王即帝位，這七大巨頭是：楚王韓信、韓王信、淮南王英布、梁王彭越、故衡山王番君吳芮、趙王張敖、燕王臧荼。漢五年（202）二月，五十五歲的劉邦終於在氾水之陽即帝位，〔註173〕他更立番君吳芮爲長沙王，都臨湘，有長沙、豫章、象郡、桂林、南海等五郡之地。〔註174〕七大異姓諸侯王雄據關東（見附圖七漢

〈淮陰侯列傳〉，頁2620～2621；《史記三家注》，卷五十四，〈曹相國世家〉，頁2027，定齊七十餘縣；《漢書》，卷三十九，〈曹參傳〉，頁2016，言曹參得齊地七十縣。

〔註169〕《史記三家注》，卷八，〈高祖本紀〉，頁376。

〔註170〕《史記三家注》，卷八，〈高祖本紀〉，頁372；《史記三家注》，卷十七，〈漢興以來諸侯年表〉，頁804。

〔註171〕《漢書》，卷一，〈高帝紀〉，頁49～51。

〔註172〕見《史記三家注》，卷八十九，〈張耳列傳〉，頁2852。張耳封於漢四年（前203），可能於同年即薨逝，〈漢興以來諸侯王年表〉中，漢五年（前202）已是其子張敖元年，見《史記三家注》，卷十七，〈漢興以來諸侯王年表〉，頁806～807。據〈月表〉，張耳應立於漢四年（前203）十月，薨於漢五年（前202）七月，見《史記三家注》，卷十六，〈秦楚之際月表〉，頁792、798。張耳死的時間，《史記》的〈月表〉與〈年表〉記載上有出入，因勸進帝位的諸侯中趙王已改由張敖列名，故其逝至少不晚於漢五年（前202）一月爲是，〈月表〉的記載明顯有誤。

〔註173〕出生於西元前256年，至西元前202年，是劉邦爲五十五歲。

〔註174〕此段參見《漢書》，卷一，〈高帝紀〉，頁52～53；《史記三家注》，卷八，〈高

高帝五年七異姓諸侯封域示意圖），名義上屬漢，實際上幾與獨立王國無異。
七王的都城及轄地如下：

  一，燕王臧荼：燕王名號本是項羽所封，〔註175〕都薊縣，地轄故秦之時
    的上谷、漁陽、右北平、遼東、遼西、廣陽等六郡。

  二，趙王張敖：都於襄國，轄有邯鄲郡、鉅鹿郡、常山等三郡。

  三，韓王韓信：都陽翟，轄潁川一郡。

  四，楚王韓信：都下邳，轄東海、會稽、泗水、陳、薛等五郡。〔註176〕

  五，梁王彭越：都定陶，封於碭郡。

  六，長沙王吳芮：都臨湘，封於長沙、武陵郡。

  七，淮南王英布：都六縣，轄九江、衡山、廬江、豫章等四郡。

  漢初一統之時的疆域，不但小於秦始皇的秦帝國時代，也小於戰國末年
時期中原列國的總合。〔註177〕由漢廷中央直接控制的轄郡僅有十五郡而已，
這十五郡內還包括許許多多的侯國食邑在內，而異姓諸侯王國所控制的地
盤，相當近於戰國時期，關東六國的土地。〔註178〕李開元精闢指出，漢王即
帝位，表面上繼承了始皇之帝位，漢王國一變為漢帝國，實質上漢帝位是霸
業政治的完成，是以漢為盟主，各諸侯王國反楚聯盟的勝利而已。〔註179〕

  劉邦名義上位處皇帝之尊，但因出身於無所憑藉的編戶民，由士大夫與
諸侯王共同效命，〔註180〕才能登上帝位，故得與這批人共享政權之利，所以
諸侯功臣盛稱他能「與天下同利」，是其成就帝業的成功之道。〔註181〕漢帝國

    祖本紀〉，頁380。

〔註175〕《史記三家注》，卷七，〈項羽本紀〉，頁316。

〔註176〕依清儒梁玉繩氏的見解，則韓信徙為楚王時尚領有齊地，關東齊、楚兩地連
    併，其勢雄冠天下，見氏撰，《史記志疑》，卷十，〈秦楚之際月表〉，頁470。
    梁氏之見若確，很能說明韓信於漢一統後，迅速遭到清算之因。

〔註177〕鄒逸麟編著，《中國歷史地理概述（修訂版）》（上海：上海教育出版社，2005），
    頁99。漢初時南越自立、閩越不附、河南地為匈奴所據，若再計入雁、代沒
    胡者，西漢初年疆域比之秦朝時縮減不少，可參見本文文末附圖五秦郡圖與
    附圖七漢高帝五年七異姓諸侯封域示意圖作一比較。

〔註178〕韓養民，〈略論項羽的分封〉，收入中國秦漢史研究會編，《秦漢史論叢》（西
    安：陝西人民出版社，1981），第一輯，頁102～103。

〔註179〕李開元著，《漢帝國的建立與劉邦集團：軍功受益階層研究》，頁139。

〔註180〕高帝詔書特別提及賢士大夫與之共定天下，見《漢書》，卷一下，〈高帝〉，頁
    71。

〔註181〕《史記三家注》，卷八，〈高祖本紀〉，頁381。

初期，異姓王跨郡連縣遍據關東，數量多而地盤大，漢不過以關中並立之，使漢高帝的皇權受到很大的限制，形成漢初皇權的相對有限性。〔註182〕

漢高帝初登帝位時，是異姓諸侯王勢力的顛峰，賈誼於《上疏陳政事》中，直指漢初異姓諸侯王勢力之強，致使皇權危疑不安的情況，他還曾以此大膽設問請教今上，若文帝（前179～前157）與高帝易位而處，面臨如此外重內輕之局，是否能自安，賈生還肯定的代皇帝回答「不能」：

> 假設天下如曩時，淮陰侯尚王楚，黥布王淮南，彭越王梁，韓信王韓，張敖王趙，貫高為相，盧綰王燕，陳豨在代，令此六七公者皆亡恙，當是時而陛下即天子位，能自安乎？臣有以知陛下之不能也。〔註183〕

漢中央政府在制服關東諸侯王之前，能掌握的區域，實僅限於畿輔一帶，對諸侯王的制衡方式，只是與王國交錯的諸郡，與部份侯國。〔註184〕因此漢初定鼎一尊之際，諸侯王之勢大，為兩漢之世僅見。漢中央與諸侯王並立共天下，「皇帝」的名號比之「霸王」等盟主或「王」的名號尊貴，然究其實際，漢亦一大諸侯王而已。

關東眾多諸侯王所佔住的廣大地盤，長久以來不但是中原經濟發達之區，在先秦時更是學術文化重鎮。戰國晚期以齊、魯、周、宋，河北西部及淮南、吳、越為主，皆中原文化發達、學術根基深厚之區，在漢初盡為諸侯王所領。所以關東諸侯王所佔地盤大，其地經濟發達，文化發展也領先於關中，人才濟濟。西漢初年戰火平熄後，關東在經濟、文化上也率先恢復，繼續保持領先關中三輔地區的局面，直至漢武帝時期才改變這個外重內輕的局面。〔註185〕

從呂后時的張家山漢簡律文，可看出漢朝中央對諸侯王國防範之嚴屬，除在與諸侯王的邊界上派駐軍隊防守，設立城障軍事設施，對諸侯王國侵犯還擊，叛逃諸侯王國的吏卒遭腰斬重刑，甚至會牽累家中父母、妻子、兄弟等親屬連坐棄市，此外重賞購捕諸侯王國來的罪犯，漢與諸侯王國事實上是

〔註182〕據李開元的研究，漢高祖比之秦始皇帝的皇權，是有限皇權，其說殊有見地，見氏著，《漢帝國的建立與劉邦集團：軍功受益階層研究》，頁143。

〔註183〕賈誼，《上疏陳政事》，收入（清）嚴可均輯，《全漢文》（北京：商務印書館，1999），卷十五，頁155。

〔註184〕參見許倬雲，〈西漢政權與社會勢力的交互作用〉，收入氏著，《求古編》，頁460～461。後來的制衡力量，再加上劉姓子弟之封國。

〔註185〕盧雲著，《漢晉文化地理》（西安：陝西人民教育出版社，1991），頁14～25。

處在國與國的關係，在政治、經濟、軍事等各方面，都存在激烈的衝突和矛盾。〔註186〕

惠、呂之時，同姓諸侯王勢大，漢中央防範之深刻嚴厲，以敵體相匹擬。而漢初的異姓諸侯王其力遠盛於後世之時：楚王韓信戰必勝、攻必取，是頂尖的將領，梁王彭越善長游擊戰，〔註187〕淮南王英布勇猛無雙，〔註188〕這三大可獨當一面的諸侯王，加上材武的韓王信立於四戰要害之地，經營燕地已久的燕王臧荼，〔註189〕得士死力的趙王張敖，〔註190〕鞭長莫及之地的長沙王吳芮。漢有皇帝名號，表面上尊於諸侯王，實則僅與單一諸侯無異。漢高帝對未封王且忠實可靠的淮泗部屬，都不時產生莫名的疑忌，〔註191〕何況關東諸侯王如此勢大難制，皇帝深切的疑懼可知。

在此政治背景下，漢滅楚後，全國和平維持不到幾個月，政局就有了變化，漢高帝五年（前202年）七月，東北方傳來燕相告發燕王臧荼為變的消息。〔註192〕臧荼於楚漢相爭時，迫於韓信的軍事壓力而附漢，漢四年（前203）曾從燕地派出一部份戰鬥力較強的騎兵助戰，略表助漢之意，〔註193〕又有溫疥以燕將軍從破曹咎軍之事，〔註194〕在漢初異姓諸侯王中，燕王臧荼所立的功績甚小。

燕國地處中原偏鄙之隅，從戰國以來即是群雄中力量較弱的諸侯國，〔註195〕漢楚相持之際既自保守界，待漢一統江山，君臣位份已定，小燕更是

〔註186〕臧知非，〈張家山漢簡所見漢初馬政及相關問題〉，《史林》2004.6：76～77。
〔註187〕彭越率兵來回游擊於梁地，絕糧道，困擾楚兵，見《史記三家注》，卷八，〈高祖本紀〉，頁375。
〔註188〕英布於滅秦之戰，其勇冠楚將，見《史記三家注》，卷七，〈項羽本紀〉，頁316。
〔註189〕臧荼為燕將，於漢元年（前206）王燕，見《史記三家注》，卷十六，〈秦楚之際月表第四〉，頁777；《史記三家注》，卷七，〈項羽本紀〉，頁316。
〔註190〕張王在漢高帝九年（前198）面臨生死關頭之際，其部屬豁命相挺，高帝讚嘆這些忠心高義的部屬，因而封賜他們為諸侯相、郡守，見《史記三家注》，卷八十九，〈張耳列傳〉，頁2584～2585。趙王得士死力可見一班。
〔註191〕劉邦多次對蕭何疑忌，最早在漢三年（前204）時，人在前方打仗的漢帝，已懷疑人在關中後方的丞相蕭何。因鮑生的勸告，蕭何派子孫、宗親等前赴漢王庵下聽候調用，把宗族親屬性命交托，才減少劉邦的猜疑忌之意，見《史記三家注》，卷五十三，〈蕭相國世家〉，頁2015。其後此類之事終高帝之世不斷。
〔註192〕《漢書》，卷十六，〈高惠高后文功臣表〉，頁586。
〔註193〕《漢書》，卷一，〈高帝紀〉，頁46。
〔註194〕《漢書》，卷十六，〈高惠高后文功臣表〉，頁586。
〔註195〕戰國時燕大致維持小國地偏一隅的格局。西元前四世紀，齊破燕之後，燕昭

難以獨敵大漢，此時爲變的時機並不有利，徒予漢興師之口實，頗令人致疑是否另有隱情。〔註196〕漢以大軍壓境，平燕如摧枯拉朽，短期內即俘虜燕王臧荼，群臣推舉漢帝所屬意，與劉邦有世交情誼的老同鄉——太尉長安侯盧綰爲新燕王。〔註197〕

臧荼爲變，項羽故將陳公利幾繼之起兵，〔註198〕接著漢高帝六年（前201）十二月，〔註199〕楚王韓信被人告發欲反，漢帝採陳平僞游雲夢之計，智擒楚王韓信，降廢爲淮陰侯。〔註200〕諸侯王接連叛漢，國內大動干戈，揭破漢朝上表面一統，內部問題重重的表象。擒拿住韓信後，六年（前201）春正月，漢帝開展大封同姓以鞏固劉家江山的謀略，新封劉姓諸王如下：

一、荊王：以將軍劉賈爲荊王，王淮東故東陽郡、鄣郡、吳郡等五十餘城。

二、楚王：以弟文信君劉交爲楚王，都彭城，〔註201〕王淮西碭郡、薛郡、郯郡等三十六縣。〔註202〕荊、楚乃淮陰原封故楚一分爲二。

三、齊王：長庶男劉肥爲齊王，食膠東、膠西、臨淄、濟北、博陽、城

王對郭隗云燕是小國力量微弱，見《史記三家注》，卷三十四，〈燕召公世家〉，頁1558；燕昭王因燕是小國，又地處中原偏遠之邊地，無法對付齊國，乃屈身禮士，見《史記三家注》，卷八十，〈樂毅列傳〉，頁2427；西元前三紀末，秦王政二十年（前227），燕太子丹對荊軻云：「燕小弱」，見《史記三家注》，卷八十六，〈刺客列傳〉，頁2531；賈誼云漢高帝時燕國最弱小，所以是異姓諸侯中最後叛漢的，見賈誼，《上疏陳政事》，收入（清）嚴可均輯，《全漢文》，卷十五，頁156。

〔註196〕汪籛以爲劉邦爲剷除割據勢力，首先拿關係疏遠且力弱的燕王臧荼開刀，〈漢初的王國問題〉，收入氏著，《漢唐史論稿》（北京：北京大學出版社，1992），頁36；林劍鳴則以臧荼迫於形勢助漢，對出身平民的劉邦稱帝未能心服，故叛之，見氏著，《新編秦漢史》，上冊，頁363。然楚滅漢王即帝位後，形勢對燕造反不甚利，汪籛氏之論，似深刻得實。

〔註197〕《史記三家注》，卷八，〈高祖本紀〉，頁381，臧荼以十月反；《史記三家注》，卷十六，〈秦楚之際月表〉，頁800，盧綰以九月封燕王；《史記三家注》，卷二十二，〈漢興以來將相名臣年表〉，頁1120，五年後九月綰爲燕王；《史記三家注》，卷九十三，〈盧綰列傳〉，頁2637，以七月擊臧荼，八月封燕王；（宋）司馬光等撰，（宋）胡三省注，《資治通鑑》，卷十二，〈漢紀〉，頁363，以臧荼七月反，九月平叛，立綰爲燕王。

〔註198〕《史記三家注》，卷八，〈高祖本紀〉，頁381。

〔註199〕《漢書》，卷一，〈高帝紀〉，頁59。

〔註200〕《史記三家注》，卷五十六，〈陳丞相世家〉，頁2056～2057。

〔註201〕《史記三家注》，卷五十，〈楚元王世家〉，頁1988。

〔註202〕《史記三家注》，卷五十一，〈荊燕世家〉，頁1994。

陽等七十餘城。〔註203〕

四、代王：立次兄宜信侯劉仲爲代王，〔註204〕王雲中、雁門、代郡等三
　　郡五十三縣。〔註205〕

　　漢初封立劉仲爲代王的時間，一直有所爭議的原因，在於《史記》內文
的相關記載頗有矛盾，當時或不致於混淆，後世卻難以確認。漢初「代國」
的興廢與後來遭北徙的「韓國」之間又有糾葛，因涉及到韓王信北徙後的王
號問題，故在此須略予以追溯如下：

　　漢元年（前206）趙歇被項羽從「趙王」改封爲「代王」，是楚漢之際出
現的第一個代王。陳餘認爲項羽的分封不公，派夏說游說齊王田榮聯合反楚，
在收復趙地後，陳餘讓趙歇回任趙王，代王的王位因此空出。趙地比代地富
庶肥美，趙歇樂於「棄惡地」返故趙爲王，爲表感激，便以「代王」酬庸陳
餘。代王陳餘沒有親自到代國就任，他派夏說爲「代相國」守代，本人留趙
國，輔佐趙王趙歇。陳餘因與張耳有嫌隙，趙、代的政治立場便從親漢背楚
轉向親楚背漢。漢軍打敗魏國後，繼之移兵攻代，擊敗代兵，在閼與抓到代
相夏說。漢三年（前204），韓信與張耳乘勝攻趙，以背水一戰，在井陘口大
破趙兵，泜水上殺了代王陳餘，抓到趙王趙歇。〔註206〕

　　韓信既定代、趙之地，漢四年（前203），漢封張耳爲趙王，〔註207〕代地
卻沒有封王，如是代地應納入漢王所轄的郡縣之中。〔註208〕漢五年（前202）
楚漢相爭結束，異姓王勸進帝號的名單中並無代王，隔年（前201）才出現封
立代王的記載，按理說代王陳餘死後，代地如納入中央，有一段時間代地應
處於無王的狀態，但代相一職卻一直存在，張蒼即兩度擔任斯職，《史記·張
丞相列傳》：

　　　趙地已平，漢王以蒼爲代相，備邊寇。已而徙爲趙相，相趙王
　　耳。耳卒，相趙王敖。復徙相代王。燕王臧荼反，高祖往擊之。蒼

〔註203〕《史記三家注》，卷八，〈高祖本紀〉，頁384；《史記三家注》，卷五十二，〈齊
　　　　悼惠王世家〉，頁1999。
〔註204〕《史記三家注》，卷五十，〈楚元王世家〉，頁1988。
〔註205〕劉賈、劉交、劉肥、劉喜之王參見《漢書》，卷一，〈高帝紀〉，頁60～61。
〔註206〕見《史記三家注》，卷八十九，〈張耳陳餘列傳〉，頁2581～2582；《史記三家
　　　　注》，卷九十二，〈淮陰侯列傳〉，頁2613～2614。
〔註207〕《史記三家注》，卷八十九，〈張耳陳餘列傳〉，頁2582。
〔註208〕周振鶴氏認爲太原既屬於代，陳餘是代王，在韓信斬殺陳餘後，代順理成章
　　　　歸爲太原郡，見氏著，《西漢政區地理》，頁250。

以代相從攻臧荼有功，以六年中封爲北平侯，食邑千二百戶。〔註209〕

《史記·高祖功臣侯者年表》同樣記載張蒼封侯前曾爲代相：

以客從起陽武，至霸上，爲常山守，得陳餘，爲代相，徙趙
相，侯。〔註210〕

韓信在漢三年（前 204）取得趙地，張蒼被漢王任命爲「代相」以防備
邊寇，此後幾年之中，張蒼便在「代相」與「趙相」兩個職務游走。漢五年
（前202）趙王張耳死前，〔註211〕張蒼已離任「代相」轉爲「趙相」。張耳死
後，其子張敖繼爲趙王初期，張蒼續任趙相，不久又回任代相，燕王臧荼反
叛時，張蒼便以代相的身份從征平燕，因戰功在漢六年（前 201）中，獲封
爲北平侯。

陳餘之後，代地似未再封代王，然以代相的存在，姑且存疑代王其人。
隱沒不現的代王，因帝兄劉仲獲封代地而再現，但《史記》各卷記載劉仲封
代王的時間不同，茲錄《史記》各卷不同的說法如下：

〈高祖本紀〉：

七年……立兄劉仲爲代王……代王劉仲弃國亡，自歸雒陽，廢
以爲合陽侯〔註212〕

〈高祖功臣侯者年表〉：

高祖兄。兵初起，侍太公守豐，天下已平，以六年正月立仲
爲代王。高祖八年，匈奴攻代，王弃國亡，廢爲合陽侯〔註213〕

〈漢興以來將相名臣年表〉：

（六年）尊太公爲太上皇。劉仲爲代王……（八年）匈奴攻代
王，代王弃國亡，廢爲郃陽侯〔註214〕

〈楚元王世家〉：

《集解》徐廣曰：「次兄名喜，字仲，以六年立爲代王，其年罷。
卒謚頃王。有子曰濞。」〔註215〕

〔註209〕《史記三家注》，卷九十六，〈張丞相列傳〉，頁 2675。
〔註210〕《史記三家注》，卷十八，〈高祖功臣侯者年表〉，頁 928。
〔註211〕漢五年（前202），張耳薨，謚爲景王，子張敖嗣立趙王，見《史記三家注》，
卷八十九，〈張耳陳餘列傳〉，頁 2582。
〔註212〕《史記三家注》，卷八，〈高祖本紀〉，頁 385～386。
〔註213〕《史記三家注》，卷十八，〈高祖功臣侯者年表〉，頁 946～947。
〔註214〕《史記三家注》，卷二十二，〈漢興以來將相名臣年表〉，頁 1120～1121。
〔註215〕《史記三家注》，卷五十，〈楚元王世家〉，頁 1988。

〈吳王濞列傳〉：

　　高帝已定天下七年，立劉仲爲代王。而匈奴攻代，劉仲不能堅
守，弃國亡，閒行走雒陽，自歸天子。天子爲骨肉故，不忍致法，
廢以爲郃陽侯。〔註216〕

據《史記》上述記載，劉仲被封爲代王的時間，有六年（前201）與七年（前200）兩個不同的版本。然《漢書》所記載劉仲封代王的時間頗一致，皆以六年始封，〈高帝紀〉：

　　（六年）壬子以雲中、鴈門、代郡五十三縣立兄宜信侯喜爲代
王……（七年）十二月，上還過趙，不禮趙王。是月，匈奴攻代，
代王喜弃國，自歸雒陽，赦爲合陽侯。〔註217〕

〈諸侯王表〉：

　　（六年）正月壬子立，七年，爲匈奴所攻，棄國自歸，廢爲郃
陽侯，孝惠二年薨。〔註218〕

宋人所著之《資治通鑑》與《西漢年紀》將宜信侯劉仲爲代王，與荊、楚、齊三王同列於六年（前201）正月；〔註219〕清儒梁玉繩氏指出〈高祖本紀〉與〈吳王濞列傳〉兩處記載立代王於七年（前200）的時間都是錯誤；〔註220〕清晚期編纂的山西方志，如光緒年間所修的《（光緒）山西通志》，便以宜信侯劉仲王代於漢六年（前201）。〔註221〕劉仲當代王的時間並不長，因其沒有善盡王侯堅守國土的職責，在代國受匈奴攻擊時，擅自棄國逃回雒陽，於漢高帝七年（前200）十二月被廢，〔註222〕從「代王」降封爲合（郃）陽侯。

〔註216〕《史記三家注》，卷一百六，〈吳王濞列傳〉，頁2821。

〔註217〕《漢書》，卷一下，〈高帝紀〉，頁61～63。

〔註218〕《漢書》，卷十四，〈諸侯王表〉，頁398。

〔註219〕（宋）司馬光等撰，（宋）胡三省注，《資治通鑑》，卷十二，〈漢紀〉，頁368；
　　　　（宋）王益之撰，《西漢年紀》，收入楊家駱主編，《漢紀西漢年紀合刊》，卷
　　　　一，〈高祖〉，頁14～15。

〔註220〕（清）梁玉繩撰，《史記志疑》，卷六，〈高祖本紀〉，頁232。

〔註221〕（清）曾國荃、張煦等修，王軒、楊篤等纂《（光緒）山西通志》，收錄於續
　　　　修四庫全書編纂委員會編，《續修四庫全書》（上海：上海古籍出版社，1995），
　　　　史部・地理類，第643冊，卷八十三，〈大事記〉，頁366；呂思勉著，《秦漢
　　　　史》，頁57；辛德勇著，《秦漢政區與邊界地理研究》，頁268。

〔註222〕梁玉繩氏以爲劉仲廢降於七年（前200）十二月，《史記》與《漢書》皆誤做
　　　　八年，見氏撰，《史記志疑》，卷六，〈高祖本紀〉，頁575～576。

新封的楚、荊、齊、代四國中，以田肯稱之爲「東西秦」的齊國最爲重要。
〔註 223〕齊國是戰國群雄中第一等強國，依錢穆氏觀點，從梁惠王元年（前 370）
至秦王二十六年（前 221）滅六國，在這戰國主要的一百五十年期間，可分爲
四期，前兩期先是梁、齊爭強三十七年，再是齊、秦爭強四十八年，不論魏與
秦兩國欲「稱王」與「稱帝」時，皆畏齊而相約共稱，齊國國勢長期不衰，稱
霸時間最久，在關東擁有舉足輕重的地位，與秦國勢均力敵，〔註 224〕可說是山
東六國中最強大的國家。〔註 225〕楚漢相爭，項羽之所以敗給劉邦的一個重
要因素，就是西楚初期誤判形勢，在齊地的戰略失誤，以致負出重大的代價。
〔註 226〕

漢初中央政權未穩，齊地如此重要，新齊王劉肥年輕又缺乏治國經驗，
漢帝於是派了可靠的心腹宿將駐守齊國：平陽侯曹參爲齊相國、陽陵侯傅寬
爲齊右丞相，以功臣宿將輔佐劉肥，掌握齊國的軍政大權。〔註 227〕平陽侯曹
參在漢朝建立的過程中，曾受傷七十幾處，攻城略地立下大戰功，「下二國，
縣一百二十二；得王二人，相三人，將軍六人」，〔註 228〕漢朝群臣曾共推位次
第一，軍事能力甚強。〔註 229〕由曹參、傅寬等宿將鎮守，可穩定齊國，成爲
漢朝在關東的支持力量。

廢降楚王韓信爲淮陰侯前後，關東新立的燕、代、齊、荊、楚五王主要
憑藉與漢高帝的私交或血緣得封，他們與漢高帝的關係親近密切，五王由北
而南串連成一氣，使得關東形勢爲之一變，起了夾輔漢中央的作用。但位於

〔註 223〕《史記三家注》，卷八，〈高祖本紀〉，頁 383。
〔註 224〕錢穆著，《國史大綱》，上冊，收入氏著，錢賓四先生全集編委會整理，《錢賓
四先生全集》，乙編，第二十七冊，頁 82～84；錢穆著，《先秦諸子繫年》，
收入氏著，錢賓四先生全集編委會整理，《錢賓四先生全集》，甲編，第五冊，
〈通表〉，頁 623、652。
〔註 225〕楊寬著，《戰國史（增訂版）》，頁 437。
〔註 226〕林聰舜，〈項羽對齊策略檢討〉，《湖南行政學院學報》68（2011）：84～88。
〔註 227〕見《史記三家注》，卷五十四，〈曹相國世家〉，頁 2028；及《史記三家注》，
卷九十八，〈傅寬列傳〉，頁 2708。傅寬曾隸屬於相國曹參，後來當上齊右相，
其位望均在曹參之下。又據勞榦的研究，漢初諸侯王的兵應由中尉率領，受
諸侯相的監督，見氏著，〈論漢代的衛尉與中尉兼論南北軍制度〉，收入氏撰，
《勞榦學術論文集甲編》，下冊，頁 884。勞氏之文所舉之例是呂后時的情況，
在漢高帝時天下初定，漢家政權尚未穩固，曹參與傅寬兩人以宿將佐齊，史
書並未載明齊國中尉是何人，則曹、傅兩人在齊當握有實權。
〔註 228〕《史記三家注》，卷五十四，〈曹相國世家〉，頁 2028。
〔註 229〕《史記三家注》，卷五十三，〈蕭相國世家〉，頁 2017。

北方的燕、代、趙形勢與荊、楚不同，這三國近塞與胡人相鄰，面臨北胡沉重的軍事壓力。以過去的資歷能力而論，三王皆未曾獨當一面：燕王盧綰有軍事歷練，但是否足以應付強胡，自保於燕地已是未知之數；趙王張敖在秦二世元年（前 209）被陳勝封爲成都君，〔註230〕二世三年（前 207）鉅鹿戰前，他曾率代兵萬餘人參與其父也遭圍困的救趙行動，〔註231〕是當時援趙又不敢出擊秦軍的十餘起兵力之一，彼時援趙諸將畏秦軍之強，惴恐做壁上觀，一旁見證悍楚鉅鹿破秦的歷史大戰。〔註232〕張敖後來尙魯元公主，〔註233〕是漢高祖的女婿，恃父張耳之餘蔭，有眾多能臣賓客相輔，趙地較有粗安自立的條件。

代地是邊塞王國中最爲可慮之處，匈奴單于王庭以南與代、雲中接壤，〔註234〕是漢朝北境一級警戒之區。漢高帝任代王以親，次兄劉仲故編戶民，見聞歷練闕如，本身既乏治兵牧民的軍政經歷，威望亦復不足，憑藉帝兄之血親，一躍爲諸侯國主，若無適合的輔弼人才，要其立刻走馬上任，承擔起禦胡於邊之劇任，困難度太大。且代地大部份爲匈奴所侵，漢、胡衝突不斷，在此情況下，周振鶴氏認爲漢高帝六年（前 201）正月封代王，劉仲不過遙領而已，並未前往之國，這是很合理的推斷。〔註235〕從日後歷史的發展來看，在平城戰結束，劉仲甫就國不久，便擅自棄國逃回洛陽，其能力實不足以應付艱苦的禦胡任務。劉仲棄國逃命，荒怠職守之舉，漢高帝不得不懲處，將之廢爲合陽侯。

久歷戎間的漢高帝並不胡塗，雖然無法預見代地後來的歷史發展，但不難看出以親疏關係爲主軸，安置燕、代、趙三王，所建構的邊防陣容稍嫌脆弱，尤其是代地這一塊，不論代王是否之國，都是帝國的軟肋所在。代地相當於今日山西的北部，和與之相鄰的河北省西北部，漢初代地的局勢甚爲險峻，因匈奴的南侵，代地頗多陷敵，土地因之沒於匈奴之手，於是緊鄰於南的太原轉爲近胡的前線。〔註236〕

〔註230〕《史記三家注》，卷四十八，〈陳涉世家〉，頁 1955。
〔註231〕《史記三家注》，卷八十九，〈張耳陳餘列傳〉，頁 2578～2579。
〔註232〕《史記三家注》，卷七，〈項羽本紀〉，頁 307。
〔註233〕《史記三家注》，卷八十九，〈張耳陳餘列傳〉，頁 2582。
〔註234〕《史記三家注》，卷一百十，〈匈奴列傳〉，頁 2891。
〔註235〕周振鶴著，《西漢政區地理》，頁 72。
〔註236〕周振鶴著，《西漢政區地理》，頁 72。

基於防禦北方游牧民族的國防考量與內政因素，在平城戰役前夕，漢高帝對雄據關東的實力派異姓諸王再做異動，移封潁川的韓王信到太原，與燕、趙連成一片，可補上代國這一個缺口，構成漢北方長城沿線的諸侯王防禦線。平城戰役前夕，劉邦的北疆防禦政策最後底定，由異姓王燕、趙、韓三國（見附圖七），共同負起守邊重責。〔註237〕

漢朝除封建諸侯王於邊，為強化邊塞防衛，在制度上採行的措施尚有：

一、建置邊地縣邑，強化行政控制力量

如漢高帝六年（前201）在雁門郡平城以西首次建置了武州縣（今山西左雲），〔註238〕其城與平城東西相距約百里。〔註239〕漢初的雁門郡轄地有沒之於胡者，不比前秦時完整，故漢與匈奴在雁門郡即以武州塞（今山西省左雲至大同一帶）為界，武州塞以北之地已為匈奴勢力範圍。〔註240〕武州縣邑的設置，有助加強雁門郡中部的防衛力。此塞曾因漢武帝初年計誘匈奴時，軍臣單于率十餘萬騎穿塞攻入漢境而聲名大噪。〔註241〕

二、邊塞防禦體系的運作

自戰國以來，燕、趙、魏、秦、齊、中山等諸國，所興築防邊之城逕以「長城」為名。〔註242〕其中燕、趙、秦三國因北邊鄰胡，更倚恃長城以禦胡。秦滅六國後，繕治連結原秦與故燕、趙之長城，成為西起臨洮，東至遼東的萬里長城。〔註243〕建長城禦胡之法運作已久，在中原已有歷時百年以上的長期發展，形成一套邊塞軍事防衛運作體系。秦末匈奴在冒頓單于領導下國勢驟盛，是北方的軍事強權，新興的漢朝除繕治河上塞，修補加固秦塞長城，派遣兵卒乘塞守禦，也須沿用戰國至秦以來，所發展出的長城邊防體系，以收禦胡之效。

〔註237〕趙凱，〈論漢初趙、代二國政治地位的沉浮〉，《河北學刊》1994.4：68～73。

〔註238〕漢建置之武州縣所在，即今日山西省之左雲縣，見左雲縣志編纂委員會編，《左雲縣志》（北京：中華書局，1999），頁7。

〔註239〕《史記三家注》，卷一百八，〈韓長孺列傳〉，頁2861。

〔註240〕鄒逸麟編著，《中國歷史地理概述（修訂版）》，頁99。

〔註241〕《史記三家注》，卷一百八，〈韓長孺列傳〉，頁2861～2862。

〔註242〕張維華，〈漢置邊塞考略〉，《齊魯學報》1（1941）：56。

〔註243〕《史記三家注》，卷一百十，〈匈奴列傳〉，頁2885～2886。

第三節　韓國移徙與韓王信的政治困境

　　綜觀整個平城戰役始末，與一個重要的關鍵人物有關，就是被移徙到漢朝北方疆域，擔負起抵禦防備胡人重任的韓王信，爲求釐清他在這次事件中扮演的角色，有必要了解他的出身背景與崛起經過。《史記》對韓王信的記載十分簡明，但透露出韓王信能在數年之間，從漢王劉邦眾多手下中脫穎而出，成爲漢初七大異姓藩王的原因。若不是漢初另有一個同名同姓，〔註244〕且軍功煊赫、聲名震世的韓信（先封齊王，再改封楚王，後降封淮陰侯），以致韓王信的鋒芒被掩蓋過去，他應會受到較大的關注。韓王信的出身與歸附沛公麾下的過程如下：

> 韓王信者，故韓襄王孽孫也，長八尺五寸。及項梁之立楚後懷王也，燕、齊、趙、魏皆已前王，唯韓無有後，故立韓諸公子橫陽君成爲韓王，欲以撫定韓故地。項梁敗死定陶，成犇懷王。沛公引兵擊陽城，使張良以韓司徒降下韓故地，得信，以爲韓將，將其兵從沛公入武關。〔註245〕

　　韓王信的家世背景、個人條件，及秦末韓地的政治形勢的發展，筆者以爲有幾點值得注意：

　　其一，六國王室貴族的後代，秦朝時就算是淪爲編戶民，身上總是流著故王族的血統，擁有較多的私人財富及社會殘餘地位，在社會上有可觀的影響力，是社會上有特殊地位與動見觀瞻力量的人物，非是一般編戶齊民身份者可比。〔註246〕韓王信是故韓襄王的庶孫，這種身份在韓國故地，尤其對韓室宗族與舊屬有較大的號召力。

　　其二，韓王信身長八尺五寸。按戰國秦漢時的一尺，折現代約爲二十三公分，〔註247〕換算成現代尺寸，可知他的身高超過一百九十公分，身材十分

〔註244〕《史記三家注》，卷九十三，〈韓信列傳〉，《集解》引徐廣注韓王信：「一云『信都』」，《索隱》又以爲非名「信都」，頁2631，兩家之見不同。劉知幾仍以爲韓王信其名「信都」，《史記》去「都」留「信」，見氏撰，趙呂甫校注，《史通新校注》，頁919；程千帆引金代王若虛《滹南遺老集》：「韓王，韓國之後，其姓爲姬，襲封於韓，而非姓也」，認爲這是漢朝時的流俗簡稱用法，司馬遷因循之，見氏著，《史通箋記》（北京：中華書局，1980），〈外篇〉，頁291～292。

〔註245〕《史記三家注》，卷九十三，〈韓信列傳〉，頁2631。

〔註246〕見勞榦，〈漢代的豪彊及其政治上的關係〉，收入氏著，《古代中國的歷史與文化》（臺北：聯經出版事業股份有限公司，2006），上冊，頁297。

〔註247〕對秦漢尺度的估量，因爲有相當數量的漢尺出土可供比較，各地出土的漢

高大，比之「長八尺餘，力能扛鼎」的西楚霸王項羽，〔註248〕亦不遑多讓，在馳馬逐鹿中原，以力爭雄長的戰爭年代，他身材高大的天賦本錢頗佳。

其三，張良游說項梁立韓成爲韓王，項梁肯答應的原因，也是想藉其故韓王族身份，利於號召故韓人，在韓地發展抗秦勢力，〔註249〕以便壯大反秦的力量。〔註250〕韓成於秦二世二年（前208）六月被立，〔註251〕是秦末第一個韓王，至此關東六國王號全部復現。項梁死於定陶之敗，韓王成喪失了背後的支持力量，便投奔楚懷王。在稱韓王這一段期間，韓成明顯未能達成項梁所交付「撫定韓故地」的任務，所以被項羽降廢爲侯，稱韓王前後不到兩年。漢元年（前206）七月，韓王成被殺。〔註252〕

其四，在劉邦西進途中，沛公部隊在攻擊陽城時，韓國司徒張良率領韓兵加入西征軍，在「降下韓故地」時，在民間找到韓王信，將他提拔成韓軍的將領，參與劉邦的西征軍，韓信正式追隨沛公麾下。

從韓地一路隨軍，直到劉邦揮兵攻入關中亡秦，韓王信有多少的野戰功勳雖然不明，至少進入漢中時，他已展露了對時局高明的見識，《史記》中有兩處記載，同樣是談到韓王信對漢王的重要進言，足以讓劉邦對他另眼相看：

> 沛公立爲漢王，韓信從入漢中，迺說漢王曰：「項王王諸將近地，
> 而王獨遠居此，此左遷也。士卒皆山東人，跂而望歸，及其鋒東鄉，

尺在長度上差異不大，從22到24公分都有，23公分可以算是合適的約估中值，參見楊寬，〈中國歷代尺度考——重版後記〉，收入河南省計量局編，《古代度量衡論文集》（鄭州：中州古籍出版社，1990），頁68；林劍鳴以實測後的一秦尺等於23.1厘米，見氏著，《秦史稿》，頁376；國外學者所採用的漢尺也近於此，如（英）崔瑞德、（英）魯惟一編，楊品泉、張書生、陳高華等譯，《劍橋中國秦漢史：公元前221～公元220年》，頁7，採一漢尺爲23.1厘米。

〔註248〕《史記三家注》，卷七，〈項羽本紀〉，頁296；班固記載更具體：「籍長八尺二寸，力扛鼎」，見《漢書》，卷三十一，〈項籍傳〉，頁1796。

〔註249〕此時六國獨缺韓王名號還沒復現，所以立韓公子橫陽君成爲韓王，其目的是「欲以撫定韓地」，見《漢書》，卷三十三，〈韓王信傳〉，頁1852。

〔註250〕張良勸說項梁立韓公子橫陽君成爲王，有「益樹黨」政治效應。項梁委託張良找到韓成，立之爲韓王，見《史記三家注》，卷五十五，〈留侯世家〉，頁2036；清人馮班所謂楚地反秦軍初起，目標在推翻秦朝，須立六國以爲己助是也，見（清）何焯著，崔高維點校，《義門讀書記》（北京：中華書局，1987），上冊，卷十三，〈史記〉，頁201。

〔註251〕見《史記三家注》，卷十六，〈秦楚之際月表第四〉，頁762～763。

〔註252〕見《史記三家注》，卷十六，〈秦楚之際月表第四〉，頁781～783。

可以爭天下。」〔註253〕

　　四月，兵罷戲下，諸侯各就國。漢王之國，項王使卒三萬人從，
楚與諸侯之慕從者數萬人，從杜南入蝕中。去輒燒絕棧道，以備諸
侯盜兵襲之，亦示項羽無東意。至南鄭，諸將及士卒多道亡歸，士
卒皆歌思東歸。韓信說漢王曰：「項羽王諸將之有功者，而王獨居
南鄭，是遷也。軍吏士卒皆山東之人也，日夜跂而望歸，及其鋒而
用之，可以有大功。天下已定，人皆自寧，不可復用。不如決策
東鄉，爭權天下。」〔註254〕

　　這是漢王元年（前206），將領韓王信在漢中南鄭的進言，筆者以為可
分兩個部份來看：

　　其一，展現政治見識，為漢日後「反楚」之正當性立論：項羽「負約，
更立沛公為漢王，王巴、蜀、漢中，都南鄭」，〔註255〕沒有讓立下大功的劉邦
得到關中的封賞，將之封到比較偏遠的漢中及巴、蜀區，其中漢中這塊地盤
還是劉邦自力更生，透過張良向楚方運作得來的，項羽原本是不打算給。〔註
256〕劉邦的主封地巴、蜀雖然可算在廣義的「關中」範圍內，〔註257〕項方勉
可振振有辭自認不違約，跟其他封在關東及關中的諸侯王比起來，漢王遠封
西鄙，可說是被貶抑了。項羽的封法，無視劉邦在關中時，已對秦國百姓公
開諸侯的約定，宣告自己將成三秦之地、關中之主：「吾與諸侯約，先入關中
者王之，吾當王關中。」〔註258〕項羽迫使劉邦吐出沃腴險要的關中三秦之地，
僅給予關中偏鄙的一部份，又沒有相當的補償，憤怒的劉邦在部下的安撫勸
告下，才克制出兵的衝動。〔註259〕韓王信「左遷」的說法，直指項楚分封不
公，不但說出漢王受委曲的心聲，也為將來漢之反楚的正當性立論。

　　其二，為陷於困境與劣勢的漢王策畫圖謀突破之道：漢王的部下大多是關
東人，秦朝既已被滅，大仗可說打完了，理論上是承平復員的時侯，將領兵士

〔註253〕《史記三家注》，卷九十三，〈韓信列傳〉，頁2632。
〔註254〕《史記三家注》，卷八，〈高祖本紀〉，頁367。
〔註255〕《史記三家注》，卷八，〈高祖本紀〉，頁365。
〔註256〕張良以厚禮致贈項伯，透過項伯說好話，替劉邦請求漢中之地，項王許之，
　　　　漢王才能得到漢中，見《史記三家注》，卷五十五，〈留侯世家〉，頁2038。
〔註257〕邢義田，〈試釋漢代的關東、關西與山東、山西〉，收入氏著，《秦漢史論稿》
　　　　（臺北：東大圖書股份有限公司，1987），頁112。
〔註258〕《史記三家注》，卷八，〈高祖本紀〉，頁362。
〔註259〕《漢書》，卷三十九，〈蕭何傳〉，頁2006。

們心繫東方故鄉，想要回鄉與家人相聚。漢王就封，部隊行進漢中的路上，漢軍內部濃烈的鄉愁彌漫，軍士們接連開小差，不斷出現逃兵，嚴重到連將領都逃了幾十個，〔註260〕漢軍面臨戰力大萎縮的危機，困境與日俱增。與其在漢中、巴、蜀坐待將散兵離，不如利用兵卒這股想要東向回鄉的強大力量，順勢舉兵東進，帶著這批關東子弟向東打回去，危機將成爭霸天下的轉機。

韓王信的「左遷」之說，可爲漢方未來反楚正當性立下基調，「及其鋒東鄉」的策略，建議勇於與項羽鬥爭，既可解決漢王所受不公的委屈，又替整個集團的困境打開出路。他的見解與策略受到漢王的重視，個人的政治前途因之水漲船高。

南北朝的徐廣，〔註261〕其注解《史記》時，已特別注明此策是韓王信所言，非淮陰侯韓信，〔註262〕但仍不免引起後人的懷疑，如清儒顧炎武疑漢中時的「韓王信說漢王語，乃淮陰侯韓信語也，以同姓名而誤」，〔註263〕他認爲「及其鋒東鄉，可以爭天下」的建議者應該是淮陰侯韓信，不是韓王信。顧炎武的懷疑不爲無因，一來巧的是淮陰侯韓信也差不多於此時棄楚投漢，「漢王之入蜀，信亡楚歸漢」，〔註264〕二來兩個同名的韓信軍事能力並不相同，難免令人啓疑，此功莫非彼功。

筆者認爲比較兩個韓信的崛起，或可解決此功莫非彼功的疑義：淮陰侯韓信由楚投漢之初沒沒無聞，漢王「未之奇也」，非但沒有得到重視，還險些性命不保，先是幾乎被殺，僥倖不死後加入逃兵行列，歷經一番波折，如果不是遇到丞相蕭何把他追回來，以「國士無雙」極高評價推薦給漢王劉邦，他是無法獲得不次超擢的機會。〔註265〕所以淮陰侯韓信由楚歸漢，短短幾個月內，從階下囚到拜爲大將，重要推手是蕭何。而韓王信跟隨沛公入關，初期無顯著戰功的記載，也沒有獲得重要職務，張良更沒有像蕭何般出大力推

〔註260〕見《史記三家注》，卷九十二，〈淮陰侯列傳〉，頁2611。

〔註261〕徐廣卒於劉宋太祖文皇帝元嘉二年（425），年七十四，見《宋書》（臺北：鼎文書局，1998），卷五十五，〈徐廣傳〉，頁1549。

〔註262〕《史記三家注》，卷八，〈高祖本紀〉，《集解》引徐廣之注，頁367。

〔註263〕（清）顧炎武著，黃汝成集釋，樂保羣、呂宗力點校，《日知錄集釋》（上海：上海古籍出版社，2006），下冊，卷二十六，〈史記〉，條，頁1434；崔適《史記探源》亦力主此說，見氏著，張烈點校，《史記探源》（北京：中華書局，1986），卷三，〈高祖本紀〉，頁61～62。

〔註264〕《史記三家注》，卷九十二，〈淮陰侯列傳〉，頁2610。

〔註265〕見《史記三家注》，卷九十二，〈淮陰侯列傳〉，頁2610～2611。

薦，就在漢王還定三秦後，韓王信卻倏忽被拔擢，其關鍵在哪裏？「及其鋒東鄉」的策略如果照太史公所述，是韓王信跟隨到漢中期間的獻策，因而獲得漢王的賞識，隨之一躍爲韓太尉，再躍爲韓王，足可解釋其政治地位倏獲擢升之因。

劉邦在出兵關中後，先許諾韓王信將來可稱韓王，未王前先拜爲「韓太尉」，領一支兵爭奪韓地。〔註266〕此時韓地原來的韓王成，先是被項羽帶到彭城廢爲侯，〔註267〕漢王元年（前206）六月時被殺，七月，項羽立了新韓王鄭昌。〔註268〕項羽派給韓王鄭昌的任務是守韓抗漢，阻擋劉邦派來的韓太尉，〔註269〕於是在韓地形成項王指派的「韓王」與漢王派來的「韓太尉」兩人之爭。韓王終鬥不過韓太尉，鄭昌投降，昌下信上，韓太尉躍登爲韓王，漢王兌現了他的政治承諾。從秦二世三年（前207），到漢王二年（前205）十月，〔註270〕憑故韓王族身份，本身的見識能力，略定韓地有功，韓王信在很短的時間內，從編戶民到將領、太尉，最後成爲韓王。

韓王信稱王前後，頗有軍功表現：

> 漢二年，韓信略定韓十餘城。漢王至河南，韓信急擊韓王昌陽城。昌降，漢王迺立韓信爲韓王，常將韓兵從。三年，漢王出滎陽，韓王信、周苛等守滎陽。及楚敗滎陽，信降楚，已而得亡，復歸漢，漢復立以爲韓王，竟從擊破項籍，天下定。五年春，遂與剖符爲韓王，王潁川。〔註271〕

韓王信稱王前的軍功，最重要的是打下韓地十餘城，又擊降項羽所立的韓王鄭昌，替漢王清除項楚設下的河南防線；稱王後，韓王信率領韓兵跟從漢王打仗，漢三年（前204），與周苛、魏豹、樅公等共守滎陽，結果敗戰失地，魏、周、樅三人皆死，韓王信遭生擒降楚，〔註272〕稍後逃回漢方。漢王沒有追究韓王信降敵之責，仍讓他續任韓王，一直追隨到漢方打敗楚方。在

〔註266〕《史記三家注》，卷九十三，〈韓信列傳〉，頁2632。
〔註267〕見《史記三家注》，卷七，〈項羽本紀〉，頁320。
〔註268〕見《史記三家注》，卷十六，〈秦楚之際月表第四〉，頁782～783。
〔註269〕見《史記三家注》，卷八，〈高祖本紀〉，頁368；《史記三家注》，卷九十三，〈韓信列傳〉，頁2632。
〔註270〕見《史記三家注》，卷八，〈高祖本紀〉，頁369；《史記三家注》，卷十六，〈秦楚之際月表第四〉，頁784。
〔註271〕《史記三家注》，卷九十三，〈韓信列傳〉，頁2632。
〔註272〕見《史記三家注》，卷八，〈高祖本紀〉，頁374。

這次滎陽失守事件中，魏豹是被忠於漢方的周苛與樅公所殺，〔註273〕周、樅兩人不肯降楚，乃至於死節，與韓王信為了活命而投降，兩相對照之下，其高下立判。韓王信這次短暫變節投敵，不管降敵的考量是什麼，在與漢王的關係上，君臣之間留下揮之不去的陰影，在日後發生影響。〔註274〕

表面上看，韓王信稱王後，軍功似無特別表現，甚至留下投敵的不良記錄，實則韓地的戰事棘手異常。楚漢相爭初期，雙方集結重兵，在韓地鏖戰數年，你來我往，「漢與楚相距滎陽數歲」，〔註275〕「戰滎陽，爭成皋之口，大戰七十，小戰四十」，〔註276〕韓地可說是楚漢對決，廝殺激烈之處，韓王信被派在最激烈的河南戰場，面對的是戰鬥力強勁的楚軍精銳，楚軍統帥項羽「力能扛鼎，才氣過人」，「喑噁叱吒，千人皆廢」，〔註277〕「所當者破，所擊者服，未嘗敗北」，〔註278〕項王本人衝鋒陷陣、剽悍絕倫，是頂尖優秀的野戰將領。〔註279〕韓地在楚漢相爭中，是軍事壓力巨大的一線戰場，在這裏打仗要有傑出的軍事表現不容易，考慮這個因素後，韓王信在河南發揮的作用才不會被低估。

決戰垓下的結果是漢勝楚敗，漢王五年（前202）二月，漢王劉邦即皇帝位於氾水之陽，〔註280〕天下定鼎一尊。雲集於漢王麾下，共打天下的支持者，現在成了開國功臣。眾多功臣中又以非嫡系「淮泗集團」的「雜牌」追隨者居功厥偉，不論是迫於以前的成約及當時的形勢而言，〔註281〕漢王都必須有

〔註273〕魏豹在滎陽受楚包圍時，被周苛、樅公所殺，見《史記三家注》，卷九十，〈魏豹列傳〉，頁2590。

〔註274〕漢高帝十一年（前196），韓王信與匈奴聯合與漢作戰時，對柴將軍承認自己有三大罪，其中之一即滎陽陷落時投降項羽，見《史記三家注》，卷九十三，〈韓信列傳〉，頁2635。

〔註275〕《史記三家注》，卷八，〈高祖本紀〉，頁373；及《史記三家注》，卷五十三，〈蕭相國世家〉，頁2016。

〔註276〕《史記三家注》，卷九十九，〈劉敬列傳〉，頁2716。

〔註277〕《史記三家注》，卷九十二，〈淮陰侯列傳〉，頁2610。

〔註278〕項羽勇武過人，又擅於指揮軍隊野戰，除垓下之役外，戰陣上從未敗北，他也以此自負，見《史記三家注》，卷七，〈項羽本紀〉，頁334。

〔註279〕錢穆盛讚霍去病將兵相比項王未為多遜，且提及唐人詩獨數漢將霍去病非虛譽，是錢氏以為項羽有傑出的將兵能力，見氏著，《國史大綱》，上冊，收入氏著，錢賓四先生全集編委會整理，《錢賓四先生全集》，乙編，第二十七冊，頁233。

〔註280〕《史記三家注》，卷八，〈高祖本紀〉，頁378～379。

〔註281〕傅樂成將劉邦的功臣分為兩類：一類是與劉邦有私誼且對其忠實的「淮泗集團」，另一類是舉義後陸續加入無私人密切連繫的「雜牌」，見傅樂成，〈西漢的幾個政治集團〉，收入氏著，《漢唐史論集》，頁3～4。

所表示，或裂土封爵，或確認他們的地位。功臣中封了七大異姓王，〔註282〕其中韓王信早於漢王二年（前205）就封韓王了，已經高居王位了，基本上也沒辦法再高昇加爵，能調整的只有封土領地的部份。

早在楚漢相爭期，漢王對所封諸王已有戒心，採取「封而調離」的方式，減少諸侯王在封國內形成尾大不掉之局，以降低封建割據危害。〔註283〕七大異姓諸侯國中，相比之下，韓國的疆域雖然相對小得多，但雄據中原腹心之地，對漢的威脅性仍大。漢帝讓韓王信立國於韓地沒多久，就將韓國向北移徙：

> 明年春，上以韓信材武，所王北近鞏、洛，南迫宛、葉，東有淮陽，皆天下勁兵處，迺詔徙韓王信王太原以北，備禦胡，都晉陽。〔註284〕

漢高帝移徙韓國的考量，主要基於「人」與「地」兩方面。先說人的部份，劉邦認為韓王信「材武」，《辭源》對「材武」的解釋是：「有材力而又勇武」，而「材力」的意思是「勇力、膂力」，或指「才能」，〔註285〕以一個爭戰沙場的武將得到「材武」評價，漢帝是肯定其具備一定能力的；再說地的部份，漢初韓國重新立國，其疆域的大小近於戰國末期故韓國的地域，比之戰國初期韓國範圍，已不可同日而語，而鞏縣、雒陽雖不在潁川郡內，〔註286〕但韓國國勢較強的時期，是據有這些戰略要地的。

戰國時代諸侯彼此攻戰不已，各國領土因爭戰不斷變遷調整，韓國國勢比較強的時期，北從成皋，越黃河至上黨，南至宛，西至宜陽、商阪，東臨洧水，有地九百里餘里，〔註287〕其疆域差不多包括今日山西省東南部和河南省中部一帶，〔註288〕至少相當於漢代時的潁川郡、南陽郡、河南郡及上黨郡

〔註282〕《史記三家注》，卷八，〈高祖本紀〉，頁380。
〔註283〕宋公文，〈論楚漢戰爭時期項羽和劉邦的分封〉，收入中國秦漢史研究會編，《秦漢史論叢》（西安：陝西人民出版社，1981），第一輯，頁88。
〔註284〕《史記三家注》，卷九十三，〈韓信列傳〉，頁2633。
〔註285〕廣東、廣西、湖南、河南辭源修訂組、商務印書館編輯部編，《（大陸版）辭源（單卷合訂本）》（臺北，遠流出版事業有限公司，1988），「材力」、「材武」條，頁0820。
〔註286〕「鞏」、「洛」即今河南鞏縣與洛陽，見史念海，〈鄭韓故城溯源〉，《中國歷史地理論叢》1998.4：12。
〔註287〕范文瀾著，《中國通史簡編》（石家庄：河北教育出版社，2000），上冊，頁70。
〔註288〕楊寬著，《戰國史（增訂版）》，頁280。

之一部份。〔註289〕

　　即使到了戰國晚期，韓國已衰弱不堪，其地理位置仍有無可取代的重要性，所以頓弱對秦王強調「韓，天下之咽喉」，〔註290〕即看重韓地「西扼桃林之塞，東據虎牢之險，號略十邑，其八在韓」的緣故。〔註291〕韓地的陳留也被形容爲「天下之衝，四通五達之郊」。〔註292〕韓國不斷受強秦壓迫，國土遭蠶食日蹙，最終遭秦國併滅時，後代史家甚至以「遂折天下脊」，〔註293〕描述韓滅國對時局產生的影響。秦滅韓後，其地被設爲潁川郡，〔註294〕治陽翟（即今日的河南省禹州市）。〔註295〕

　　戰國時蘇秦曾游說韓王，提到韓地的重要性，值得我們注意：

　　　　蘇秦爲楚合從說韓王曰：「韓北有鞏、洛、成皋之固，西有宜陽、常阪之塞，東有宛、穰、洧水，南有陘山，地方千里，帶甲數十萬。天下之強弓勁弩，皆自韓出。谿子、少府時力、距來，皆射六百步之外。韓卒超足而射，百發不暇止，遠者達胸，近者掩心。韓卒之劍戟，皆出於冥山、棠谿、墨陽、合伯膊。鄧師、宛馮、龍淵、大阿，皆陸斷馬牛，水擊鵠鴈，當敵即斬堅。甲、盾、鞮、鍪、鐵幕、革抉呋芮，無不畢具。以韓卒之勇，被堅甲，蹠勁弩，帶利劍，一人當百，不足言也。〔註296〕

　　依蘇秦的說法，筆者將韓地的條件簡單歸納爲幾點：

　　其一，士卒習戰：韓卒「一人當百」，是縱橫家的誇飾法，但與強敵相鄰

〔註289〕參見勞榦，〈戰國七雄及其他小國〉，收入氏著，《古代中國的歷史與文化》，頁79。勞文未提及河南郡，韓強之時當包括部份相當於漢代的河南郡之地。

〔註290〕（漢）劉向集錄，《戰國策》，卷六，〈秦王欲見頓弱〉，頁239。

〔註291〕梁啓超分析頓弱的看法，見氏著，《戰國載記》，收入氏著，張品興主編，《梁啓超合集》，第十二卷，〈先秦政治思想史〉，頁3532。

〔註292〕《史記三家注》，卷九十七，〈酈生列傳〉，頁2693。

〔註293〕（宋）歐陽修、宋祁等撰，《新唐書》（臺北：鼎文書局，1998），卷一百六十六，〈杜牧傳〉，頁5094。

〔註294〕見《史記三家注》，卷六，〈秦始王本紀〉，頁232；《史記三家注》，卷四十五，〈韓世家〉，頁1787。

〔註295〕見中國歷史大辭典歷史地理卷編纂委員會編，《中國歷史大辭典·歷史地理卷》，〈陽翟〉，頁375。

〔註296〕（漢）劉向集錄，《戰國策》，卷二十六，〈蘇秦爲楚合從說韓王〉，頁930；《史記三家注》所記蘇秦說韓宣王的言辭，與《戰國策》此篇的文字小異，見《史記三家注》，卷四十三，〈趙世家〉，頁1825。

的地理因素，使得韓國對外爭戰不斷，造就「軍士慣習，倍於餘國」的局面，〔註297〕韓國士兵習於戰鬥，戰力堅強，才得以弱國而長期存活於戰國之世。而淮陽之地，長久以來多出材武之士，確是勁兵所在。〔註298〕

其二，形勢險要：狹義的中原指今日的河南省，〔註299〕而韓國正位處河南，居於中原心腹之地，控制了三川要地，是關中東出的必經之道，秦國攻伐東方各國的孔道，〔註300〕長期是形勢險要的戰略要地。在楚漢相爭時，兩方在韓地激烈惡鬥，纏戰數年，「戰滎陽，爭成皋之口，大戰七十，小戰四十」，兩軍死命力爭滎陽、成皋，可知其地之重要，「當時運輸的道路，大抵是在滎陽以下，分許多運河總共集中在滎陽，停儲在敖倉再行轉運上去」，〔註301〕滎陽是當時的軍事重鎮、水運交通樞紐、大糧倉，是韓國要害之處，兵家必爭之地。〔註302〕

楚漢相爭結束後，漢朝即使已定鼎一尊，但兩漢時期，內部只要發生奪權政爭，必需採取軍事行動時，首一步驟就是扼守滎陽，試舉其例如下：

（一）高帝死時（前195），呂后唯恐孤兒寡母，不易臣服眾多元老宿將，有意籍誅殺威懾大臣，一得知元老們已「將十萬守滎陽」後，就改變盡殺元老功臣的主意。〔註303〕

（二）呂后死時（前180），劉氏宗室與淮泗功臣集團合作奪權，打算發動政變誅除諸呂，反呂氏的大將軍穎陰侯灌嬰出京後，即勒重兵留屯滎陽待變，以兵威壓迫關中，直到政變成功。〔註304〕

〔註297〕《史記三家注》，卷四十三，〈趙世家〉，頁1825。
〔註298〕陳直以居延漢簡田卒籍貫隸於淮陽者，確比其他各郡的人數多，證明淮陽在西漢出材武之士，見氏著，《漢書新證》，〈韓彭英盧吳傳〉，頁239。
〔註299〕單遠慕撰，《中原文化志》，收入寧可主編《中華文化通志・地域文化典》（上海：上海人民出版社，1998），頁1。
〔註300〕勞榦，〈戰國七雄及其他小國〉，收入勞榦著，《古代中國的歷史與文化》，頁79。
〔註301〕勞榦，〈兩漢戶籍與地理之關係〉，收入氏撰，《勞榦學術論文集甲編》，上冊，頁7。
〔註302〕參見程遠荃、花金委主編，滎陽市志總編輯室編，《滎陽市志》（北京：新華出版社，1996），頁2。
〔註303〕《史記三家注》，卷九，〈呂太后本紀〉，頁392。
〔註304〕《史記三家注》，卷九，〈呂太后本紀〉，頁407；蘇軾以為劉、呂一決雌雄之際，灌嬰連兵在外，是雙方勝敗的關鍵人物，見（宋）蘇軾，《賈誼論》，收入（明）茅維編，孔凡禮點校，《蘇軾文集》（北京：中華書局，1986），卷四，〈論〉，頁106。

（三）漢文帝三年（前 177），濟北王興居趁文帝不在京師時造反，第一件要做的事就「發兵欲襲滎陽」，文帝部署反擊措施，也是趕快派祁侯繒賀爲將軍，控制住滎陽。〔註305〕

（四）漢景帝三年（前155）七國之亂變生，漢廷迅速任命大將軍竇嬰屯駐滎陽，太尉周亞夫受命出關後，也立即趕往滎陽與軍隊會合，周亞夫且豪語「吾據滎陽，以東無足憂者」，還沒與七國叛軍交戰，已能勝券在握。〔註306〕

（五）漢武帝元狩元年（前 122），淮南王劉安圖謀造反，所擬的戰略計畫仍是先據韓地：

> 今我令樓緩先要成皋之口，周被下潁川兵塞轘轅、伊闕之道，
> 陳定發南陽兵守武關……人言曰「絕成皋之口，天下不通」。據三
> 川之險，招山東之兵，舉事如此，公以爲何如？〔註307〕

（六）又過了三百多年的東漢末年，因董卓把持朝政，而有初平元年（190）關東州郡勤王之師會集共討之事，曹操建議會集於酸棗的反卓諸侯義軍之策略還是「守成皋，據敖倉，塞轘轅、太谷，全制其險」。〔註308〕

其三，器械精利：兵器精利的部份，與金屬鍛造技術有關，目前的考古資料證明，韓國是很早掌握先進鑄鐵技術的地區：

> 韓國是較早掌握鐵料柔軟化處理，使之成爲可鍛鑄鐵和鑄鐵脫碳
> 鋼技術的國家。這種技術在中行戰國鑄鐵遺址的應用也是極爲普遍
> 的。用這種技術處理過的鐵料，再加工成不同種類的鐵器。這種鑄鐵
> 脫碳材料的較多生產，大大擴大了脫碳材料的應用範圍，也大大提高
> 了鑄鐵工具的質量，使冶鐵技術進入了一個新的階段。〔註309〕

形勢險要又掌握製造犀利兵器的金屬技術，加上處於四戰之地，人民保有勇武習尚，方足以立國，〔註310〕韓地確實是「天下勁兵處」。蘇秦還漏說了一點，即《鹽鐵論》中提到十處「富冠海內，皆爲天下名都」的經濟發達之

〔註305〕《史記三家注》，卷十，〈孝文本紀〉，頁425～426。
〔註306〕《史記三家注》，卷一百六，〈吳王濞列傳〉，頁2830～2831。
〔註307〕《史記三家注》，卷一百一十八，〈淮南列傳〉，頁3089～3090。
〔註308〕（西晉）陳壽，《三國志》，卷一，〈武帝紀〉，頁6～7。
〔註309〕河南省文物考古研究所編著，《新鄭鄭國祭祀遺址》（鄭州：大象出版社，2006），頁941。
〔註310〕史念海，〈論戰國時期稱雄諸侯各國間的關係及其所受地理環境的影響〉，收入氏著，《河山集》，第四集，頁343～346。

地，陽翟名列其中。〔註311〕對剛立國的漢朝來說，這樣的地方當然很重要，漢高帝既有猜忌韓王信之意，〔註312〕自然想掌握韓地，或另交付給忠心更加無虞之人。

　　從勸說漢王「及其鋒東鄉」、「略韓地」降鄭昌、「守滎陽」，到「從擊破項籍」，韓王信的軍事才能殆無可疑，漢高帝評價韓王信的能力是「材武」；而韓地是中原心腹，有高度的戰略地位，韓王信是河南本地人，在地有強宗大族勢力，身歷戰陣，過去雖曾犯下臨危降敵的過錯，但本人有相當用兵的軍事能力，漢高帝決定賦予他新的任務，將其移徙到太原以北，都晉陽，防備北方的匈奴。

　　有學者認為漢高帝移徙韓王信的原因是為了其「削弱軍事力量」與「遠離京城」，如此，韓王信一但反叛，漢朝中央有充裕的時間應變，不會危及中央政權。〔註313〕然此說有所矛盾，因為匈奴是勁敵，若不讓韓王信具相當的武裝力量，連自保的能力都沒有的話，遑論防守北方，那就失去禦胡備邊目的。所以韓王到了太原，不但地盤大增，其直接統轄的戰鬥部隊人數，還應多於潁川之時，將其移徙北方是遠離京城了，但無法達到削弱其軍事力量的作用。

　　另有一說，認為劉邦詔徙韓王信於太原的動機不是猜忌，而是看重他「材武」，及所王「皆天下精兵處」的經歷，指望他能負起禦胡重任。〔註314〕漢高帝的考量如全著眼於此，其移封的決策考量也有欠周延之處，韓王信有政治地位，是擁有兵、吏、民、地的諸侯王，韓國儼為漢朝敵體，無現實面的政治酬庸，漢廷欲以「難與苦」的禦胡之任，置換「易與樂」的故地之封，一廂情願以威令而行，終究難以避免後遺症，下面將對此加以論述。

　　王船山認為劉邦北徙韓國的政治決定，韓王信很難樂從，難免有怨懟之意，〔註315〕可謂「被逼遷國」。〔註316〕船山的說法很有道理，筆者試析其理

〔註311〕王利器校注，《鹽鐵論校注（定本）》（北京：中華書局，1992），卷一，〈通有〉，頁41。

〔註312〕呂思勉著，《秦漢史》，上冊，頁58。

〔註313〕崔明德、莊金秋，〈對西漢官員投降匈奴問題的初步考察〉，《煙台大學學報（哲學社會科學版）》21.2（2008）：65～77。

〔註314〕王子今，〈公元前3世紀至公元前2世紀晉陽城市史料考議〉，《晉陽學刊》2010.1：18。

〔註315〕王船山認為韓王信失故韓之封，以是對漢有怨懟之意，見氏著，《讀通鑑論（宋論合刊）》（臺北：里仁出版社，1985），上冊，卷二，〈漢高帝〉，頁18。

如下：

其一，楚漢相爭結束，大仗剛打完，身為漢朝的功臣，並無新犯的政治錯誤，才封到韓地沒多久就要移國，遠離故鄉，人情所不樂。當時的人重視父母之邦，從項王與漢帝對故鄉的依戀，可說是典型故鄉情節的顯現：

> 項王……又心懷思欲東歸，曰：「富貴不歸故鄉，如衣繡夜行，誰知之者！」〔註317〕

> 高祖乃起舞，慷慨傷懷，泣數行下。謂沛父兄曰：「游子悲故鄉。吾雖都關中，萬歲後吾魂魄猶樂思沛……豈吾所生長，極不忘耳」〔註318〕

漢高帝「游子悲故鄉」，談起故鄉慷慨傷懷，甚至流淚涕泣，卻要功成名就的韓王信棄故鄉，移國遠走北方。從周威烈王二十三年（前403），韓取得諸侯名號，〔註319〕至秦王十七年（前230），秦滅韓為止，〔註320〕韓曾立國於河南一百七十三年，現在韓地不韓，韓國候忽移到原來是趙地的太原。〔註321〕韓王與韓兵北移趙地，其無「跂而望歸」乎？

其二，漢廷圖謀「禦胡」其來有自，自冒頓威服北方草原諸國後，對四鄰征討的戰略階段暫告結束，其霸業已成，匈奴聲勢如日方中，對侵盜虛弱的中原轉趨積極，漢政權倍受到匈奴的威脅。在漢高帝七年（前200）之後，劉邦倚任為郡守，在漢中任職長達十多年，被漢文帝稱為長者的田叔為孟舒申辯奏對時，曾指明冒頓掃橫北方草原後，南下脅擾漢邊的情況：

> 漢與楚相距，師卒罷敝，匈奴冒頓新服北夷，來為邊害。〔註322〕

楚漢相爭時，漢對匈奴入侵無力處理，只能消極性防禦，待項楚敗亡，去除心腹之患，邊害的問題終於提到議程上，漢政權面對這個棘手的外患難題，繼河上郡北境修繕邊防要塞工事，及從關中派出兵卒守塞等禦北等措施後，此時再移韓王信於太原以抵禦匈奴。

〔註316〕孟祥才，〈論劉邦分封諸侯王〉，收入氏著，《秦漢人物散論》（上海：上海古籍出版社，2005），頁76。林劍鳴認為北徙之舉，顯然有排擠韓王信之意，見氏著，《新編秦漢史》，頁367。

〔註317〕《史記三家注》，卷七，〈項羽本紀〉，頁315。

〔註318〕《史記三家注》，卷八，〈高祖本紀〉，頁389～390。

〔註319〕《史記三家注》，卷四，〈周本紀〉，頁158。

〔註320〕《史記三家注》，卷六，〈秦始皇本紀〉，頁232。

〔註321〕秦使蒙驁取太原於趙，見《史記三家注》，卷五，〈秦本紀〉，頁217。

〔註322〕見《史記三家注》，卷一百四，〈田叔列傳〉，頁2776。

　　韓王信移國太原，都晉陽，負責防備北方的匈奴，這是一件苦差事。秦朝時，匈奴的力量強大，秦始皇三十二年（前215）派蒙恬攻北攻匈奴的兵力就達三十萬人，〔註323〕匈奴一時雖敗，不到十年內，在新單于冒頓領導下，匈奴的國力更盛從前，漢高帝委派的「禦胡」任務顯然是很吃力的工作。韓國新領地太原位處北方邊地，備受強匈悍胡擾脅，而舊領地潁川是中原精華所在，周遭沒有外患，以簡易難，人情所不悅耳。

　　其三，自戰國以來，黃河中游地域交通四通八達，大城多且經濟繁榮，而三晉的邊地，除了國都外，大體上城市不密集且小規模，經濟較不發達。〔註324〕趙國北部及燕地接近游牧民族，《史記・貨殖列傳》將之分畫入「邊地」之區。〔註325〕陽翟城的經濟發展富庶，直到漢代還是中原十分重要的都市，〔註326〕潁川郡位處河南中部，交通便利，兩相比較之下，韓王信離此北向移國，其地不益美而責益重，豈所願乎？

　　其四，劉邦稱帝（前202）不到一年，已拔除了七大異姓諸侯中的兩個：燕王臧荼及楚王韓信。臧荼在楚漢相爭時功績不顯，燕地又偏鄙，遭到擒廢的政治效應不大，楚王韓信則不同，楚漢相爭時，成信侯張良就極讚賞其能力，向漢王推薦可托付大事，令其獨當一面；〔註327〕漢定鼎一尊後，漢帝也公開在眾臣面前稱譽韓信「連百萬之軍，戰必勝，攻必取」之能，是漢朝得以建立的三大功臣。〔註328〕「漢之所以得天下者，大抵皆信之功也」，〔註329〕像這樣勳業彪炳、聲名震動天下的大功臣，〔註330〕只因有人上書「告反」，在

〔註323〕《史記三家注》，卷六，〈秦始皇本紀〉，頁252。

〔註324〕（日）江村治樹著，徐世虹譯，〈戰國時代的城市和城市統治〉，收入劉俊文主編，《日本中青年學者論中國史：上古秦漢卷》（上海：上海古籍出版社，1995），頁194。

〔註325〕勞榦，〈中國歷史地理——戰國篇〉，收入氏著，《古代中國的歷史與文化》，頁381。

〔註326〕勞榦，〈戰國七雄及其他小國〉，收入氏著，《古代中國的歷史與文化》，頁80。

〔註327〕《史記三家注》，卷五十五，〈留侯世家〉，頁2039。

〔註328〕《史記三家注》，卷八，〈高祖本紀〉，頁380～381；破楚爲彭、黥、韓三人之功，見《史記三家注》，卷五十五，〈留侯世家〉，頁2039。

〔註329〕司馬溫公對淮陰侯韓信在漢朝建立過程中起的作用，有著很高的評價，見（宋）司馬光等著，（宋）胡三省注，《資治通鑑》，卷十二，〈漢紀〉，頁390；清儒王鳴盛推崇韓信的功勞，甚至認爲「漢得天下皆韓信功」，見氏編，黃曙輝點校，《十七史商榷》（上海：上海書店出版社，2005），卷四，〈陳平邪說〉條，頁28。

〔註330〕韓信被降廢後曾拜訪樊噲家，樊噲十分喜出望外，跪拜迎送，禮重逾常，說

毫無實據的情況下，即遭到算計廢降，〔註331〕這是一大警訊！對楚王韓信下重手，其封國爵位說廢就廢，其他諸侯豈不震懾，當此之時，韓王信也只能配合北移，貫徹了漢帝的意志。

對照當年項王逼奪漢王沃腴險要之關中，易以次等的漢中、巴、蜀之地時，漢王怒氣勃發、不可抑遏，〔註332〕當時尚未晉身高層的韓王信就能精闢指出：「王獨遠居此，此左遷也。士卒皆山東人，跂而望歸」，其「左遷」與「跂望」之說，都顯得字字珠璣，句句擊中要害。幾年後易地而處，已貴為王侯的韓王信也落入自己對漢王所提的「左遷」、「跂望」之境，其寧能無感乎？

移國後的韓王信處境頗艱困，「王爵」已是漢朝皇族宗親與功臣封號的極限，〔註333〕地位處在統治層的金字塔頂端，開府建牙稱孤，就算抗擊匈有成，所立下的汗馬功勞都只能歸於不賞之功，〔註334〕對其「材武」已經疑忌的漢帝，也無法再給更大的官了，如果抗匈失敗，喪國失地之責，重如千鈞，〔註335〕不測之禍可期。回徙陽翟故地遙遙無期，力抗強匈恐爪牙羽翼殆盡，立功則無益爵加封之賞，失敗則有除爵殺身之誅，韓王信的政治前途陷於窘境。

出：「大王竟肯光臨寒舍」的話，見《史記三家注》，卷九十二，〈淮陰侯列傳〉，頁 2628。以樊噲的身份（掌權的淮泗親貴核心成員），對無權無勢的韓信尚恭敬如此，蓋敬服其勳業功績故。

〔註331〕《史記三家注》，卷九十二，〈淮陰侯列傳〉，頁 2627。韓信造反無據，否則以漢高祖對其猜忌之深，造反對漢政權而言是夷滅三族的重罪，不會只遭廢降而已。

〔註332〕漢王怨忿項王之安排至深，欲出兵抗擊，蕭何止之，見《漢書》，卷一上，〈高帝紀〉，頁28。

〔註333〕高帝十二年三月詔，劉邦詔書自言有功者最高者予之「王」位，見《漢書》，卷一下，〈高帝紀〉，頁78；趙德義、汪興明主編，《中國歷代官職辭典》（北京：團結出版社，1999），〈王〉條，頁 400；倉修良主編，魏得良、王能毅副主編，《史記辭典》，頁44。

〔註334〕蒯生勸時任齊王韓信的話：「臣聞勇略震主者身危，而功蓋天下者不賞」，在此也同樣適用於韓王信，見《史記三家注》，卷九十二，〈淮陰侯列傳〉，頁2625。

〔註335〕西漢守邊塞的軍事責任至重，以漢文帝時發生的雲中守魏尚下吏罰作事件為例，雲中守魏尚守職盡職，上功莫府時，只因首虜差了六級的小事，就下吏、削爵、罰作，所以中郎署長馮唐替他抱不平，認為漢帝的「法太明，賞太輕，罰太重」，《史記三家注》，卷一百二，〈馮唐列傳〉，頁2758～2759。《史記三家注》，卷十，〈孝文本紀〉，頁 433，記載漢文帝「專務以德化民」，其對邊將究責尚嚴屬如是，餘可知。

按照漢帝的計畫，韓國北徙後，都治於晉陽，擔負起禦胡重任。但中央朝廷的計畫遠趕不上地方情勢的變化，新的變化是：人到了北方的韓王信，居然很快就擬定了一個自己的新計畫：

> 信上書曰：「國被邊，匈奴數入，晉陽去塞遠，請治馬邑。」上許之，信乃徙治馬邑。〔註336〕

王侯徙治是大事，勢必要得到中央的批准才行，韓王信上書，請求從「晉陽」移都到更北的「馬邑」去，理由是「封國土地鄰近邊界，匈奴常常入侵，從晉陽出兵至邊塞抗擊胡人，比不上從馬邑出兵的距離近，請求移都到馬邑」。馬邑確實遠在晉陽北方，是更靠近胡、漢的邊塞，如果不考量其他因素，以兵貴神速來講，從馬邑出發反擊南下進犯的匈奴會比晉陽理想，起碼路程近很多。

我們首先了解一下馬邑的位置及重要性，這裏是塞內外交通要衝所在，《太平寰宇記》引《冀州圖經》云：

> 引入塞三道，自周、秦、漢、魏以來，前後出師北伐，唯有三道：其中道正北發太原，經雁門、馬邑、雲中，出五原塞，直向龍城，即匈奴單于十月大會祭天之所也〔註337〕

馬邑是長城內外交通的軍事重鎮，位於匈奴與漢地往來三條大道上，是中路單于庭龍城通往漢地太原的必經之地，以軍事需求為由移治確有其理。移徙到北方太原後，韓王信的任務與地位類似漢朝派駐於北疆的軍防司令，他以「軍情所需」要求移治，符合漢皇帝派他到北方禦敵的目的，於是中央同意了韓王信的請求。就這樣，韓王信從「晉陽」徙治「馬邑」。

對韓王信決定徙治馬邑的動機，學者有不同的推斷，王船山認為此舉陰蓄異志，《讀通鑑論》云：

> 請都馬邑，近塞而易與胡通……早知其志在胡矣。〔註338〕

王船山以移治馬邑近塞，方便與胡人交通，加上後來叛漢為匈奴馬前卒，斷定其移治之舉有投胡倚匈之念。孟祥才則認為移國之舉刺激韓王信，令其疑懼、不滿，為了避免遭到漢朝的毒手，韓王信才從晉陽遷都馬邑，以便危險時可以逃入匈奴，藉以抗漢自保。〔註339〕

〔註336〕見《史記三家注》，卷九十三，〈韓信列傳〉，頁2633。
〔註337〕（宋）樂史撰，王文楚等點校，《太平寰宇記》（北京：中華書局，2007），卷四十九，〈河東道〉十，〈云州〉，頁1036～1037。
〔註338〕王夫之著，《讀通鑑論（宋論合刊）》，上冊，卷二，〈漢高帝〉，頁18。
〔註339〕孟祥才，〈劉邦平定異姓諸侯王述論〉，收入氏著，《秦漢人物散論》，頁137。

　　韓王信徙治是否「陰蓄異志」或「預留逃往匈奴後路」之心，或見仁見智。但韓王信徙治於匆促之間，部署欠缺周詳考量，相關配套措施的後勤支援不足，又未要求中央給予適當的支援等，其徙治計畫確有缺失。塞北懸絕，與內地交通不便，軍事補給困難，所謂「率三十鍾而致一石」，〔註340〕雖非中原內地糧食運往北塞的通則，但笨重的糧食從關東千里迢迢轉運，沿途損耗量極大，千里餽糧是十分艱難的，徙治馬邑的後勤問題比太原時大上許多，這部份問題在下節中予以討論。

　　另外，韓王信從「陽翟」徙國「晉陽」，其封號究竟有沒有從「韓王」改成「代王」，史家有所爭議，緣於《史記》對移國後的相關記載，簡略中有矛盾，與《漢書》又有岐異，致有疑義叢生。贊成韓王信移徙後從「韓國」改封「代國」者，其重要的理由即：移徙後的韓國若只有「太原」一個郡，而韓國的北方尚有「代國」的話，韓國被屏覆在南，「國被邊」的說法不能成立，另外，韓王信把國都從「韓國」晉陽，跨國移到「代國」境內的馬邑，其做法也不合理，若「韓王」改封「代王」，則問題迎刃而解。〔註341〕宮崎市定與西嶋定生氏皆認爲漢初將韓王信從韓地遷往山西北部的代地，已經將之改爲代王，逕稱呼其爲代王。〔註342〕

　　主張韓王信沒有改封代王者，如清儒梁玉繩所考，他以《史記》在〈漢興以來諸侯王年表〉中失列韓國，又與代共爲一格，所以令人產生誤會；〔註343〕漢帝將韓王信的韓國北移太原，應未將其改封代王，《史記》在〈漢興以來諸侯王年表〉，的記載確有疏誤。〔註344〕至於國被邊的問題，若代地多沒之

〔註340〕《史記三家注》，卷一百一十二，〈主父偃列傳〉，頁2954。

〔註341〕有關韓王信移徙後改封「代」的說法，杜呈輝以三篇論文論述，見氏著〈代王韓信考〉，《滄桑》1995.5：41～44；〈代王韓信考辨〉，《雁北師院學報（文科版）》29（1995.2）：47～50；〈代王韓信考辨（二）〉，《雁北師院學報（文科版）》33（1995.5）：34～37。杜呈輝以改封的問題，主要出於《漢書》的記載有誤，致使後世多數人誤認移徙後的韓王信仍爲韓王。

〔註342〕（日）宮崎市定著，邱添生譯，《中國史》（臺北：華世出版社，1980），頁163～164；西嶋定生亦認爲漢高祖六年（前201）改封韓王信爲代王，見氏著，黃耀能譯，《白話秦漢史》（臺北：三民書局總經銷，1988），頁121，然西嶋氏在書內另敘述漢高帝六年（前201）正月，以兄喜爲代王，如此則同一時期代王有兩人，似自相抵觸，見西嶋氏同書，頁66。

〔註343〕（清）梁玉繩撰，《史記志疑》，卷十，〈漢諸侯王年表〉，頁474。

〔註344〕韓兆琦編著，《史記箋證》（南昌：江西出版集團・江西人民出版社，2009），〈漢興以來諸侯王年表〉，頁1293。

於胡，無法有屏蔽太原的作用，則太原可說是被邊。〔註345〕上文已提及漢已封劉仲爲代王，韓王信移徙王號只能續爲韓王，否則漢境將同時存在兩代王，至此改封與否已昭然若揭。

　　幾個月前燕王臧荼被抓，新燕王盧綰是漢帝親信；立不世功勳的楚王韓信被黜爲淮陰侯，毫無功績的劉交、劉仲、劉肥三人，一步登天爲王，其中劉肥更是立得肥缺，稱王齊國。對比劉姓諸王封據內地饒邑，乘堅策肥，無功得高賞，韓王信遠徙邊塞拒狼虎般強寇，其貶賞自明，只是眼見功大如楚王韓信者，尚且中了漢帝的算計而不保，在形勢比人強之下，韓王僅能稽首聽命。

　　晉北正當匈奴單于王庭要衝，韓國甫遷徙過來，禦敵作用還有待發揮之際，韓王信就向中央報告：「匈奴數入」。匈奴屢次進犯入寇，除了奪取財貨、人、畜外，似有試探性質，此時韓王信勇於棄晉陽移治馬邑，把兵力北推直逼近塞，看似欲阻敵於前線的做法，但相鄰的趙、代無法配合拱衛的話，馬邑反突兀成救援補給雙難的孤塞。匈奴兵的前鋒部隊都來過幾次了，不難看出韓王信處境孤立的情況，對外爭戰十年，老於用兵的冒頓單于很快就看清漢朝北方雁、代邊境的形勢，待秋高馬肥，匈奴騎兵果然直撲馬邑而來。

〔註345〕周振鶴著，《西漢政區地理》，頁 72。

第四章　漢匈的決戰與妥協

第一節　馬邑之圍與漢匈關係的決裂

　　晉陽是太原郡治所在，[註1] 其地理位置約於現在山西省太原市西南。[註2] 在秦代因有舊都城的發展基礎，算是當時北方比較大的城市。[註3] 而馬邑轄於雁門郡，[註4] 治約於現在山西省的朔州市，[註5] 在秦始皇時以土建城，城圍九里多。[註6] 純以距離而言，移治馬邑距離北方的匈奴較近。但《孫子兵法》談到將領作戰決斷，須同時兼顧地形與距離遠近兩個部份：

　　　　夫地形者，兵之助也，料敵制勝，計險阨、遠近，上將之道

　　也。[註7]

　　韓王信以距離遠近爲考量，將兵力北推，移治馬邑看似沒有問題，但似忽略了孫子所言「地形」另一重點，即「計險阨」的部份。

　　山西全境位處黃土高原，從地理環境來看，其內部原面破碎，高原中部

〔註 1〕 太原郡治晉陽城，見（北魏）酈道元著，陳橋驛校證，《水經注校證》（北京：中華書局，2007），頁 157。

〔註 2〕 周振鶴編著，《漢書地理志匯釋》（合肥：安徽教育出版社，2006），〈晉陽〉條，頁 72。

〔註 3〕 張鴻雁，〈中國古代城牆文化特質論──中國古代城市結構的文化研究視角〉，《南方文物》1995.4：11～16。

〔註 4〕 《漢書》，卷二十八下，〈地理志〉，頁 1621。

〔註 5〕 周振鶴編著，《漢書地理志匯釋》，〈馬邑〉條，頁 395。

〔註 6〕 霍殿鼇等纂，《山西省馬邑縣志》（臺北：成文出版社，1968），頁 52。

〔註 7〕 （東周）孫武撰，（魏）曹操等注，楊丙安校理，《十一家注孫子校理》，〈地形篇〉，頁 226。

斷層陷落形五大盆地，從北向南是大同盆地、忻定（忻縣）盆地、太原盆地、臨汾盆地、運城盆地。〔註8〕馬邑在山西最北的大同盆地內，晉陽則在中間的太原盆地內，兩者中間隔著忻定盆地與句注山，盆地與盆地間的交通遠不如平原便利，穿行於句注山雁門關的山道，不論關內或關北的路段，皆有崎嶇險峻難行之處。

位於句注山以北大同盆地內，隸屬於雁門郡的馬邑（見附圖九漢高帝六年雁門、代形勢圖），位於邊境且宜農宜牧的地理環境，〔註9〕成爲漢、匈兩國接壤處的烽火邊地。漢興以來，爾後長達幾十年的時間，漢朝都無法阻擋南下的匈奴騎兵長驅直入雁北。在漢武帝準備以武力大舉對付匈奴時，元光二年（前133），大行王恢才會建議在匈奴可輕易到達的馬邑設伏誘擊。〔註10〕

韓王信重「近塞」而徙治，本人駐防馬邑，把韓國的主力兵團從雁南晉陽向北推移，雖強化保塞衛邊的反擊力量，卻連帶使得雁北的後勤補給需要大增，若戰事發生，急切之間需快速大量援助前線的時候，若後勤供給運輸能力不足以克服雄關險道與盆間的交通不便，則暴露於句注山以北的韓軍主力兵團的戰力將大受影響。《孫子兵法》的〈軍爭篇〉談到：「軍無輜重則亡，無糧食則亡，無委積則亡」，〔註11〕就是著眼於戰時對軍隊充份供應「武器」、「糧食」、「儲備物資」的重要性，一但後勤被切斷，再強的軍隊都無法持久作戰。〔註12〕

若不與鄰近城池形成相互犄角馳援的強固防衛力量，並強化後勤補給支援的功能，徙治馬邑形同孤軍深入的情況，韓王計不出此，漢廷則計不及此，匈奴屢次侵襲，很快就抓到句注塞北的軍事佈署防衛漏失，長於軍事攻戰的冒頓單于突破這個缺口，大舉揮軍南下：

> 秋，匈奴冒頓大圍信，信數使使胡求和解。漢發兵救之，疑信

〔註8〕 山西地形參見趙西林、徐頌德、郭光慧等編輯，《中國地圖冊》，〈山西省（晉）〉圖的文字說明，該頁無頁碼；張維邦主編，《山西省經濟地理》（北京：新華出版社，1987），頁5～6。

〔註9〕 馬邑在春秋戰國時即爲民族雜處之地，農業與游牧狩獵經濟活動並存，見牛儒仁主編，《偏關縣志》，卷二，〈地理志〉，頁126。

〔註10〕《漢書》，卷六，〈武帝本紀〉，頁162～163。

〔註11〕（東周）孫武撰，（魏）曹操等注，楊丙安校理，《十一家注孫子校理》，〈軍爭篇〉，頁140。

〔註12〕 強如項軍之善戰，垓下缺糧亦無能久支，見《史記三家注》，卷七，〈項羽本紀〉，頁333。

數閒使，有二心，使人責讓信。信恐誅，因與匈奴約共攻漢，反，
以馬邑降胡，擊太原。〔註13〕

　　匈奴大攻圍馬邑，韓王信降匈奴。匈奴得信，因引兵南於踰句
注，攻太原，至晉陽下。〔註14〕

　　冒頓單于在位第九年（前201），即漢高帝六年秋九月，〔註15〕草原馬肥
力健之時，〔註16〕匈奴大舉南下進攻，突入韓王信的防區，如入無人之境，
大軍包圍住馬邑。受到圍困的韓王信，數次派遣使者赴敵營談判，請求匈奴
罷兵和解。為與敵營首腦展開直接對話，以助判斷敵方意圖，或探知軍情，
釋放迷惑敵人的訊息，爭取等待救援的時間等等，開戰兩軍陣營互遣使者不
足為奇，如楚漢相爭戰火方殷，漢王與項王依舊使者往還不斷，楚方高階將
領亞父范增也可單獨遣使至漢，雙方持續保有對話管道。〔註17〕但若中央對
獨尊一方的前敵諸侯王本有疑忌，把遣使的用意往壞處想：是不是藉此試探
投敵？問題就出現了。

　　自秦建置限時與分段傳遞的郵書管理制度，〔註18〕中央與地方的情資有
高效率的傳遞管道。漢驛馬每三十里一置建，〔註19〕驛騎傳遞豎急軍情時，
可不斷換馬持續奔馳，每日最快可達四百漢里的距離，〔註20〕快速移動的行
進能力十分驚人。漢朝中央得知匈奴大軍壓境，一方面調遣將領，集結軍隊

〔註13〕　《史記三家注》，卷九十三，〈韓信列傳〉，頁2633。
〔註14〕　《史記三家注》，卷一百十，〈匈奴列傳〉，頁2894。
〔註15〕　《史記三家注》，卷八，〈高祖本紀〉，頁384，記載「七年，匈奴攻韓王信馬
　　　　邑」。施之勉已考證《史記・高祖本紀》此條時間有誤，當是六年，非七年，
　　　　見氏著，〈讀史記會注考證札記──項羽本紀・高祖本紀〉，收入大陸雜誌社
　　　　編輯委員會編，《史記考證研究論集》（臺北：大陸雜誌社，1975），頁32；《漢
　　　　紀》記載此事的時間是九月，見（漢）荀悅撰，《漢紀》，收於楊家駱主編，《漢
　　　　紀西漢年紀合刊》，卷三，〈前漢高祖皇帝紀〉，頁24。
〔註16〕　秋天馬匹肥壯，見《史記三家注》，卷一百十，〈匈奴列傳〉，頁2892。
〔註17〕　《史記三家注》，卷七，〈項羽本紀〉，頁325。
〔註18〕　高榮，〈秦漢郵書管理制度初探〉，收入李學勤、謝桂華主編，《簡帛研究2002、
　　　　2003》（桂林：廣西師範大學出版社，2005），頁211～213。
〔註19〕　《史記三家注》，卷十，〈孝文本紀〉，頁422。
〔註20〕　勞榦以為漢驛每日行進最快可達四、五百漢里的距離，見〈論漢代陸運與水
　　　　運〉，收入氏撰，《勞榦學術論文集甲編》，上冊，頁611；在勞氏另一文中，
　　　　考漢代文書最快的行進速度為四百漢里，逾此速度即不可能，見〈居延漢簡
　　　　考釋序目〉，收入氏撰，《勞榦學術論文集甲編》，上冊，頁258。此處採漢驛
　　　　最快速度為四百漢里。

準備救援，一方面密切掌握韓王的行動，在最短的時間內，得知韓王派人與匈奴談判的動作，坐鎮關中的劉邦起了疑慮。

漢朝在景帝之前的諸侯王，幾與獨立王國無異，在一定程度上，幾乎可說是西周分封制度的再現，〔註21〕諸侯王各自雄據一方，有自己的軍、吏、民、疆域，軍事、行政、財務、用人大權一把抓，擁有足與中央抗衡的力量。韓王信是實力派諸侯，因遭忌以致封國北徙，漢廷依其建議從晉陽移治馬邑，結果後續的發展情況更糟，非但不能擊阻入侵之敵，反而落到主帥身陷重圍，圍中不斷遣使與胡人接觸，漢高帝視為形跡可疑：

其一，韓王信自請移治馬邑，非但沒有達到阻敵於外的作用，反倒把自己的主力陷進去了，移治的作用並無實效，無力保衛封國也屬失職。

其二，如果韓王信確實是故意徙治以勾結匈奴，又有一連串頻繁遣使的動作，前後行為對照來看，韓、匈雙方關係曖昧似有跡有尋。〔註22〕

其三，匈奴出動的兵力不詳，但肯定數量龐大，《史記》一連用「大圍信」、「大攻圍馬邑」來形容圍攻之師。漢或可理解韓王信難以反攻解圍，但馬邑應該堅持「固守待援」的方式，以顯示對中央的忠誠，與守土盡責之心的堅定。漢帝如果認為韓王信的實力足資固守，則其遣使敵營的「緩兵之計」就顯得多餘，韓、匈雙方使臣來去不絕，韓與強胡裏應外合的嫌疑劇增。

客觀的事實很難辨明，主觀的判定容易產生，漢高帝既已啓疑，派人送進馬邑只見指責，不見溫勉的賜書：

> 上賜信書責讓之曰：「專死不勇，專生不任，寇攻馬邑，君王力
> 不足以堅守乎？安危存亡之地，此二者朕所以責于君王。」信得書，
> 恐誅。〔註23〕

看到漢帝辭語不善的指責，韓王信因而恐懼畏誅。而楚漢相爭結束，理論上國家已臻承平，政府大量遣散軍隊復員，〔註24〕讓百姓返鄉重建家園，現在邊境有突發軍事狀況，緊急大規模抽調兵員，徵召、組織、編制需要些時間，使得漢朝對陷入重圍中的韓王，援助的速度顯得不快。相對於援兵遲遲未至，漢帝從關中派來指責韓王的使者展現高效率，穿透重圍進入馬邑，

〔註21〕韓連琪，〈論兩漢封國食邑制下的土地所有制和剝削形式〉，收入中國秦漢史研究會編，《秦漢史論叢》（西安：陝西人民出版社，1983），頁78。

〔註22〕林劍鳴氏以為韓王信早與匈奴關係曖昧，見氏著，《新編秦漢史》上冊，頁402。

〔註23〕《漢書》，卷三十三，〈韓（王）信傳〉，頁1855。

〔註24〕「五月，兵皆罷歸家」，見《史記三家注》，卷八，〈高祖本紀〉，頁380。

傳達漢帝的不滿。就算韓王信本來沒有謀反之意，畏誅恐心既生，也難效死忠。從「見忌徙國」到「危城見讓」，又面臨政治清算的恐懼，進退失據的韓王信終於叛漢，率軍獻城投降匈奴。漢帝遣使責備，成了壓垮駱駝的最後一根稻草。

　　韓王信叛降對漢朝是重大打擊，漢帝的舉措失宜，是激化事變的主因。漢高帝一方面因顧慮其人，而將韓國移徙到太原，把富庶要衝的中原之地收回，另一方面移付北方大片疆土，交托軍事重任，讓其掌握太原北塞門戶，這個決策考量不夠周全，諺云：「疑人勿使，使人勿疑」，〔註25〕既疑之且復使之，發生後遺症就不足為奇了。《讀通鑑論》對漢高帝移封韓王信的安排有誅心之論：

　　　　然則以狡焉不逞之強帥置之邊徼，未有不決隄焚林以殘劉（內
　　　　地）〔我中夏〕者也。飢鷹獷犬，不畜之樊圈，而軼之颺飛昊走之地，
　　　　冀免禍於前，而首禍於千古。甚哉高帝之偷也！〔註26〕

　　王船山深入的抨擊，可謂一語中的。漢帝一失於移韓，再失於徙治，最後失於激起事變，在大敵當前，匈奴入侵包圍馬邑的危急之際，漢帝捨棄安撫激勵堅守孤城的策略，反嚴譴責難，令手握重兵的王侯心生恐懼。韓王信前有強敵環伺，後有政治清算，身陷絕境而爪牙俱全，其不反待何？漢朝中央在這次馬邑危機事件上，其處理手法有重大的瑕疵，即將為此付出巨大的代價。

　　漢人曾評論此次事變，漢文帝時的賈生在《上疏陳政事》中，不問事變前因，逕將其事定調為韓王信恃仗著匈奴人為靠山而謀反，其云：

　　　　韓信倚胡，則又反〔註27〕

　　賈生無視高帝之誤，單把責任歸於韓王信倚仗匈奴之勢以叛，其論顯見偏頗。事實上在漢高帝十一年（前196）時，韓王信與匈奴合兵於代地參合（今

―――――――――――――――――

〔註25〕語見（元）脫脫等撰，《金史》（臺北：鼎文書局，1998），卷四，〈熙宗本紀〉，頁85。

〔註26〕王夫之著，《讀通鑑論（宋論合刊）》（臺北：里仁出版社，1985），上冊，卷二，〈漢高帝〉，頁19。

〔註27〕基於衛護大一統，力主削減諸侯王之勢，賈誼略過劉邦壓迫異姓諸侯王，導致諸侯王反叛的部份，見賈誼，《上疏陳政事》，收入（清）嚴可均輯，《全漢文》，卷十五，頁156。若臣屬為尊者諱，賈生亦難犯上直指先帝之不是。林劍鳴認為韓王信早與匈奴關係曖昧，故而放棄抵抗，見氏著，《新編秦漢史》，上冊，頁402。

山西陽高縣東北），〔註28〕曾對漢方派來討伐的將軍柴武復書解釋降匈之事，他也不諱飾自己投敵之過，向漢表明自知己錯，在馬邑受敵圍攻時不能堅守，說明叛漢非其本心。〔註29〕

　　前此冒頓單于在草原攻伐四鄰，長城以南雖見胡騎剽掠，但不見匈奴深入漢地的舉動。韓王信徙治馬邑，在雁北的形勢孤立，匈奴把握住這個難得的機會，以優勢兵力入侵，成功圍困韓軍主力，韓軍主帥受困馬邑，雁北等地任其宰制，掠取畜、人、財貨不在話下，〔註30〕至少已能滿足游牧民族南侵的經濟效益目地。困守馬邑的韓王信進一步舉全軍叛降，為匈奴帶來的意想不到的收益，筆者以為有幾點須注意：

　　其一，韓王信已被圍困城中，如果堅決抵抗待援，匈奴若以優勢兵力，強攻堅城要塞拿下馬邑，難免損失兵員與消耗軍資，現在韓王信主動投降，能征慣戰的韓軍勁旅一同倒戈投靠，冒頓單于省卻一番激戰，憑添一股助力，有最佳的經濟效益。《孫子兵法》云：

> 不戰而屈人之兵，善之善者也。故上兵伐謀，其次伐交，其次
> 伐兵，其下攻城……故兵不頓而利可全，此謀攻之法也。〔註31〕

　　冒頓單于伐謀伐交，以不攻城作戰的方式，不戰而屈人之兵，如《孫子兵法》所言最佳的謀攻之法。這個對漢朝最不利的結果，漢帝的決策難辭其咎。

　　其二，匈奴得到不僅是馬邑一座漢城要塞，而是韓王信控制範圍下的韓國，轄境內極具重要戰略地位的句注山（在今山西省代縣西北）天險隨之不戰而下，〔註32〕句注南北的雁門郡與太原郡盡在指掌。山西內部是典型的盆地地形，盆地與盆地間有重要的通道以對外聯繫，通道的出入口與周圍的制高點，是盆地守衛攻防的關鍵要害處。〔註33〕句注塞扼大同盆地與忻定盆地

〔註28〕錢穆著，《史記地名考（下）》，收入氏著，錢賓四先生全集編輯委員會編，《錢賓四先生全集》，乙編，第三十五冊，〈參合〉條，頁1358。

〔註29〕《史記三家注》，卷九十三，〈韓信列傳〉，頁2635。

〔註30〕匈奴掠奪的主要目標為家畜、人口、物資，見蕭啟慶，〈北亞遊牧民族南侵各種原因的檢討〉，收入《元代史新探》（臺北：新文豐出版公司，1983），頁311。

〔註31〕（東周）孫武撰，（魏）曹操等注，楊丙安校理，《十一家注孫子校理》，〈謀攻篇〉，頁44～52。

〔註32〕「句」字也作「勾」，在今山西省代縣西北，上為太和嶺，下有馬龍池，其後有白草溝，見中國歷史大辭典歷史地理卷編纂委員會編，《中國歷史大辭典・歷史地理卷》，〈句注山〉條，頁236。

〔註33〕胡阿祥、彭安玉、郭黎安，《兵家必爭之地》（海口：海南出版社，2007），頁8。

之要，是晉北防線的戰略要地，在戰國時已名列天下九大要塞之一。〔註34〕中原政權若守住句注塞，塞北的少數民族要南侵，欲破塞越山而南至爲不易，是中原北方屏藩的重要門戶，此險塞一失，通往雁南深入漢地內部的通路大開。〔註35〕漢王朝北疆防線失守，禦胡藩籬破了一個大洞。

其三，韓王信長期追隨漢帝打仗，比起塞外草原北胡，他是熟知漢軍用兵模式，身爲漢方統治高層，又了解漢廷內部的虛實，其轉向投敵，成了胡人的馬前卒，是匈奴軍隊南下進犯漢朝的最佳顧問與嚮導。

韓王信投降對匈奴來說，是非常有利的局勢，是南下深入漢地的的好機會，但機會中隱藏有風險，單于不會不加以考量：

其一，匈奴對韓王信的認識有限，韓王信原故韓王孫，韓地位於中原，爭戰於三川之地，漢廷將之移國北疆未久，匈奴又不間斷入侵，韓、匈雙方的關係緊張，政治立場敵對的韓、匈要攜手合作，建立軍事同盟關係，彼此互信基礎薄弱。

其二，漢地的風土人情不比草原，匈奴大軍深入陌生的農業漢地，萬一戰爭情況不利，後路又被封鎖截斷的話，全軍有深陷漢地泥淖的危機。

其三，南方漢地的地形與作戰方式，與北方草原之地有很大的差距，以騎兵爲主的匈奴大軍，在非草原之處的南方已失地利，戰爭的型態大不相同，攻城不同於草原野戰，以騎兵攻城等於棄己之長，就己之短，要在漢地擊敗善於守城的漢軍也不是一件易事。

權衡利弊得失，韓王信降附的誘因太大，冒頓單于決定把握這個歷史契機，一方面接受韓王信歸降，利用韓王信的部隊回頭去攻打漢朝，採「以漢制漢」策略，坐收漁人之利，另一方面保守因應，並不投入主力大軍，只派遣有限的部隊協同韓軍行動，往南擴大戰果，有利可同沾，失利也不致大損，制人而不受制於人，進退自裕。

韓國叛漢降匈，馬邑立成漢朝敵城，韓兵掉頭前導南下，無人阻攔的匈奴騎兵得以輕易越過易守難攻、險要無比的句注山，攻向太原。對漢朝來說，

〔註34〕（周）呂不韋著，陳奇猷校釋，《呂氏春秋新校釋》（上海：上海古籍出版社，2002），上冊，卷十三，〈有始覽〉，頁663。

〔註35〕句注山是歷代北方的重要屏障，見中國歷史大辭典歷史地理卷編纂委員會編，《中國歷史大辭典‧歷史地理卷》，〈句注山〉條，頁236；少數民族若越過句注山險要，很容易深入中原的腹地，見饒勝文編，《佈局天下——中國古代軍事地理大勢》（北京：中國人民解放軍出版社，2006），頁146。

一場本如癬疥之疾的爭戰，已演變成心腹之患的戰爭，幸得太原三十一縣雖盡皆屬韓，但本直轄於漢朝中央，轉歸韓國才九個月而已，韓方在太原的統治剛展開，韓王信就從晉陽移治馬邑，軍事重心轉側重於句注山北的雁門郡，短期內很難有效控制句注山以南，太原部份忠於漢方，不肯隨韓倒戈的屬縣起而抗拒，韓王信不得不南下還擊。從後來曼丘臣與王黃兩人，在韓王信敗退走投匈奴時，推出原趙國王室的後裔趙利為王，〔註36〕以爭取趙人的支持，可以看出韓王信新徙趙地，確實是立足未穩、根基不固。

從商鞅變法以來，秦縣的設計就以耕戰體制為基礎，「縣」積儲大量的糧食、軍用物資，擁有縣卒與縣兵，具備一定的軍事、經濟力量及獨立性，可形成戰鬥集團，有單獨進行軍事行動的能力，楚漢相爭迄漢朝初期的縣都保有這個特點，縣因此有很大的的行政自主權，郡無力完全控制轄縣。〔註37〕若無太原郡內的阻力，遲滯韓王信與匈奴進兵的速度，讓韓、匈聯軍不能立時直下太原以南，替漢朝中央爭取組織大軍的時間，上黨、河東將立即淪為戰場，韓、匈聯軍若得以渡過黃河，情況就更危急，漢朝恐怕不是只打一場平叛戰爭，得打一場更嚴重的關中保衛戰。

漢帝命令韓王移國，一則可消滅韓國在潁川的勢力，二則移韓為漢守邊抗匈，如果能按規畫順利進行，原倒也不失一舉兩得的妙計，〔註38〕不料計畫難以趕上變化，韓王信倒戈，舉國全軍投降匈奴，反與胡騎聯兵南下，妙計成了開門揖盜、危峻難料的險計。

太原「控帶山、河，踞天下之肩背」，力能「屏藩兩河，聯絡幽冀」，〔註39〕

〔註36〕《漢書》，卷一，〈高帝本紀〉，頁63。

〔註37〕參見張功，〈漢代郡縣關係探析〉，《青海師範大學學報（哲學社會科學版）》99（2003.4）：59～60。勞榦氏有兩文對漢代郡、縣加以探述，與張功對漢郡縣關係的看法不同，一篇是〈漢代郡制及對於簡牘的參證〉，論述漢太守權重一方，縣是輔郡而治，郡可決定縣的一切，此文收入氏撰，《勞榦學術論文集甲編》，下冊，頁1049～1053；另一篇是〈漢朝的縣制〉，認為縣附屬於郡，縣令長只向太守負責，不是向中央負責，太守對本郡，政令可絕對地貫徹，不受阻撓，此文收入氏撰，《勞榦學術論文集甲編》，上冊，頁786～791。張功之文乃論秦世與漢興之初際的郡縣關係，符於韓王信之變時，與勞文所言漢代後來的郡縣關係發展，兩者因時勢不同有異。

〔註38〕若後來沒有發生韓王信叛漢的事件，移國之舉確如《中國歷代戰爭史》的編按所云，是一舉兩得之策，見中國歷代戰爭史編纂委員會編，《中國歷代戰爭史》，第三冊，頁126。

〔註39〕（清）顧祖禹撰，賀次君，施金和點校，《讀史方輿紀要》，卷四十，〈山西〉，

一朝有變，山河不固，就算幽、冀暫保未失，兩河深受威脅之下，漢朝也無法坐視不利局勢的發展。為了阻擊叛韓及胡騎南下，保衛漢的關中與三河核心區，〔註40〕並北上救援太原，漢朝除抽調中央直轄郡縣的軍隊外，也大範圍向關東各諸侯國徵調部隊參戰，北從燕、趙，東從齊國，向南徵調梁國、楚國的車騎，〔註41〕集結雄厚的兵力應戰。

太原、雁門兩郡之地，原是趙國所轄之地。戰國時的趙國領地，主要在今天的山西省中、北部，內蒙古的南側，和太行山東側的河北省南部，加上一部份河南省的土地。趙國內部因受太行山阻隔成兩半，為強化統治，分別以晉陽和邯鄲為中心，修築境內兩條聯繫南北的大道：一條從邯鄲循著太行山的東麓，北向通行入代地；一條從晉陽往北，貫穿忻定盆地、大同盆地，使太原與雁門相聯結；而北方的九原、云中、雁門、代等郡也有東西向的道路相通，構成趙地北部的交通網絡。〔註42〕

古代交通修築系統不甚完善，開闢道路的速度不快，西漢時位於重要交通幹線中心的地區，幾乎是和戰國時代城市發達地區是重合的，〔註43〕易言之，秦至漢初主交通動線相沿戰國時期不替。

太原郡與趙地有太行山阻隔，春秋時晉國東向在群山中開闢通道，其工程就很困難，因此儘管道路修成，隘口間的山道崎嶇難行，軍事行動至為不易。〔註44〕從春秋過了八百年，到了東漢建安十一年（206）時，曹孟德親自走過一趟這段條路後，在《苦寒行》詩歌中還大嘆在太行山行軍困難：

> 北上太行山，艱哉何巍巍！羊腸坂詰屈，車輪為之摧。〔註45〕

頁1806。

〔註40〕　韋昭《集解》以漢的「三河」為「河南」、「河東」、「河南」，見《史記三家注》，卷八，〈高祖本紀〉，頁370。許倬雲以為關中與三河乃兩漢的核心區，見氏著，〈傳統中國社會經濟史的若干特性〉，收入氏著，《求古編》，頁5。

〔註41〕　《史記三家注》，卷九十五，〈灌嬰列傳〉，頁2671。

〔註42〕　山西省史志研究院編，《山西通史》（太原：山西人民出版社，2001），第一卷，《先秦卷》，頁372。

〔註43〕　（日）江村治樹著，徐世虹譯，〈戰國時代的城市和城市統治〉，收入劉俊文主編，《日本中青年學者論中國史：上古秦漢卷》（上海：上海古籍出版社，1995），頁194。

〔註44〕　史念海以齊桓公越太行山征討晉國時「懸車束馬」為例，可見彼時太行山道之險峻，見氏著，〈鄭韓故城溯源〉，《中國歷史地理論叢》1998.4：12。

〔註45〕　（漢）曹操，《苦寒行》，收入中央民族學院語文系《曹操詩文選》注釋小組

東漢末年太行山路尚如此艱難行軍，四百年前的西漢初年，也難有更好的路況。秦末有兩次越太行山的戰役，一次在秦二世二年（前 208），趙王武臣派李良從常山向西進攻，打算越太行山攻略太原，結果秦兵緊扼井陘，守住太行山東端，趙軍就無法通過前進，李良的軍事行動失敗；〔註46〕另一次是漢三年（前 204），漢大將韓信與張耳率漢軍穿太行山，從西邊向東攻趙，這次是趙軍控有井陘。趙軍的廣武君李左車深明掌握有利地形，可建立作戰優勢利基，因此建議成安君陳餘利用井陘「車不得方軌，騎不得成列，行數百里」，道路逼狹險要異常的特殊地勢，堅守營地不戰，讓漢軍陷處進退不得的局面。因陳餘太過自信，不採李左車堅壁勿戰的策略，趙軍輕棄既有的地利，韓信因而取得重大勝利。〔註47〕

李良與韓信在趙地的這兩戰，證明穿越太行山中段險隘山道的軍事行動，不論是由東而西或是由西而東攻擊，守方只要善用地利，堅壁不戰，攻方礙於地勢，幾乎無可如何。漢方反擊叛韓不分兵循井徑切太行山直指太原，應與前述幾次戰役的經驗有關。

漢帝的軍事佈署兵分兩路，順著趙地內部南北兩條交通動線：一條由河內增援上黨郡，以機動較差但數量龐大的步兵部隊為主，北上正面迎擊敵軍，這條路的里程較近，目標是伺機向晉陽推進，收復所有失地；另派一支行動快速的部隊，繞沿太行山東側邯鄲平行於太行山南北向的道路（見附圖十戰國秦漢時期太行山東形勢圖、附圖十一秦代的主要交通線），〔註48〕折而向西入代郡，攻擊敵人的後路，以收首尾夾擊之效。

循太行山東側向西進攻代地的漢朝軍隊，當以車騎等機動力強的部隊為主。〔註49〕漢軍這支車騎部隊的行動十分迅捷，在韓王信南下太原擴大

編選，《曹操詩文選》（北京：北京人民出版社，1975），頁35～36。

〔註46〕《史記三家注》，卷八十九，〈張耳陳餘列傳〉，頁2577。

〔註47〕《史記三家注》，卷九十二，〈淮陰侯列傳〉，頁2615。

〔註48〕太行山東邊有一條與太行山平行的主要大道，趙國的都城邯鄲與燕國都城薊都在這條交通幹道上，見史念海，〈釋《史記·貨殖列傳》所說的「陶為天下之中」兼論戰國時代的經濟都會〉，收入氏著《河山集》（北京：生活·讀書·新知三聯書店，1963），頁124；史念海，〈戰國至唐初太行山東經濟地區的發展〉，收入氏著，《中國史地論稿（河山集）》，頁159。

〔註49〕《中國歷代戰爭史》逕以絳、灌等所統為騎兵，見中國歷代戰爭史編纂委員會編，《中國歷代戰爭史》，第三冊，頁126；《中國戰爭史》作者亦逕以這支軍隊為騎兵部隊，見武國卿、慕中岳合著，《中國戰爭史》（北京：金城出版社，1992），第二冊，頁213。絳、灌所統若非騎兵，則行軍難有如此迅捷之

戰果時，已抵達太行山東側的北端，先肅清上谷（治沮陽，今河北省懷來南），〔註50〕鞏固了燕西、趙北，然後從代郡由東往西發動反攻，進佔霍人（今山西繁峙縣東）後，〔註51〕繼續進兵勾注塞外雁門之地，拿回樓煩（治今山西寧武附近）以北的六縣，攻下韓王信的大本營馬邑，〔註52〕兵鋒進抵雲中郡，除收復雲中縣（今內蒙古托克托東北）外，〔註53〕在武泉（今蒙古呼和浩特東北）之北，〔註54〕擊敗了一支匈奴部隊。〔註55〕

整個攻擊行動順利，橫掃上谷、代、雁、雲中，韓王信連後方根據地都丟了。值得注意的是，這支由東向西攻的漢軍，主要以下列幾位將領為主，分別是：車騎將軍潁陰侯灌嬰、將軍絳侯周勃、將軍舞陽侯樊噲、太僕汝陰侯夏侯嬰等，一路竟似沒有遭遇到匈奴的主力大軍，只車騎將軍灌嬰在攻至武泉北前，曾斬殺不知名的代左相，〔註56〕較大的激戰只發生在武泉以北。

《兩漢太守刺史表》以馮梁在高祖六年（前201）相韓王信，隨著韓王信一起叛漢，後來被將軍樊噲所抓。〔註57〕按《史記·樊噲列傳》：

> 破豨別將胡人王黃軍於代南，因擊韓信軍於參合。軍所將卒斬韓信，破豨胡騎橫谷，斬將軍趙既，虜代丞相馮梁、守孫奮、大將王黃、將軍、太僕解福等十人。〔註58〕

陳豨叛漢發生在漢高帝十年（前197），〔註59〕樊噲奉命出征，曾虜獲代

可能。

〔註50〕《史記三家注》，卷九十五，〈酈商列傳〉，頁2662。

〔註51〕《史記三家注》，卷九十五，〈樊噲列傳〉，頁2657；《史記三家注》，卷五十七，〈絳侯周勃世家〉，頁2069。

〔註52〕《史記三家注》，卷九十五，〈灌嬰列傳〉，頁2671。

〔註53〕《史記三家注》，卷九十五，〈樊噲列傳〉，頁2657。

〔註54〕上谷、樓煩、霍人、武泉、雲中五地之古今地名對照，見倉修良主編，魏得良、王能毅副主編，《史記辭典》，〈上谷〉條，頁31；〈樓煩〉，頁675；〈霍人〉條，頁735；〈武泉〉條，頁245；〈雲中〉條，頁537。

〔註55〕《史記三家注》，卷九十五，〈夏侯嬰列傳〉，頁2666；《史記三家注》，卷五十七，〈絳侯周勃世家〉，頁2069；《史記三家注》，卷九十五，〈灌嬰列傳〉，頁2671。

〔註56〕此時灌嬰甚至還未攻晉陽，而白登之圍的時間在後，所以斬代左相的時間點可以推定在漢高祖七年（前200），見《史記三家注》，卷九十五，〈灌嬰列傳〉，頁2671。

〔註57〕嚴耕望編輯，《兩漢太守刺史表》（上海：商務印書館，1948），頁92。

〔註58〕《史記三家注》，卷九十五，〈樊噲列傳〉，頁2657。

〔註59〕《史記三家注》，卷八，〈高祖本紀〉，頁387。

丞相馮梁等十人，從文獻上難以確認高祖六年（前201）時，馮梁就已是代丞相。或因車騎將軍灌嬰所斬不知名代左相而混淆。

漢軍車騎部隊由東而西，從上谷打到雲中，在武泉（今蒙古呼和浩特東北）北獲勝後，一時不見敵蹤，灌嬰、周勃等完成肅清雁、雲的任務後，並未留駐於塞北，圖謀斷敵北歸之路，反回師穿越句注塞，中途似未收復尚在敵手的太原郡縣，諸如樓煩（今山西寧武）、峪石（今山西靜樂縣東北）、晉陽等，一路疾行南下，準備與漢帝會師。此時另一支從河內北上，以步兵為主的漢軍主力，由漢高帝親自統率進入上黨，阻擊入侵的敵軍，在銅鞮爆發戰事：

> 七年冬，上自往擊，破信軍銅鞮，斬其將王喜。信亡走匈奴。
>
> 其將白土人曼丘臣、王黃等立趙苗裔趙利為王，復收信敗散兵，而
>
> 與信及冒頓謀攻漢〔註60〕

遠在春秋時代，銅鞮（今山西沁縣南）即是晉國與東方及中原諸侯國往來的必經之地，〔註61〕是上黨郡的交通要衝。漢、韓皆沿著交通要道進兵，雙方在上黨的銅鞮會戰，周勃等車騎部隊趕赴，〔註62〕與北上的漢軍共同夾擊敵人，大敗韓軍，斬殺韓方大將王喜，韓軍敗潰四散，韓王信走脫投庇於匈奴軍。韓軍將領曼丘臣、王黃雖出身商賈，〔註63〕在軍事策略上的應變頗快，一方面收聚敗散四逃的韓兵，以穩住韓軍陣腳，另一方面擁立趙國後裔趙利為王，〔註64〕加強對趙人的號召，補彌補韓軍客居趙地的不利局勢，以繼續抗擊漢朝。

南下的匈奴軍於銅鞮戰時，似未積極參戰，以致韓軍獨自承受漢方軍事重擊。韓將曼丘臣、王黃等收整敗兵，擁趙利北退至尚在韓軍勢力範圍下的太原郡內。投入匈軍的韓王信，終於取得匈奴實質上的軍事援助。冒頓單于以漢制漢，讓韓王信打前鋒，在銅鞮敗戰之後，眼見漢朝傾國之師北入太原，韓方斷難以一郡一隅之地抵敵，冒頓單于派出匈奴統治高層的兩大首腦帶兵

〔註60〕《史記三家注》，卷九十三，〈韓信列傳〉，頁2633。

〔註61〕史念海，〈鄭韓故城溯源〉，《中國歷史地理論叢》1998.4：12；樓煩、峪石、銅鞮今地名見倉修良主編，魏得良、王能毅副主編，《史記辭典》，〈樓煩〉條，頁675；〈峪石〉，頁568；〈銅鞮〉條，頁648。

〔註62〕《史記三家注》卷五十七，〈絳侯周勃世家〉，頁2069。

〔註63〕《史記三家注》，卷九十三，〈韓信列傳〉，頁2641。

〔註64〕趙利的王號不明，既以趙國後裔得立，王號似應稱為趙王，方有助於號召趙之子弟。

支援，從表面上看來，支持的誠意十足：

> 匈奴使左右賢王將萬餘騎與王黃等屯廣武以南，至晉陽，與漢
> 兵戰，漢大破之，追至於離石，破之。匈奴復聚兵樓煩西北，漢令
> 車騎擊破匈奴。〔註65〕

匈奴的左、右賢王身份尊貴，位望僅次於單于，同時出動兩王有很高的象徵意義，但面對幾十萬的漢軍，兩賢王只帶一萬多名騎兵前往助陣，數量上是太過單薄些，以杯水車薪比擬或太苛，卻說明冒頓單于另有盤算，事實上沒有全力支持韓王信。匈奴左、右賢王與曼丘臣、王黃等軍佈防於廣武（今山西代縣西南）以南，與由上黨往北推進的漢軍首先展開太原要邑晉陽爭奪戰。皇帝親征督師，漢軍又有數量優勢，大敗韓、匈聯軍，斬殺匈奴將領白題，奪回晉陽城。〔註66〕漢軍往西沿著晉陽通呂梁山區的大道追擊敵軍，〔註67〕至太原西部的離石（今山西離石）打敗敵軍，〔註68〕晉南之敵盡去。

漢軍接著追逐亡北，派灌嬰率行動迅捷的車騎部隊北追，在磑石（今山西靜樂）擊破匈、韓聯軍。〔註69〕漢朝的車騎部隊乘勝北追八十里，又將集兵於樓煩西北的匈奴軍擊敗，攻奪樓煩三城，〔註70〕至此差不多收復全太原，拿回句注塞天險。

漢朝此次平叛行動，從上黨銅鞮之戰以來，一路節節獲勝，連敗叛韓之

〔註65〕《史記三家注》，卷九十三，〈韓信列傳〉，頁2633。

〔註66〕灌嬰斬白題將一人，見《史記三家注》，卷九十五，〈灌嬰列傳〉，頁2671；《史記三家注》卷五十七，〈絳侯周勃世家〉，頁2069；《史記三家注》，卷九十五，〈夏侯嬰列傳〉，頁2666。何世同認為西漢時期匈奴攻勢，最遠即到達晉陽之線，見氏著，《古代中古時期之陰山戰爭及其對北邊戰略環境變動與歷史發展影響（上）》，收入王明蓀主編，《古代歷史文化研究輯刊三編》（臺北：花木蘭文化出版，2010），第八冊，頁103。然此戰匈奴軍很可能隨同韓軍攻至更南的上黨銅鞮，韓王信戰不利，便投入匈軍而去，而整個西漢時期，匈奴進攻漢朝最南線，似是漢文帝十四年（前166）時，匈軍前鋒曾攻至距長安僅三百里的雍甘泉，見《史記三家注》，卷一百十，〈匈奴列傳〉，頁2901～2902。

〔註67〕晉陽通呂梁山有一條大道，見山西省志研究院編，《山西通史》（太原：山西人民出版社，2001），第一卷，《先秦卷》，頁372。

〔註68〕倉修良主編，魏得良、王能毅副主編，《史記辭典》，〈廣武〉條，頁652；〈離石〉條，頁814。

〔註69〕《史記三家注》卷五十七，〈絳侯周勃世家〉，頁2069；《史記三家注》，卷九十五，〈灌嬰列傳〉，頁2671。

〔註70〕《史記三家注》卷五十七，〈絳侯周勃世家〉，頁2069。

軍，進入太原之後，所遭到嚴峻的挑戰，不是來自強悍的胡騎，竟是天候的考驗。漢以高帝七年（前 200）十月出兵，〔註71〕時序入冬，北方天氣已冷，漢軍不會不考慮天候因素，部隊會配著冬裝進發。不料隨著時間流逝，愈往北走，天氣愈加寒冷，待漢帝御蹕進駐晉陽，漢軍攻至樓煩時，北方大陸冷氣團發威，嚴寒雨雪，氣溫陡降，漢軍軍裝竟不足禦寒。從記載來看，作戰時的天冷酷寒，溫度奇低，不少士兵嚴重凍傷：

　　　　高帝自將兵往擊之。會冬大寒雨雪，卒之墮指者十二三〔註72〕

　　　　上從晉陽連戰，乘勝逐北，至樓煩，會大寒，士卒墮指者什二三。〔註73〕

學者研究指出在春秋時期，黃河中、下游地區的溫度比現代溫暖，但戰國至漢初的氣候卻比現代寒冷，像現代只有在少數強烈寒流來襲時才會凍結的淮河，在秦朝時似頻繁凍結。〔註74〕《太平寰宇記》引《冀州圖經》記載晉陽以北至雲中、河套的地理環境，提到當地寒冷的氣候：

　　　　自晉陽以北，地勢漸寒，平城、馬邑凌原二丈，雲中、五原積冰四五十尺，唾出口成冰，牛凍角折，而畜牧滋繁。〔註75〕

塞北隆冬嚴寒時，積冰厚達四、五十尺，口水一吐出來就結冰，堅硬的牛角凍到脆折，可見塞外寒冷的程度。漢方沒料到冷氣團忽然發威，距離雲中、河套尚遠的太原郡也如此低溫，漢軍冬裝不足以禦寒保暖，為數眾多的士兵受到凍傷，二至三成嚴重凍傷的士兵掉指，如以漢軍所出動全部三十二萬北征兵力估算，〔註76〕可能有六至九萬人受影響，傷殘數量甚眾。

雖然氣候不佳是交戰雙方共同面對的環境，但嚴寒對漢軍產生的不利因素比匈奴大上許多。蒙古地處高緯度大陸內部，冬季嚴寒而漫長，外蒙古的

〔註71〕《漢書》，卷一，〈高帝紀〉，頁 63。
〔註72〕《史記三家注》，卷一百十，〈匈奴列傳〉，頁 2894。
〔註73〕《漢書》，卷一，〈高帝紀〉，頁 63。
〔註74〕鄒逸麟主編，《黃淮平原歷史地理》（合肥：安徽教育出版社，1997），頁 15～16；鄒逸麟編著，《中國歷史地理概述（修訂版）》，頁 14；公元前三世紀末至公元六世紀的氣候比現在寒冷，亞熱帶的北異與現在相比，南移近一個緯度，見龔高法、張丕遠、張瑾瑢，〈歷史時期我國氣候的變遷及生物分布界限的推移〉，收入中國地理學會歷史地理專業委員會《歷史地理》編輯委員會編，《歷史地理》（上海：上海人民出版社，1986），第五輯，頁 5。
〔註75〕（宋）樂史撰，王文楚等點校，《太平寰宇記》（北京：中華書局，2007），卷四十九，〈河東道〉十，〈云州〉，頁 1037。
〔註76〕《史記三家注》，卷一百十，〈匈奴列傳〉，頁 2894。

北方月均溫爲零下三十五度，〔註77〕甚可冷到零下四十五度，內蒙雖高溫些，大多在零下二十度以下。〔註78〕漢人鼂錯曾描敘塞北天侯與胡人爲適應生活環境的體質狀況，其云：

> 胡貉之地，積陰之處也，木皮三寸，冰厚六尺，食肉而飲酪，
> 其人密理，鳥獸毳毛，其性能寒。〔註79〕

匈奴人代代長年生活於塞北，游牧民族體質上已適應酷寒的氣侯，非是長城以南農業民族可以比擬。如果不是韓王信在雁北的勢力未完全根除，匈奴大軍猶在漢境，戰力與機動力受嚴寒影響而弱化的漢軍，回師的可能性甚大。

第二節　漢匈的攻防與白登山重圍

漢朝初次與北疆胡騎較量，漢帝君臣對匈奴並無畏懼。〔註80〕在太原以南作戰，漢方有較大的地緣優勢，集結龐大的兵力，在銅鞮、晉陽、硰石、離石、樓煩等五地對決，得到一連串的軍事勝利：殺韓將王喜、斬匈將白題，迭克大城失地，最後奪回句注天險要塞，可謂氣勢如虹，勝利來得甚快，輕敵之心易生。當漢大軍雲集太原，適逢天寒大雪，凍傷的兵士人數不少，使戰力受損，治療傷病號需要時間，部隊禦寒裝備不足，不利採取下一步越塞北攻的行動，因句注塞北更加寒冷，軍隊運動力只會更遲滯，運輸補給能力弱化，就現實面而言，若暫行中止軍事行動，待回暖再追擊窮寇亦不失其策。

從雲中郡的武泉北之戰開始，匈奴似乎戰力大萎縮，連絳、灌等車騎偏師都攔截不住。〔註81〕韓王信也僅得到匈奴有限的支援，幾乎是獨力應付漢

〔註77〕內蒙古社會科學院歷史研究所《蒙古族通史》編寫組編，《蒙古族通史（修訂版）》（北京：民族出版社，2001），上卷，〈緒論〉，頁3。

〔註78〕王曉琨，〈中國古代軍事與環境關係簡論〉，《內蒙古社會科學》29.1（2008）：19；又王明珂在內蒙新巴爾虎地區的親歷經驗，當時夜間氣溫是攝氏零下28度，他訪問當地的牧民，本地在冬季時氣溫常處於零下40度左右，見氏著，《游牧者的抉擇：面對漢帝國的北亞游牧部族》，頁24。

〔註79〕《漢書》，卷四十九，〈鼂錯傳〉，頁2284。

〔註80〕武沐著，《匈奴史研究》，頁156。

〔註81〕絳侯周勃與潁陰侯灌嬰兩人，漢時並稱爲「絳、灌」，見《史記三家注》，卷九，〈呂太后本紀〉，頁406；《史記三家注》，卷十八，〈高祖功臣侯者年表〉，頁878；《史記三家注》，卷八十四，〈賈生列傳〉，頁2492；《史記三家注》，卷九十二，〈淮陰侯列傳〉，頁2628。

朝傾國之師，兩大賢王率萬餘名部隊助戰，儘管犧牲了大將白題，冒頓單于也不再派兵增援，任令韓王信獨力苦撐。匈軍連戰連敗，對比之前縱橫草原，動輒破國滅敵的霸悍絕倫，其間的變化有如天壤之別，所以司馬遷明確指出匈奴故意「詳敗走，誘漢兵」，〔註82〕這時匈軍的連戰皆敗，其「示弱誘敵」戰法已次成形。〔註83〕

匈奴兩賢王一路向北敗退出塞，漢方上下已經領教匈軍作戰能力不過爾爾，匈奴佯敗目的已經達到，但誘敵則尚待更進一步發揮。此時情資適時傳入漢營，影響晉陽方面下一步的用兵策略：

> 至晉陽，聞信與匈奴欲擊漢，上大怒，使人使匈奴。〔註84〕

> 匈奴常敗走，漢乘勝追北，聞冒頓居代谷，高皇帝居晉陽，使人視冒頓。〔註85〕

漢方得到兩個重要的情報：一是匈軍並未撤離漢境，僅退止於句注山北，胡騎屯駐代谷，由首領冒頓親統，單于隔塞近在咫尺；二是而叛韓猶存，亡漢之心不死，韓王信欲引匈奴對漢發動攻擊。漢高帝既怒於韓王信聯胡自效，又喜於偵察到強胡首腦單于的所在，如果能趁此將單于統率的匈奴主力一舉殲滅，重創北方新興的草原大國，韓王信不但走投無路，北疆燕、代、雁、雲從此無警，還可將「故河南塞」或「河上塞」北推，回到蒙恬時的「因河為塞」，北疆得到比較完整的地理形勢。若摧破北胡，取得決定性勝利，就能畢胡、韓於一役，強烈的誘因，已掩蓋天候不佳帶來的問題與困難。冒頓等於以自己為大誒，企圖引誘漢軍北上。

單于領軍逗留句注塞外雁、代之地，仍在漢境之內，韓王信其旁為之引導進犯，對漢具大威脅，是可忍，孰不可忍？〔註86〕漢帝雖然被「信與匈奴欲擊漢」的情報激怒，尚能抑制情緒冷靜處理，先派出一批批使者至代谷附近偵測敵情，可見對橫掃草原的單于有所忌憚。依《水經注》所引梅福上事

〔註82〕《史記三家注》，卷一百十，〈匈奴列傳〉，頁2894。

〔註83〕王慶憲認為冒頓最晚在派出兩王統兵支援韓王信時，「誘兵」之策已經展開，見氏著，〈從平城之役看匈奴冒頓單于的「誘」兵之策〉，《內蒙古社會科學（漢文版）》2002.3：44。

〔註84〕見《史記三家注》，卷九十九，〈劉敬傳〉，頁2718。

〔註85〕《史記三家注》，卷九十三，〈韓信列傳〉，頁2633。

〔註86〕「是可忍，孰不可忍？」為孔子之語，見（魏）何晏注，（宋）邢昺疏，朱漢民整理，張豈之審定，《論語注疏》，卷三，〈八佾〉，頁28。

所云，我們可大致界定代谷的地理位置：

> 代谷者，恒山在其南，北塞在其北，谷中之地。上谷在東，代
> 郡在西，是其地也。〔註87〕

「代谷」在漢代可以說是整個桑乾河谷地的統稱，〔註88〕其涵蓋的範圍相當遼闊，腹地甚大且中有河流，植被繁茂水草不乏，又緊鄰漢、匈邊境，十分適合馬騎大軍休止，也利於匈軍北退或南下。漢高帝對威震草原的外族大敵確有一定的戒心，所以人到了晉陽，在採取下一步的軍事行動前，派人前往代谷多達十餘次的情蒐，證明初至晉陽時，漢帝並不莽撞躁進，行動持重謹慎。此時漢、匈雙方的情報戰悄悄開打，漢方放出一批批偵察人員，匈方卻技高一籌，利用漢方因缺乏匈奴方面軍情，不能不用間刺探的機會，遂將計就計反情蒐，藉此釋出一波波惑敵情資：

> 使人使匈奴。匈奴匿其壯士肥牛馬，徒見其老弱及贏畜。使者
> 十輩來，皆言匈奴易擊。上使劉敬復往使匈奴。〔註89〕

> 高皇帝居晉陽，使人視冒頓，還報曰「可擊」。上遂至平城。〔註90〕

> 冒頓匿其精兵，見其贏弱，於是漢悉兵，多步兵，三十二萬，
> 北逐之。〔註91〕

是時句注塞外的匈奴對漢方採取的諜報行動似瞭如指掌，與韓王信等漢人高階降人不知有無關聯。冒頓單于很快做好軍隊調度，隱匿數量龐大、精悍的戰鬥部隊，將後方負責運輸補給的老弱贏畜調到外圍，營造留駐代谷的守衛部隊戰鬥力不強的表象，成功瞞過漢方派出的偵察人員，漢使者的敵情報告一致評估匈奴軍力相對贏弱。

匈奴人沒有自己的文字，〔註92〕所謂「毋文書，以言語爲約束」，〔註93〕冒頓單于通漢語與識漢字的可能性也很低，似無學習漢文軍事著作的機會，但其用兵之法與《孫子兵法》若干篇章的原則幾相符。《孫子兵法・用間篇》

〔註87〕 （北魏）酈道元著，陳橋驛校證，《水經注校證》，卷十三，〈㶟水〉，頁318。

〔註88〕 林澐，〈關於中國的對匈奴族源的考古學研究〉，收入氏著，《林澐學術文集》，頁378。

〔註89〕 見《史記三家注》，卷九十九，〈劉敬傳〉，頁2718。

〔註90〕 《史記三家注》，卷九十三，〈韓信列傳〉，頁2633。

〔註91〕 《史記三家注》，卷一百十，〈匈奴列傳〉，頁2894。

〔註92〕 據文獻與目前考古遺物，並未有匈奴文字物證，見林幹著，《匈奴史》，頁165。

〔註93〕 《史記三家注》，卷一百十，〈匈奴列傳〉，頁2879。

提到幾種用間的原理，其中有「反間」法，要訣是「因敵間而用之」，對此杜牧注釋爲：「敵有間來窺我，我必先知之，或厚賂之，反爲我用，或佯爲不覺，示以僞情而縱之，則敵人之間反爲我用也。」〔註94〕杜注是此戰匈奴使用反間法的最佳詮釋。

在情資與用間戰方面，冒頓單于確能做到事先察覺敵方的間諜行動，又不打草驚蛇，反設計惑敵情資，利用敵間以誤導敵營，創造利己的條件，是用間的高手，後世學者注解《孫子兵法・計篇》的「兵者，詭道也，故能而示之不能，用而示之不用」的原則，亦多以冒頓此處是示弱於敵的戰術。〔註95〕冒頓示弱的目的，似欲引戰力已減且機動力不足的漢軍北上，匈奴馬騎大軍以逸待勞，在句注塞北的代谷伺機而動。

漢高帝劉邦出身平民，〔註96〕他的家境經濟情況似乎還不錯，大體屬於「富裕中農」，〔註97〕是秦末眾多起事群雄中，政治能力傑出的領導人。〔註98〕但政治能力強不等同於軍事能力強，「連百萬之軍，戰必勝，攻必取」

〔註94〕 （周）孫武撰，（漢）曹操等注，楊丙安校理，《十一家注孫子校理》，〈地形篇〉，頁 293〜294。

〔註95〕 諸家如杜牧、何氏注解〈計篇〉的「能而示之不能，用而示之不用」，多以冒頓在此中的示弱戰術爲例，但此處李荃注解以「漢將陳豨反，連兵匈奴」，是將陳豨誤爲韓王信，見（周）孫武撰，（漢）曹操等注，楊丙安校理，《十一家注孫子校理》，〈計篇〉，頁 12〜13。

〔註96〕 劉邦臨終前，亦自言以布衣身份，提劍逐鹿以取天下，見《史記三家注》，卷八，〈高祖本紀〉，頁 391。

〔註97〕 周谷城認爲劉邦出身於「優越自耕農家庭」，見氏著，《中國通史》（上海：上海人民出版社，2003），上冊，頁 176；張傳璽論爲「富裕中農」，見氏著，〈漢高祖劉邦新評〉，收入氏著，《秦漢問題研究（增訂本）》，頁 376〜377。范文瀾認爲劉邦出身是中小農，見氏著，《中國通史簡編》（石家庄：河北教育出版社，2000），上冊，頁 118。

〔註98〕 宋朝蘇軾盛讚深識天下之勢者，無如漢高帝，見（宋）蘇軾撰，《漢高帝論》，收入（明）茅維編，孔凡禮點校，《蘇軾文集》，卷三，〈論〉，頁 82；梁啓超盛讚劉邦雄才大略，見〈張博望班定遠合傳〉，收入氏著，張品興主編，《梁啓超合集》，第三卷，〈新民說〉，頁 800；史家范文瀾評其「有非凡的政治才能」，見氏著，《中國通史》（北京：人民出版社，1978），第二冊，頁 36；同樣歷經創業艱辛，具有開國元首高度，本身又熟讀史籍的毛澤東，評價出身階級成份似不佳的劉邦爲：「高明的政治家」，顯見肯定漢高帝的政治能力，見中共中央文獻研究室編，《毛澤東讀文史古籍批語集》（北京：中央文獻出版社，1997），頁 121；英國史家湯因比對漢高帝的評價很高，他認爲「就成果的持久性來說，漢朝的創建者可以算是所有統一國家締造者中最偉大的政治家」，見氏著，（英）索麥維爾節錄，曹未風、周煦良等譯，《歷史研究》（上

的淮陰侯韓信，〔註99〕曾當面評價漢高帝最多只有指揮十萬士兵作戰的能力。〔註100〕

　　從銅鞮開戰以來，漢朝皇帝親自指揮、節制各軍，是漢方最高軍事指揮官。照韓信的標準，漢軍此戰出動三十多萬的兵力，軍隊的數量實已遠遠超過劉邦的指揮能力。漢高帝的軍事能力比之淮陰侯遠有不如，但從秦二世元年（前209）起事，戎馬倥傯，爭戰於沙場，統兵打仗近十年，憑著政治領袖的身份，綜觀全局的高度，加上長年臨陣對敵，累積豐富的軍事經驗，亦擁有相當的軍情判斷能力。

　　從派出十多批使者刺探軍情可以看出，漢高帝對越塞北攻的軍事行動似格外戒慎。隨著一次次反間情資進來，漢帝步步為營的策略開始改變。「實際面」是漢軍多次打敗匈奴騎兵，「情報面」是集結於代谷拱衛單于的不是精銳部隊。情報面結合實際面，讓漢帝調整「穩健進兵，驅敵復地」的用兵方式，企圖捕捉敵軍主力，殲敵於速戰速決。值得我們注意的是，在十多批使者回報後，漢帝下令大軍越塞北上，但還是覺得不踏實，加派奉春君劉敬為使，做最後一次偵察，可見意識裏對匈奴不無顧忌。而劉敬的觀察回報與眾不同：

> 還報曰：「兩國相擊，此宜夸矜見所長。今臣往，徒見羸瘠老弱，此必欲見短，伏奇兵以爭利。愚以為匈奴不可擊也。」是時漢兵以踰句注，二十餘萬兵已業行。上怒，罵劉敬曰：「齊虜！以口舌得官，今迺妄言沮吾軍。」械繫敬廣武。遂往，至平城。〔註101〕

　　匈奴在情報戰上大獲全勝，幾無漏失任何環節，完全掌握漢營所有的軍情刺探行動，包括最後一次派出的奉春君在內。劉敬所看到匈奴的軍容與之前使者無異，只是他從表象觀察中，精闢推斷兩國交戰中，匈奴大軍羸弱的不合理處，這是刻意塑造的假象，是伏兵誘敵的圈套，建議不攻擊代谷，避免掉進敵人的陷阱之中。但漢高帝決定追擊匈奴的心證，已隨著一批批使者

　　海：上海人民出版社，1986），下冊，頁42。

〔註99〕劉邦對韓信的軍事能力評價見《史記三家注》，卷八，〈高祖本紀〉，頁381。

〔註100〕漢高帝垂詢淮陰侯，問自己能指揮多少軍隊，淮陰侯的回答是：「差不多能指揮十萬人」，見《史記三家注》，卷九十二，〈淮陰侯列傳〉，頁2628。韓信被漢降廢為淮陰侯後，在漢高帝垂詢時說出自己的看法，當有所保留，其言或有溢美，如是則實際上漢高帝直接統率兵團作戰的能力，可能還要更差。

〔註101〕見《史記三家注》，卷九十九，〈劉敬傳〉，頁2718。

的回報形成，最明顯的是早在劉敬回報之前，就下令部隊北上，大批部隊冒著天寒大雪，陸續越句注塞北進，準備攻擊行動，他派劉敬的目的似欲最後確認匈軍羸弱，攻擊代谷的決策妥善，沒想到劉敬會有不同的看法。

劉敬是有見識的人，首先提議建都關中，當時漢高帝是狐疑，沒有馬上接受他的建議，因張良支持都關中，漢帝最後才同意建都關中，並封拜郎中以酬賞其功，號為奉春君。〔註102〕這一次直言，漢高帝是憤怒，沒有冷靜思考劉敬合乎邏輯的分析，他早已下令漢軍越塞進發，預備攻擊行動如箭在弦上，打仗非是兒戲，怎能隨便出爾反爾。劉邦是個粗人，一向「慢而少禮」、「恣侮人」，〔註103〕既認為劉敬在大戰前夕盡講些危言聳聽的話，沮喪己方軍心士氣，便毫不客氣痛罵，並將之械繫於廣武（今山西代縣西南），準備勝利回來再行處置。

以漢營謀臣武將之眾，當不會只有劉敬一人看出事有蹊蹺。諫阻漢高帝越塞北攻的大臣，至少還有御史成：

> 及至高皇帝定天下，略地於邊，聞匈奴聚於代谷之外而欲擊之。
> 御史成進諫曰：「不可。夫匈奴之性，獸聚而鳥散，從之如搏影。今以陛下盛德攻匈奴，臣竊危之。」高帝不聽，遂北至於代谷，果有平城之圍。〔註104〕

御史成勸阻的時間，在匈奴駐軍代谷的消息傳入漢營後，漢高帝打算出句注塞追擊前，這個時間點差不多也是漢方派斥堠不斷偵察之時。御史成的進言與劉敬不同，著眼於漢方與匈奴軍隊明顯的優劣面，特別是匈奴騎兵機動性遠高於漢軍，以步兵對抗騎兵的不利之處，提醒越塞追擊匈奴的冒險性。然而冒頓「詳敗走，誘漢兵」之策已成，再藉著十餘次反間，釋出足以惑敵資訊，讓漢方捨穩打穩紮戰法，大膽採取冒進之策。漢高帝不理會御史成的勸諫，做出快速追擊的決定，而且由本人親自領軍北追。

因為天冷大雪，兼之山路崎嶇難行，步卒行軍速度慢。既然兵貴神速，

〔註102〕劉敬一共有四次重大建言，但都關中的建言，因反對者甚眾，賴張良力贊其事方成，見《史記三家注》，卷九十九，〈劉敬傳〉，頁2715～2716。

〔註103〕陳平指漢王待人的態度如此，見《史記三家注》，卷五十六，〈陳丞相世家〉，頁2055。漢丞相蕭何對漢王一貫待人風格的說法是「素慢無禮」，見《史記三家注》，卷九十二，〈淮陰侯列傳〉，頁2611；東園公、甪里先生、綺里季、夏黃公等四人當面批評漢帝待人「輕士善罵」，見《史記三家注》，卷五十五，〈留侯世家〉，頁2047。

〔註104〕《史記三家注》，卷一百一十二，〈主父偃列傳〉，頁2955。

爲求掌握時效，漢高帝自己率領機動性較強的車騎部隊，先馳越過關塞。隨漢高帝車騎部隊先行出發的將領，幾乎就是之前從上谷、靃人打到雲中、武泉北的同一批將領。漢帝越塞北上後，不進駐離句注近的馬邑，不待步兵主力集結，反而一口氣疾趕至平城，顯然頗有自信。〔註105〕漢皇帝率部份軍隊疾進的結果，自己反趕到大軍最前線，押陣的主帥成了打頭的先鋒。

漢帝親統的部隊遙遙領先大軍，後勤補給線拉的太長，必要時只能先依恃鄰近城塞供應。漢高帝六年（前 201），剛於雁門郡設立武州縣不久，此行御駕出句注塞擊胡，鄰近平城的武州塞城，似可爲前線提供集中給養。〔註106〕然此塞設立未久，雁、代又一度失陷，漢方收復的時間甚短的條件來看，武州塞城能供應的軍需應該是很有限的。

晉北大同盆地北端三面據山的險要之處，〔註107〕秦朝時置平城縣，故治在今天山西省北部的大同市東五里之處，〔註108〕擁有「北拒陰山，南控太行」的地理形勝，因桑乾河流經其南方，附近成爲宜於農耕又宜游牧之區。〔註109〕因東、北、西三面環山，唯獨城南開闊，至二千年後，大同城的易守難攻仍極負盛名，〔註110〕也是華北與漠內的交通樞紐之地。〔註111〕筆者以爲漢高帝率輕軍直奔平城，可扼住長城內外交通之道，截斷匈奴由中道北歸單于庭龍城之路，既易於偵察代谷虛實，又能近便發動攻擊。

單于隱匿代谷待敵，與漢帝輕軍奔襲，兩人截然不同的用兵方式，幾成

〔註105〕武沐認爲劉邦在平城戰役中不顧劉敬勸阻，躊躇滿志率三十萬漢兵一意孤行，見氏著，《匈奴史研究》，頁 156。如果考慮劉邦追擊匈奴前尚派出十多批偵察人員不斷探測敵情，可見原先面對匈奴仍有一定警覺，容或掉以輕心，見獵心喜有之，似不至於躊躇滿志也。

〔註106〕據《左雲縣志》記載，平城戰之時，以武州塞城爲集中補給之地，左雲縣志編纂委員會編，《左雲縣志》，頁 7。

〔註107〕（清）黎中輔纂，許殿璽校注，大同市地方志辦公室徵集整理，《大同縣志》（太原：山西人民出版社，1992），卷四，〈疆域〉，頁 64。

〔註108〕史爲樂主編，《中國地名語源辭典》（上海：上海辭書出版社，1995），〈山西省〉，頁 73。

〔註109〕杜榮泉、謝志誠、夏自正等撰，《燕趙文化志》，收入寧可主編《中華文化通志‧地域文化典》（上海：上海人民出版社，1998），頁 94。

〔註110〕至二十世紀四十年代的國共戰事時，大同仍是公認的易守難攻之地，見張宗遜，《張宗遜回憶錄》（北京：解放軍出版社，1990），頁 298。

〔註111〕學者以五大綜合指標分析，至二十世紀末期，全中國有八十處稱得上是綜合交通樞紐之地，大同亦是其中之一，見張文嘗，〈中國交通樞紐布局及地域群體〉，《經濟地理》10.4（1990）：56～57。

《孫子兵法・虛實篇》的最佳注解：

> 故形人而我無形，則我專而敵分。我專爲一，敵分爲十，是以
> 十攻其一也，則我眾而敵寡；能以眾擊寡者，則吾之所與戰者，約
> 矣。〔註112〕

漢的步兵主力殿後，漢帝脫離大軍，率領輕軍急行，部隊因分散而數量少，又遠道以擊敵，行蹤極易暴露；而匈騎全軍集結，隱匿於無形，養精蓄銳以待敵，是胡騎眾而漢軍寡。匈奴與漢軍的優劣之勢嚴重傾斜，單于也即將在「以眾擊寡」的情況下與漢帝展開決戰。西方兵學經典《戰爭論》也強調會戰時兵力優勢的重要性，其云：

> 必須在決定性的地點把盡可能多的軍隊投入戰鬥〔註113〕

冒頓使漢軍數量分散，卻集中己方兵力，務求決戰時能投入最大的兵力，以取得數量上的優勢。冒頓用兵之道若是，前縱橫草原之勝利其來有自。

漢方顯然不知行蹤暴露，御營部隊趕赴前線之際，危機就此發生。冒頓單于抓住漢高帝未駐蹕平城的時機出手，快速引兵從蹕合圍，胡騎蜂湧漫野而至，漢方措手不及，倉惶急切間無能逃倚堅城爲防，短時間就被胡騎追上了，幸得平城附近地勢較高之處，全軍退扼白登（今山西大同市東北）高地丘陵爲戰，〔註114〕局勢凶險異常。

自馬邑事變以來，一直隱沒不現的匈奴大軍終於出現！這是兩漢王朝史上絕無僅有的一次，漢天子孤軍深陷於四十萬兵強馬壯的匈奴大軍重圍之中（見附圖十二）。綜合白登之圍散載《史記》各處的記錄，可以顯見漢君臣受圍時陷入絕境，漢政權面臨生死存亡關頭的險峻局勢：

> 上出白登，匈奴騎圍上。〔註115〕

> 至平城，匈奴果出奇兵圍高帝白登，七日然後得解。〔註116〕

〔註112〕（周）孫武撰，（魏）曹操等注，楊丙安校理，《十一家注孫子校理》，卷中，〈虛實篇〉，頁116。

〔註113〕（德）克勞塞維茨著，中國人民解放軍軍事科學院譯，《戰爭論》，第一卷，頁205。

〔註114〕中國歷史大辭典・秦漢史卷編纂委員會編，《中國歷史大辭典・秦漢史卷》，〈白登山〉條，頁128。

〔註115〕《史記三家注》，卷九十三，〈韓信列傳〉，頁2634。

〔註116〕見《史記三家注》，卷九十九，〈劉敬傳〉，頁2718。

　　遂至平城，爲匈奴所圍，七日。〔註117〕

　　卒至平城，爲匈奴所圍，七日不得食。〔註118〕

　　高帝先至平城，步兵未盡到，冒頓縱精兵四十萬騎圍高帝於白
登，七日，漢兵中外不得相救餉。〔註119〕

　　追北至平城，爲胡所圍，七日不得通。〔註120〕

　　猶記漢王五年（前202）時，漢方合各路諸侯，將四十萬重兵包圍垓下，〔註121〕項王四面楚歌，〔註122〕不過才兩年，漢帝自己也遭遇四十萬重兵圍住的命運。當時悍勇的霸王還能將八百餘騎突圍而走，〔註123〕漢帝就無此之能了。匈奴人控馬擅騎，馬匹的數量太驚人，機動力遠勝漢兵。從白登望去，匈奴幾十萬馬騎，〔註124〕以四種不同顏色的馬匹，集結於東西南北四區：西方盡白馬，東方盡青駹馬，北方盡烏驪馬，南方全是赤黃色的騂馬。〔註125〕這是個四色分明、一眼望不到邊際的威武馬騎戰陣，匈奴戰馬成群，誇張到「投鞍高如城者數所」，馬匹數量多到氣勢驚人。

　　漢帝倉促遭襲，進而陷入重圍，並未馬上成擒，猶做困獸之鬥，一線生機尚存之因，筆者試析如下：

　　其一，白登山是位於平城以東高百餘尺的土山，〔註126〕狀類丘陵的高地，〔註127〕漢方幸得此山高地可守，方得負隅頑抗，若相持於曠原平野之上，雙方眾寡不敵，匈奴千軍萬騎潮水般前撲後繼，箭矢如雨，追射立盡，

〔註117〕《漢書》，卷一，〈高帝紀〉，頁63。

〔註118〕《史記三家注》，卷五十六，〈陳丞相世家〉，頁2057。

〔註119〕《史記三家注》，卷一百十，〈匈奴列傳〉，頁2894。

〔註120〕《史記三家注》，卷九十五，〈夏侯嬰列傳〉，頁2666。

〔註121〕《史記三家注》，卷十八，〈高祖功臣侯者年表〉，頁899。

〔註122〕《史記三家注》，卷七，〈項羽本紀〉，頁333；胡綜僞吳質文云：「高祖誅項，四面楚歌」，見（西晉）陳壽，《三國志》，卷六十二，〈胡綜傳〉，頁1415。

〔註123〕《史記三家注》，卷七，〈項羽本紀〉，頁334～335。

〔註124〕《漢書》記載爲「縱精兵三十餘萬騎圍高帝於白登」見卷九十四，〈匈奴傳〉，頁3743。

〔註125〕《史記三家注》，卷一百十，〈匈奴列傳〉，頁2894。

〔註126〕見《史記三家注》，卷八，〈高祖本紀〉，《正義》引《括地志》云：「服虔曰：『白登，臺名，去平城七里』。李穆叔《趙記》云：『平城東七里有土山，高百餘尺，方十餘里』」，頁385。

〔註127〕見《史記三家注》，卷九十三，〈韓信列傳〉，《集解》引如淳注：「平城旁之高地，若丘陵也」，頁2634。

〔註128〕則漢軍勢難持久相抗。

其二，漢方雖無堅牆可資防守，但既佔居高臨下地利，丘陵坡地路徑逼側蜿蜒，不利大規模衝鋒，漢軍以彊弓硬弩先行射住匈騎衝擊，或繼急以挖溝、伐木等設阻障礙山道，甚至可堆阻車騎部隊中的戰車爲營障，後世漢軍深入匈奴之境作戰有二例可供參考：

（一）元狩四年（前119）時，漢大將軍衛青在幕北無險可守的大漠草原中與單于對陣，〔註129〕便自環武剛車爲營守。〔註130〕這種有巾有蓋的武剛車，並不是戰車，〔註131〕主要作爲運輸用途，將之停放排列後可成爲類似堡壘的障礙物，〔註132〕可阻敵騎的衝擊，遮攔敵箭的射矢。

（二）天漢二年（前99），李陵以步兵五千人出居延（今內蒙古額濟納旗東南哈拉和圖），被單于以三萬騎圍於浚稽山（約今蒙古人民共和國土拉河、鄂爾渾河上源以南）時，〔註133〕李陵以大車爲營，營外佈設前行持戟盾，後行持弓弩之陣，敵人接近即千弩俱發。在寡眾懸殊不敵的情況下，李陵率軍且戰且走，強行勉力支持了許多天。〔註134〕

只要能阻擋匈奴馬騎漫野馳逐，減緩敵人瞬時雷霆一擊般攻勢，漢軍便能爭取到抵抗的時間。

其三，隨侍皇帝身旁這一批文臣武將，人數雖不多，卻各具文攻武鬥之能：文臣有護軍中尉戶牖侯陳平，〔註135〕武將有車騎將軍潁陰侯灌嬰、〔註136〕

〔註128〕如李廣爲上郡守時，將百騎追擊匈奴射雕人，途遇匈奴數千騎，部下驚恐欲馳避，李廣云匈奴追射則漢騎立盡，見《史記三家注》，卷一百九，〈李將軍列傳〉，頁2868。漢高帝處境與之彷彿，匈騎眾而漢軍寡，追逐競馳，亦追射立盡也。

〔註129〕《史記三家注》，卷一百一十一，〈衛將軍列傳〉，《索隱》按：「幕即是沙漠」，頁2934。

〔註130〕衛青以武剛車自環爲營，與單于對戰之事，見《史記三家注》，卷一百一十一，〈衛將軍列傳〉，頁2935。

〔註131〕勞榦，〈漢代兵制及漢簡中的兵制〉，收入氏撰，《勞榦學術論文集甲編》，上冊，頁212。

〔註132〕勞榦，〈漢代的軍用車騎和非軍用車騎〉，收入氏著，《古代中國的歷史與文化》，頁212。

〔註133〕倉修良主編，魏得良、王能毅副主編，《史記辭典》，〈居延〉條，頁316；〈浚稽山〉條，頁439。

〔註134〕《漢書》，卷五十四，〈李廣傳〉，頁2452～2453。

〔註135〕《史記三家注》，卷五十六，〈陳丞相世家〉，頁2057。

〔註136〕《史記三家注》，卷九十五，〈灌嬰列傳〉，頁2671。

將軍舞陽侯樊噲、〔註137〕將軍絳侯周勃、〔註138〕太僕汝陰侯夏侯嬰、〔註139〕騎都尉信武侯靳歙等將領。〔註140〕文臣陳平機巧權變，參謀能力之強，可與「運籌策帷帳之中，決勝於千里之外」的張良並稱「良、平」，〔註141〕為漢方參謀人才之翹楚；樊噲、灌嬰、周勃等武將皆甚有識見，〔註142〕樊噲與漢高帝是連襟，〔註143〕在鴻門會險境時，項莊舞劍的危急時刻，帶劍擁盾衝撞攔阻的衛兵，直入項軍大營中為沛公辯護，其膽識被上將軍項羽稱為「壯士」且賜酒，〔註144〕周勃「重厚少文」，〔註145〕漢高帝甚是看重，「以為可屬大事」，〔註146〕夏侯

〔註137〕《漢書》，卷三十七，〈季布傳〉，頁 1977；《漢書》，卷九十四，〈匈奴傳〉，頁 3755。

〔註138〕《史記三家注》卷五十七，〈絳侯周勃世家〉，頁 2069。

〔註139〕《史記三家注》，卷九十五，〈夏侯嬰列傳〉，頁 2666。

〔註140〕《史記三家注》，卷九十八，〈靳歙列傳〉，頁 2711。

〔註141〕漢高帝稱讚漢臣中之三大人傑，對張良的評價如此，見《史記三家注》，卷八，〈高祖本紀〉，頁 381。《漢書》，卷二十三，〈刑法志〉，頁 1090，以良、平之謀並稱；漢末鄭泰亦以「良平之謀」對董卓進言，見（晉）陳壽，《三國志》，卷十六，〈鄭渾傳〉，頁 509；蜀漢丞相諸葛亮亦以良、平並稱，為漢高帝時謀臣之代表，見（清）嚴可均輯，馬志偉審訂，《全三國文》卷五十八，頁 589；裴松之以為張良與陳平乃漢最傑出之謀臣，見（晉）陳壽，《三國志》，卷十，〈賈詡傳〉，頁 332；晉段灼上表晉帝亦稱「良平之奇謀」，見（唐）房玄齡等撰，《晉書》，卷四十八，〈段灼列傳〉，頁 1345。陳平得與張良並稱久著，其當智謀出眾，為漢方頂尖之參謀人才。

〔註142〕在鴻門會前，沛公就清楚了解當時楚軍勢大，非自己所能夠抵敵，項伯也要沛公自親自向項羽解釋，劉邦迫於情勢，冒險親赴楚營以表臣服，見《史記三家注》，卷七，〈項羽本紀〉，頁 311～312；項羽安排劉邦就封鄙遠蜀地時，楚強漢弱的格局未變，漢王仍因憤怒，欲做出不智的出兵攻項之舉，樊噲、周勃、灌嬰等皆力加勸阻，三位大將對敵我形勢與力量有客觀的評估，展現其見識，見《漢書》，卷三十九，〈蕭何傳〉，頁 2006。

〔註143〕樊噲娶呂后妹呂嬃，見《史記三家注》，卷五十六，〈陳丞相世家〉，頁 259；另，〈樊噲列傳〉，呂嬃作「呂須」，樊噲也因為姻親的身份，與高帝之間比其他諸將更為親近，見《史記三家注》，卷九十五，〈樊噲列傳〉，頁 2659。

〔註144〕樊噲甚具識見，非徒一勇之將，曾在漢王入咸陽後，與張良一起勸阻沛公欲入居宮中休息之舉，見《史記三家注》，卷八，〈高祖本紀〉，頁 362；樊噲在鴻門會中智勇的表現，見《史記三家注》，卷七，〈項羽本紀〉，頁 313；史遷認為鴻門會中，如果不是樊噲衝入項軍議事大營中，適時以一番貼切又義正辭嚴的說辭加以衛護，沛公危險的處境勢難化解，見《史記三家注》，卷九十五，〈樊噲列傳〉，頁 2654。

〔註145〕漢高帝臨終前對周勃的評價，並認為周勃是可以托囑安定劉氏政權大事的要臣，許其為掌握兵權的太尉，見《史記三家注》，卷八，〈高祖本紀〉，頁 392。

嬰忠心耿耿，在故秦時即與劉邦熟識，漢高帝本人與子女皆負其私恩。〔註147〕所謂的漢初十八侯中，〔註148〕最負戰鬥功的五侯就隨侍在漢帝身旁。

　　漢之謀臣、猛將、兵士爪牙俱全，除陳平稍晚進入權力核心外，〔註149〕陷於重圍之中的將領皆是對漢高帝忠誠度高的淮泗集團之人，全是新朝廷的政治權貴，他們與劉邦本人是政治生命共同體，在外族大敵當前之時，並無陣前倒戈的可能性。漢方這些勳臣武將政治前途才要展開，他們依附在劉邦之下，彼此利益一致，唯有團結拼命，保扶漢帝共渡難關，才能繼續共享政治權力與富貴。

　　漢世與匈奴交戰時，曾多次發生統兵將領率兵投降匈奴的例子，最早發生的就是漢高帝時的韓王信，其次著如漢武帝元朔六年（前123）的前將軍翕侯趙信，〔註150〕天漢二年（前99）時的騎都尉李陵，〔註151〕征和三

〔註146〕見《史記三家注》，卷五十七，〈絳侯周勃世家〉，頁2071。

〔註147〕夏侯嬰在劉邦為亭長時，為其繫獄年餘，遭受掠笞數百的重刑；在彭城兵敗時，漢高帝嫌子、女累贅，多次推墮子、女，以減輕馬匹負重，賴夏侯嬰多次收載相救，見《史記三家注》，卷九十五，〈夏侯嬰列傳〉，頁2663～2665。夏侯嬰從劉邦未發跡時，即展現極為難能的友好態度，又追隨劉邦爭戰天下，忠心耿耿，其後在白登出圍時，亦有其相當的識見表現，下文中會提及。

〔註148〕見《史記三家注》，卷十八，〈高祖功臣侯者年表〉，《索隱》姚氏曰：「蕭何第一，曹參二，張敖三，周勃四，樊噲五，酈商六，奚涓七，夏侯嬰八，灌嬰九，傅寬十，靳歙十一，王陵十二，陳武十三，王吸十四，薛歐十五，周昌十六，丁復十七，蟲逢十八」，頁879；又《漢書》，卷十六，〈高惠高后文功臣表〉，顏師古所注的十八位次與《索隱》相同，唯第十八侯「蟲逢」作「蟲達」，頁527。此十八侯中，位次第一的蕭何是文臣，長期負責後勤補給，高帝所謂：「鎮國家，撫百姓，給餽饟，不絕糧道」，蕭何無前敵戰鬥之戰功，見《史記三家注》，卷八，〈高祖本紀〉，頁381；群臣爭功之際，軍功武將也譏詆「蕭何未嘗有汗馬之勞，徒持文墨議論，不戰」，見《史記三家注》，卷五十三，〈蕭相國世家〉，頁2015。另外，張敖的軍功幽渺難稽，故軍功十八侯中的戰將，似可以十六侯視之。在白登之圍中，漢朝最為能征慣戰的將領中，就有五侯共陷圍中，幾佔十六侯的三分之一。

〔註149〕鴻門會時，陳平隸屬項王麾下，官任楚都尉，其時曾與沛公相見，見《史記三家注》，卷七，〈項羽本紀〉，頁314。但晚至楚漢相爭後，陳平才背楚投入漢方，見《史記三家注》，卷五十，〈陳丞相世家〉，頁2053。

〔註150〕趙信降匈奴事，見《史記三家注》，卷一百一十一，〈衛將軍列傳〉，頁2927；《史記三家注》，卷一百十，〈匈奴列傳〉，頁2908。

〔註151〕《史記三家注》，卷一百九，〈李將軍列傳〉，頁2877～1878；《史記三家注》，卷一百十，〈匈奴列傳〉，頁2918。

年（前 90）時的貳師將軍海西侯李廣利，〔註 152〕這幾個將領舉軍降匈的原因有異，或因政治前途黯淡，身家性命受到威脅，或處深入敵境，戰況至為危急不利，他們的共通點都是統兵將領個人一投降，制下全軍不得不盡豎白旗。蓋古代軍法酷烈異常，統兵將領節制軍隊後，掌握全軍上下生死大權，違犯軍令者動輒被處死，所謂「將在軍，君令有所不受」，〔註 153〕「君令不入軍門」，〔註 154〕統帥的權柄至大至重，在軍中言出法隨令行。

白登重圍時，漢舉軍陷困蹈危，但漢帝親自節制全軍，將領忠誠無虞，除非是漢帝本人投降，否則家室盡在漢地的兵卒，只能服從軍令，一意死命力護漢帝脫圍，別無出路。

其四，漢軍兵卒過去在戰爭中，不乏陷入生死交關的險境中，因而激發鬥志奮戰的例子，如漢三年（前 204），韓信攻趙時的背水一戰，活用了「投之亡地然後存，陷之死地然後生」的兵法原理，〔註 155〕故意讓漢軍部隊背水列陣，使士兵陷入無路可退的險境，激發其危機意識，使所有兵士為了活命而拼命，因而大獲全勝。〔註 156〕漢方陷入重圍，困守白登一隅，無形中與「背水戰」時的局面相若。《孫子兵法・九地篇》云：「疾則戰，不疾戰則亡者，為死地」，何氏的注解為：「死地力戰或生，守隅則死」，〔註 157〕漢方因輕敵冒進，致陷白登重圍死地，士卒拼死奮戰，猶有一絲生機，為求生而發揮高度的戰鬥力量。

漢方兵少、糧缺、援絕，孤軍深入困守一隅，處境險峻之至，瀕臨生死存亡的關頭，兵士為求活命，不用約束號令便能齊心堅守陣地。漢軍僥倖得白登高地形勢之利，勉強阻擋敵人立即吞噬，暫時形成相持的局面，最困難

〔註 152〕《漢書》，卷六十一，〈李廣利傳〉，頁 2703～2704；《漢書》，卷九十六下，〈西域傳〉，頁 3912。

〔註 153〕齊景公以司馬穰苴為將抵禦燕、晉，司馬穰苴甫一臨軍統兵視事，即總制全軍，不徵求國君之意，先悍然斬後期的監軍莊賈，再斬馳入軍中的景公使者僕、左駟、馬左驂，令三軍股慄，見《史記三家注》，卷六十四，〈司馬穰苴列傳〉，頁 2157～2158；又中郎署長馮唐對漢文帝說明派遣大將後，將在外獨攬大權，其威柄至重，見《史記三家注》，卷一百二，〈馮唐列傳〉，頁 2758。

〔註 154〕（周）孫臏撰，《孫臏兵法》，收入《中國兵書集成》編委會編，《中國兵書集成》（北京：解放軍出版社，1987），第一冊，頁 322。

〔註 155〕（周）孫武撰，（漢）曹操等注，楊丙安校理，《十一家注孫子校理》，卷下，〈九地篇〉，頁 261。

〔註 156〕《史記三家注》，卷九十二，〈淮陰侯列傳〉，頁 2617。

〔註 157〕（周）孫武撰，（漢）曹操等注，楊丙安校理，《十一家注孫子校理》，卷下，〈九地篇〉，頁 239。

的反倒是糧食缺乏的問題。漢高帝出平城怎知自己會被圍困，隨軍不會帶很多糧食，現在後勤補給又完全中斷。漢人雖一日才吃兩頓飯，〔註158〕有限的糧秣逐頓逐日耗減，撐不了幾日，漢軍很快就陷入斷炊難以爲繼的地步，飢寒窘迫的兵士傳唱圍中的艱苦處境：

> 士卒歌之曰：「平城之下禍甚苦，七日不食，不能彎弓弩。」
〔註159〕

困守白登短短七天，漢營糧食早已難以支撐，飢乏欲死的士兵傳唱餓到無力拉弓弦的苦楚，此役結束後，漢軍在白登遭圍飢餓狼狽之慘，隨著兵罷歸家傳開來，成爲舉國通曉之事，在爾後很長的一段時間內，當漢、匈兩國有武力衝突的可能時，漢廷認眞考慮以武力對付匈奴之際，大臣不忘以此役之慘痛回憶，諫阻對匈戰事。發生在呂后時冒頓國書冒犯事件與漢武帝馬邑之謀的御前會議，〔註160〕都可以看出白登之圍的陰影。

第三節　和戰角力與解圍脫困

劉邦曾對項羽說自己「寧鬥智，不能鬥力」，〔註161〕這也是他力量比不過敵人時，逆境求生的應變之道。白登無炊逼逢絕境，燃眉之急刻不容緩，飢寒交迫的漢營無與匈奴鬥力之能，唯出之以鬥智。隨侍於漢軍之中，以機智權變、「多陰謀」奇計聞名的護軍中尉戶牖侯陳平，再次籌思出應變之策，沒有讓稱讚他「吾用先生謀計，戰勝剋敵」的漢帝失望。〔註162〕

陳平少喜黃、老，個人的私德很有爭議，尤其是「盜嫂受金、去魏亡楚」等行爲甚受外界譏評，其操行一度被漢王質疑。向漢王薦用陳平的魏無知對此倒很坦然，他知道陳平私德方面的口碑不佳，不過他反問漢王「有德無才」與「有才無德」兩者，哪種對漢的爭霸天下事業有幫助？成大事者不拘小節，

〔註158〕《漢書》，卷二十四上，〈食貨志〉，頁1131。

〔註159〕《漢紀》完成於《漢書》之後，以「士卒」歌之，符合當時白登圍中士兵所唱，其後斯事方傳開，才會有「天下歌之」的情況，見（漢）荀悅撰，《漢紀》，收於楊家駱主編，《漢紀西漢年紀合刊》（臺北：鼎文書局，1977），卷三，〈前漢高祖皇帝紀〉，頁24。

〔註160〕呂后時的廷辯見《史記三家注》，卷一百，〈季布列傳〉，頁2730～2731。武帝時的廷辯見《漢書》，卷五十二，〈韓安國傳〉，頁2400。

〔註161〕《史記三家注》，卷七，〈項羽本紀〉，頁328。

〔註162〕陳平自謂：「我多陰謀」，及漢高帝稱讚之言，見《史記三家注》，卷五十六，〈陳丞相世家〉，頁2057、2062。

在用人唯才的非常時期，私德是瑣細小節，也不是重點，苛求這部份無益，人才只論能力與否，顧不上私德的部份。〔註163〕務實不務虛，做事以功利成效爲導向，使陳平構畫謀略時少受框縛，只求能夠達到目的，在爾後爲漢效命的漫長政治生涯中，〔註164〕他機巧善變、趨利避害、不計毀譽，有才少德的行事風格始終如一，魏無知對他有很深刻的認識。

　　楚漢相爭時，陳平受漢王親任，參與重大核心決策，滎陽之圍時，他首次謀畫即有出色的表現，《史記》在〈項羽本紀〉、〈高祖本紀〉、〈陳丞相世家〉分載此事，可以讓我們了解敵強我弱的險境下，他如何施展謀略，其後面臨類似的政治情勢時，他定策擘畫的脈絡也就依稀可知：

　　　　項王乃與范增急圍滎陽。漢王患之，乃用陳平計閒項王。項王
　　　　使者來，爲太牢具，舉欲進之。見使者，詳驚愕曰：「吾以爲亞父使
　　　　者，乃反項王使者。」更持去，以惡食食項王使者。使者歸報項王，
　　　　項王乃疑范增與漢有私，稍奪之權。范增大怒，曰：「天下事大定矣，
　　　　君王自爲之。願賜骸骨歸卒伍。」項王許之。行未至彭城，疽發背
　　　　而死。漢將紀信說漢王曰：「事已急矣，請爲王誑楚爲王，王可以閒
　　　　出。」於是漢王夜出女子滎陽東門被甲二千人，楚兵四面擊之。紀
　　　　信乘黃屋車，傅左纛，曰：「城中食盡，漢王降。」楚軍皆呼萬歲。
　　　　漢王亦與數十騎從城西門出，走成皋。項王見紀信，問：「漢王安在？」
　　　　信曰：「漢王已出矣。」項王燒殺紀信。〔註165〕

　　　　漢王請和，割滎陽以西者爲漢。項王不聽。漢王患之，乃用陳
　　　　平之計，予陳平金四萬斤，以閒疏楚君臣。於是項羽乃疑亞父。亞
　　　　父是時勸項羽遂下滎陽，及其見疑，乃怒，辭老，願賜骸骨歸卒伍，
　　　　未至彭城而死。〔註166〕

　　　　「大王誠能出捐數萬斤金，行反閒，閒其君臣，以疑其心，項
　　　　王爲人意忌信讒，必內相誅。漢因舉兵而攻之，破楚必矣。」漢王
　　　　以爲然，乃出黃金四萬斤，與陳平，恣所爲，不問其出入。陳平既

〔註163〕《史記三家注》，卷五十六，〈陳丞相世家〉，頁2054。
〔註164〕漢文帝二年（前178）十月，陳平病逝於丞相任上，見《史記三家注》，卷十，
　　　　〈孝文本紀〉，頁422。
〔註165〕《史記三家注》，卷七，〈項羽本紀〉，頁325～326。
〔註166〕《史記三家注》，卷八，〈高祖本紀〉，頁373。

多以金縱反間於楚軍，宣言諸將鍾離眜等爲項王將，功多矣，然而終不得裂地而王，欲與漢爲一，以滅項氏而分王其地。項羽果意不信鍾離眜等。項王既疑之，使使至漢。漢王爲太牢具，舉進。見楚使，即詳驚曰：「吾以爲亞父使，乃項王使！」復持去，更以惡草具進楚使。楚使歸，具以報項王。項王果大疑亞父。亞父欲急攻下滎陽城，項王不信，不肯聽。亞父聞項王疑之，乃怒曰：「天下事大定矣，君王自爲之！願請骸骨歸！」歸未至彭城，疽發背而死。〔註167〕

上述引文皆記述發生在漢三年（前204）的滎陽之圍，整個過程值得注意之處有七：

其一，漢大將韓信方以背水戰擊殺陳餘，趙地尚未完全平撫，燕、齊未下，〔註168〕廣大的河北未落入漢方手中，楚漢主力相持於滎陽之間，其時楚方勢大，項王驍勇善戰，戰場上是楚強漢弱的格局，當時的情況對漢十分不利。

其二，楚漢相爭時，漢與西楚惡鬥不休，雙方長期交戰，戰爭中依舊有使者互相往還，甚至項王之下的大將，像是亞父范增等也可以派遣使者至漢營，楚漢之間並沒有完全中斷對話的管道。

其三，雙方透過遣使對話，可以傳遞消息，使者深入敵營刺探軍情，將所見所聞與所受對待，據實加以匯報。於是利用敵營使者可以「反間」，將己方刻意塑造的訊息傳至敵營，如漢營刻意做作之所爲。

其四，光透過飲食豐盛與否之招待方式，附之以言語，可呈現出不同的親疏禮遇，甚至坐向的安排，〔註169〕皆能使主客明顯感受待遇上的差別。

其五，陳平對人性的心理面有很好的掌握，針對項羽爲人個性上「意忌信讒」的特點下手，擬定讓項羽猜忌部下的離間方法。

其六，漢王給了陳平爲數龐大的經費，有金四萬斤之多，任其全權處理，自由運用，以實施他所制定的反間計，離間楚營上下的信任關系。按黃金一斤依官定標準折換比例值一萬錢，〔註170〕四萬斤金的價值驚人，折算

〔註167〕《史記三家注》，卷五十六，〈陳丞相世家〉，頁2055～2056。
〔註168〕《漢書》，卷一，〈高帝紀〉，頁41。
〔註169〕余英時論說戰國秦漢時，當時的坐次安排有其通行之習慣，藉著坐次可呈現出賓主及尊卑之意，見〈說鴻門宴的坐次〉，收入氏著，《史學與傳統》，頁184～192。
〔註170〕金貴錢賤，黃金折算銅錢的實際價格一般會比官定的一萬錢更高，見勞榦，

後約為四萬萬錢。為求達到政治目的，漢王一向出手大方，「能饒人以爵邑」，〔註171〕只問方法有效與否，不吝給予爵位、封邑，所以給予陳平寬綽的反間經費，准許便宜行事，只要離間的效果出來，並不過問錢的花費用途與去處。

其七，滎陽被圍困到缺糧乏食，漢方高層要突圍前，從東門中放出很多婦女，以吸引楚營兵士注意，藉此掩護漢王等要員逃遁出城。這是漢方在戰時利用婦女以達目的的著名例子。

白登之圍與滎陽之圍的情勢雖不盡同，卻有類似之處，匈奴兵力遠勝，漢方處境至為不利，交戰中的漢、匈兩國仍可使臣往還，陳平再次利用這唯一可以直達敵營傳遞訊息的管道。漢方處境艱險，救兵遲遲不到，遣使交涉當然是希望事件能和平解決，難就難在匈奴佔盡上風，漢皇帝幾已成擒的情況下，要匈奴輕易退兵就不是那麼容易了。匈奴的戰和大計取決於雄主冒頓單于，環繞週遭用事的顯貴也能參贊預聞機要，漢方必須雙管齊下，一面直接與單于商談條件，一面找出權力核心中能夠影響單于決策的人。

告子云：「食色，性也」，〔註172〕「飲食」與「男女關係」是人類最基本的生理需求。〔註173〕漢王前於滎陽之圍逸脫，走西門時已諳於利用婦女，此次飲食無有作用，唯有捨食而就色。與單于之間關係親密者，莫如帷幄共同生活起居之人，關氏隨軍征戰在營，兼具「親」且「貴」雙重身份，對單于有相當的影響力，前頭曼單于欲易換太子，就是關氏改變單于心意的最好的例子。陳平將主意動到單于身旁，與聞軍國大政的關氏，〔註174〕企圖打開

〈漢代黃金及銅錢的使用問題〉，收入氏撰，《勞榦學術論文集甲編》，下冊，頁1318。是漢方投入的反間經費較四億錢更多，這是一筆相當龐大的經費。

〔註171〕《史記三家注》，卷五十六，〈陳丞相世家〉，頁2055。

〔註172〕（漢）趙岐注，（宋）孫奭疏，廖名春、劉佑平整理，錢遜審定，《孟子注疏》，卷十一上，〈告子章句上〉，頁296。

〔註173〕按馬斯洛（Maslow）的「需求層次論」，「維持生存」及「延續種族」的生理需求是基本需求的最底層，見張春興著，《現代心理——現代研究自身問題的科學（第2版）》（上海：上海人民出版社，2005），頁338～339。

〔註174〕冒頓幾失太子之位與頭曼單于新寵關氏有關，匈奴婦女在政事上有其影響力。匈奴婦女且隨軍征戰，可對軍國大事發表見解議論，甚至千餘年後的蒙古國，蒙古諸部之婦女亦能議軍，見（日）江上波夫著，張承志譯，《騎馬民族國家》，頁25、32～33；在政權過渡期，關氏甚至涉入謀立新單于大政，如顓渠關氏與其弟左大且渠都隆奇謀，立右賢王屠耆堂為握衍朐鞮單于（前60～前58），見《漢書》，卷九十四上，〈匈奴傳〉，頁3789。

一道求生的缺口。《史記》與《漢書》都將此次陳平謀畫的成敗關鍵明確指向關氏。陳平策畫與關氏搭上線，讓關氏發生影響大局的作用，紀、傳各有所述：

> 高帝用陳平奇計，使單于關氏，圍以得開。高帝既出，其計祕，世莫得聞。……『此策乃反薄陋拙惡，故隱而不泄。高帝見圍七日，而陳平往說關氏，關氏言於單于而出之，以是知其所用說之事矣。彼陳平必言漢有好麗美女，爲道其容貌天下無有，今困急，已馳使歸迎取，欲進與單于，單于見此人必大好愛之，愛之則關氏日以遠疏，不如及其未到，令漢得脫去，去，亦不持女來矣。關氏婦女，有妒媢之性，必憎惡而事去之。』」〔註175〕

> 上乃使人厚遺關氏。關氏乃說冒頓曰：「今得漢地，猶不能居；且兩主不相戹。」〔註176〕

> 高帝使使厚遺關氏，冒頓開圍一角。〔註177〕

> 高帝乃使使閒厚遺關氏，關氏乃謂冒頓曰：「兩主不相困。今得漢地，而單于終非能居之也。且漢王亦有神，單于察之。」冒頓……亦取關氏之言，乃解圍之一角。〔註178〕

> 應劭曰：「陳平使畫工圖美女，閒遣人遺關氏，云漢有美女如此，今皇帝困厄，欲獻之。關氏畏其奪己寵，因謂單于曰：『漢天子亦有神靈，得其土地，非能有也。』於是匈奴開其一角，得突出。」鄭氏曰：「以計鄙陋，故祕不傳。」師古曰：「應氏之說出桓譚新論，蓋譚以意測之，事當然耳，非紀傳所說也。」〔註179〕

《集解》與《正義》之注，皆以匈奴的「關氏」比附爲漢朝的「皇后」，〔註180〕此觀點較狹，若放寬將之視爲相當於「妻、妾」之屬的身份，〔註181〕

〔註175〕《史記三家注》，卷五十六，〈陳丞相世家〉，頁2057。

〔註176〕《史記三家注》，卷九十三，〈韓信列傳〉，頁2634。

〔註177〕《史記三家注》，卷九十五，〈夏侯嬰列傳〉，頁2666。

〔註178〕《史記三家注》，卷一百十，〈匈奴列傳〉，頁2894。

〔註179〕《漢書》，卷一下，〈高帝紀〉，頁63。

〔註180〕見《史記三家注》，卷五十六，〈陳丞相世家〉，《集解》引蘇林曰：「關氏音焉支，如漢皇后」，頁2057；《史記三家注》，卷九十三，〈韓信列傳〉，《正義》注「關，於連反，又音燕。氏音支。單于嫡妻號，若皇后」，頁2634。

〔註181〕林幹以爲「匈奴稱妻、妾爲關氏」，見氏著《匈奴史》，頁23。

或更得其實。關氏本與漢方風馬牛不相及，漢方趁著派出使臣至匈奴營地交涉時找機會與其接觸。〔註 182〕深知人性心理的陳平操作兩手策略，一方面呈奉財貨寶物重賄關氏，以搏其歡心，乞其為圍中的漢方美言，另一方面為使拿了漢方的好處的關氏盡力，又讓漢使呈上漢營中巧手擅繪工匠所畫漢人美女圖，以異國美貌漢女將入侍的風聲刺激關氏。〔註 183〕

　　自來宮闈之內的政治風險奇大，冒頓還是太子時，只因頭曼單于新寵關氏，弄到太子地位與性命幾乎都不保，冒頓以政變弒父，盡殺關氏與弟，誅戮一干黨羽，親子骨肉昆弟顯貴尚復如此，況關氏一婦人乎？殷鑑不遠，若後宮失寵，前途命運難卜。陳平利用宮闈中「以色事人者，色衰則愛馳」之理，〔註 184〕激發關氏內心深層的惶恐，以財物重賄結其歡，以宮闈疏寵恐其情，一拉一打，雙管齊下，堅固關氏的意向，為了自身的利害關係，使其真能賣力為漢方說項。

　　漢方的「曖昧反間之計」，〔註 185〕成功左右了關氏的意向，她對冒頓單于建言放過漢天子，其理由想要打動精明幹練的單于，必須直指核心，切中利害關係，否則難以產生影響作用。筆者將關氏的說辭約略分析如下：

　　其一，關氏持「今得漢地，猶不能居」之說法，這反映了當時一般匈奴人對漢地的看法。長城內外經濟型態有所差別，長城以南廣大的農業漢朝風土，與長城以北草原游牧為主的方式不同，若要久居漢地統治漢人，經濟生活型態的差異需做調整，這難以急切間克服。

　　其二，長城東西綿延，形成地理上的南北阻隔，從後世漢匈交涉時，雙方的國書中可看出端倪。漢天子致匈奴國書云：

〔註 182〕見《漢書》，卷九十四上，〈匈奴傳〉，顏師古注解曰：「求間隙而私遺之」，頁3753。

〔註 183〕孫暢之《述畫》所言與應劭之言類似：「漢高祖被圍七日，陳平使能畫作美女，送冒頓。關氏恐冒頓勝漢，其寵必衰，說冒頓解圍於此矣」，見（北魏）酈道元著，陳橋驛校證，《水經注校證》，卷十三，〈漯水〉，頁 314。獻圖與否，抑獻之單于或關氏，文獻記載之小異，並不影響其事之功效，甚或使使者微諷斯事，亦得見其功。

〔註 184〕呂不韋以五百金買奇物玩好奉獻華陽夫人姊，透過其姊遊說華陽夫人之語。她建議華陽夫人把握當寵之時，早做色衰愛馳時之準備，辭令精采見聽，華陽夫人以為然。華陽夫人正當受寵之際，安國君自然禁不住華陽夫人一波涕泣攻勢，果立子楚為嗣，《史記三家注》，卷八十五，〈呂不韋列傳〉，頁 2507。

〔註 185〕梁啟超以為漢採用此計，是「曖昧反間之計」，見〈張博望班定遠合傳〉，收入氏著，張品興主編，《梁啟超合集》，第三卷，〈新民說〉，頁 800。

　　　　長城以北，引弓之國，受命單于；長城以內，冠帶之室，朕亦

　　制之〔註186〕

　　單于致漢國書中云：

　　　　南有大漢，北有強胡。胡者，天之驕子也〔註187〕

　　漢朝與匈奴各有其生存領域，北匈南漢兩強各自發展，匈奴無法加以併

滅，這應是時人長期以來的認知，才有所謂「兩主不相困」、「兩主不相戹」

的說法，不然過去冒頓破滅東胡等四周鄰國時，豈徒加以困扼而已，全是直

接予以兼併。

　　其三，關氏說「漢王亦有神」或是「漢天子亦有神靈」，這樣的說法頗符

於「天子」身份的理論。「天子」是「天之子」，是天的代表，其權力從天而

來的，〔註188〕皇帝代天行事，理論上具有一定的神權地位。〔註189〕關氏從何

得知漢天子「有神」、「有神靈」？或得之於漢人降將、漢人俘虜，或匈奴人

偵察漢地的眼線，最有可能來自於漢使。關氏欲以「漢天子亦有神靈」這一

點，來打動冒頓單于，當有其效用，否則就無需提及。

　　以當時而言，中原有關劉邦神異事蹟的奇特傳說甚多，班固在《漢書》

的〈敘傳〉中曾簡要歸納漢高帝的異聞：

　　　　若乃靈瑞符應，又可略聞矣。初劉媼任高祖而夢與神遇，震

　　　　電晦冥，有龍蛇之怪。及其長而多靈，有異於眾，是以王、武感物

　　　　而折券，呂公覯形而進女；秦皇東游以厭其氣，呂后望雲而知所處；

　　　　始受命則白蛇分，西入關則五星聚。故淮陰、留侯謂之天授，非人

　　　　力也。〔註190〕

〔註186〕見《史記三家注》，卷一百十，〈匈奴列傳〉，漢文帝後二年（前162）時，遣
　　　　使致書匈奴之語，頁2902。

〔註187〕《漢書》，卷九十四，〈匈奴傳〉，頁3780。

〔註188〕勞榦，〈漢代政治組織的特質及其功能〉，收入氏撰，《勞榦學術論文集甲編》，
　　　　下冊，頁1244；中原在上古時期，已產生宇宙有一絕對統治者「天帝」的思
　　　　想，而天子即是承受天帝之命的現世君主，「天」、「上帝」是皇帝權威的來源，
　　　　見（日）西嶋定生，〈中國古代統一國家的特質——皇帝統治之出現〉，收入
　　　　杜正勝編，《中國上古史論文選集》（臺北：華世出版社，1979），下冊，頁
　　　　732～733。

〔註189〕魏特夫以為天子雖然被看作是人，但具有半神權性的地位，見氏著，徐式谷、
　　　　奚瑞森、鄒如山等譯，鄒如山校訂，《東方專制主義——對於集權力量的比較
　　　　研究》（北京：中國社會科學出版社，1989），頁91。

〔註190〕《漢書》，卷一百上，〈敘傳〉，頁4211～4212。

這些靈瑞符應事蹟還未盡述漢高祖的神異之處，〔註191〕劉邦臨終前自言以布衣身份取得天下，自己是有天命的，且精準預測與呂后相始終諸相之時間，〔註192〕班固得出「審神器之有授」的結論，〔註193〕不爲無因。漢高祖的奇異事蹟，很早即由漢方有意地的「造神」手法，加以散佈，〔註194〕消息傳開之後，相信可獲致相當的「行銷」宣傳效果，以爲取得天下的依憑。

漢高帝與冒頓單于除了出身的差異大之外，〔註195〕奮鬥的背景相似，兩人於長城南北崛起的時間相近，同樣征戰四方，打下一片江山，手握軍政大權，成爲大國的國家領導人。漢高帝的神異之處，如預測能力，或非完全出之於無稽，冒頓單于本人亦同樣可能有一些特殊的能力，閼氏才會有「漢王亦有神，單于察之」的說法，欲令冒頓注意到斯事，以強化所謂「兩主不相困」的合理性。爲求了解漢高帝的神異之處，我們可以參照現代西方軍事史家對西方傑出的高階將領之研究成果，或能有所助益。

西方傑出的將領們是認可人具有特殊的「第六感」與「直覺」，不以爲是無稽之談，軍事史家艾德格·普伊爾訪談美國一百多位四星上將，具體舉出許多名將所表現的「特殊直覺」，並引述傑出將領們評論其他優秀將領所表現出的「直覺」及「第六感」的例子，茲舉例如下：

> （巴頓）的決定是正確的，而且他不是用猜的，而必須是靠本能與信念所組成的第六感才能達到的，這是造就一位偉大領導者所不可或缺的〔註196〕

〔註191〕〈敘傳〉中漏列了劉邦競爭對手——西楚方的說法，亞父范增在鴻門會之前，曾令人望劉邦之氣，得到的回報是「皆爲龍虎，成五采，此天子氣也」，見《史記三家注》，卷七，〈項羽本紀〉，頁311；又漢高帝八年（前199），趙相貫高等見趙王受辱，本欲在柏人暗殺皇帝，劉邦因爲一股不好的預感，「心動，因不留」，才逃過暗殺一劫，見《史記三家注》，卷八，〈高祖本紀〉，頁386。

〔註192〕西漢開國以來諸相依序是：蕭何、曹參、王陵、陳平、周勃等，幾與呂后相始終，周勃之後確也非呂后能看到的，見《史記三家注》，卷八，〈高祖本紀〉，頁391～392。

〔註193〕《漢書》，卷一百上，〈敘傳〉，頁4212。

〔註194〕邢義田以爲大約漢代從一開始就有意地大量製造漢高帝的神話，作爲受命於天的憑藉，以說服世人，見氏著，〈奉天承運——皇帝制度〉，收入鄭欽仁主編，《中國文化新論——制度篇：立國的宏規》，頁44。邢氏之分析確有其理，然或漢高本身亦可能具某些較特出能力之處，見下文論述。

〔註195〕冒頓爲貴族太子，劉邦爲編戶民，兩人出身懸絕。

〔註196〕寇德曼上將評論巴頓上將，見（美）艾德格·普伊爾著，陳勁甫譯，《爲將之道：指揮的藝術——風格代表一切》，頁95。

巴頓擁有那種特殊的感覺……他意識到某些我們所感受不到的事情〔註197〕

馬歇爾將軍是一位偉大的人物，他具有先見之明及想像力的特質。要去定義這種想像力是很困難的。它是一種預知某件事情將會發生及所可能造成後果的能力。在戰場上，你可以稱之為對戰場的直覺或是第六感〔註198〕

（瓊斯）一到基地視察所表現出的直覺，永遠令我嘆為觀止〔註199〕

（吳廣壯上校）在預測敵人的行蹤方面展現出令人不可思議的能力〔註200〕

普伊爾訪談多達一百餘位軍方高階的四星上將，他研究眾多優秀將領的表現，得出重要的結論是：

所有真正偉大的軍事將領都擁有一種「直覺」或「第六感」〔註201〕

所謂的直覺、第六感、軍事反應或其他任何名稱，並不侷限在戰場狀況上。〔註202〕

二十世紀西方的傑出將領尚有不可思議的本能「第六感」、「直覺」、「特殊感覺」等，東西古今人性不殊，古代東方的軍政領袖當然可能有特殊能力，擁有突出的「直覺」或「第六感」或形體上不尋常之處，這些雖常易遭到刻意神化，用以宣傳行銷，成擁有天命的政治資本，但與眾不同的能力與

〔註197〕布萊德雷上將評論巴頓將軍，見（美）艾德格・普伊爾著，陳勁甫譯，《為將之道：指揮的藝術──風格代表一切》，頁97。

〔註198〕布萊德雷上將評論馬歇爾上將，見（美）艾德格・普伊爾著，陳勁甫譯，《為將之道：指揮的藝術──風格代表一切》，頁95。

〔註199〕羅伯巴斯特評瓊斯上將，見（美）艾德格・普伊爾著，陳勁甫譯，《為將之道：指揮的藝術──風格代表一切》，頁104。

〔註200〕史瓦科茲夫上將提供自身與南越軍官吳廣壯在越戰中合作的經驗，他親自見識到吳廣壯上校在戰場上對敵軍的精準預測，有近於神乎其技的表現，見（美）艾德格・普伊爾著，陳勁甫譯，《為將之道：指揮的藝術──風格代表一切》，頁105～106。

〔註201〕見（美）艾德格・普伊爾著，陳勁甫譯，《為將之道：指揮的藝術──風格代表一切》，頁86。

〔註202〕（美）艾德格・普伊爾著，陳勁甫譯，《為將之道：指揮的藝術──風格代表一切》，頁97。

表現，在古人看來當然覺得是一種「神靈」的表現。

　　古代中原諸邦有「違天不祥」的概念，〔註203〕匈奴有祭祀祖先、天地與鬼神之俗，〔註204〕對聖天非常敬畏，〔註205〕如果可以探知天地、祖先或鬼神的意向，在不涉及政權安危的情況下，單于當亦頗能遵循其意，如衛律嫉害漢人降將李廣利之寵，詐令胡巫以先單于的意思，屠貳師以祠之事。〔註206〕單于被認為本身的統治資格是天神賦予的，是具有神格的人物，〔註207〕是若漢天子果然有神靈，是承天命為漢地之主，〔註208〕則可與統治長城以北草原的單于相並立為「兩主」。如果是論成立，則俘虜統治長城以南的漢天子似有違天之慮，此閼氏「兩主論」中，勸阻冒頓單于有力之言。

　　漢朝通過使者重賄閼氏，使閼氏相機進言，單于「亦取閼氏之言」，一番說辭確已見聽，對和戰起了一定作用的影響。但精明務實如冒頓單于者，費了好大勁兒，方以損兵折將的驕兵誘敵之計，代谷贏軍一番做作，逐步引得漢帝親自北來，出動幾十萬大軍，眼見圍住這一批漢方軍政高層首腦，正待一舉成擒之際，若無斬獲而歸，該如何向氏族權貴及部眾交待，這一次史無前例的虛國遠征，糜糧費秣的南下軍事行動，為何在最後即將成功階段，釋逸圍中的漢帝君臣。閼氏替漢美言、敲邊鼓，有利於鋪設雙方談判的氛圍，並降低漢帝成擒的重要性。

　　但匈方可以不捉漢帝卻不能與無條件解圍撤兵劃上等號，政治上國與國之間講的是利害關係，漢方派使者與單于談判，若要求匈奴罷手言和，只能務實以求，勢必付出相當代價以求脫身走人。

　　白登之圍時，漢營遣使談判時勢必讓出利權，使者口銜天子之命，讓利以換取匈奴解圍，然《史記》與《漢書》卻對談判協議的具體內容語焉不詳。

〔註203〕違天不祥的觀念，在春秋時已數見不鮮，如原軫在秦晉殽之戰所語，見（周）左丘明傳，（晉）杜預集解，《春秋左傳集解》，〈僖公三十三年〉，頁408；伯宗勸晉侯之言：「天方授楚，未可與爭。雖晉之強，能違天乎？」，見（周）左丘明傳，（晉）杜預集解，《春秋左傳集解》，〈宣公十五年〉，頁615。

〔註204〕《史記三家注》，卷一百十，〈匈奴列傳〉，頁2892。

〔註205〕呼拉爾頓泰·策·斯琴巴特爾，〈蒙古高原游牧文化的特質及其成因〉，《青海民族學院學報（社會科學版）》32.3（2006）：24～25。

〔註206〕《漢書》，卷九十四上，〈匈奴傳〉上，頁3781。

〔註207〕（日）江上波夫著，張承志譯，《騎馬民族國家》，頁27。

〔註208〕天子意為上天之子，以神權支持王權之意，見中國歷史大辭典·先秦史卷編纂委員會編，《中國歷史大辭典·先秦史卷》（上海：上海辭書出版社，1996），〈天子〉條，頁61。

學者認爲白登之圍時，漢朝被迫訂立城下之盟，圍中陳平提出和親的建議，以口頭約定的方式承諾漢帝嫁公主給單于以換取開圍。因此舉有傷國體，當局迫不得已行之，對此也諱莫如深，事後爲了掩人耳目，遂以劉敬提和親遮掩前事。〔註209〕漢人猜陳平祕計不能曝光的原因，在於計策「薄陋拙惡，故隱而不洩」，這是很有道理的推測，所謂「薄陋拙惡」，就是有傷國體的屈辱策略。

除嫁與漢公主外，財貨實利必不可少，諸如每年歲奉相當數額的絮繒酒米食物，甚至貴重金屬等珍物，兩國約爲兄弟等，〔註210〕這些也可能是圍中談判時即有的允諾，送公主且歲奉財物，不對等的條件實際上已置漢方於臣屬地位，〔註211〕可以說漢方承諾付出贖金，讓匈奴願意解圍放行白登漢帝這一批人質離去。漢方盡最大的能力，使者的作用發揮到淋漓盡致，除了設法讓閼氏替漢方說了很動聽的話，起了緩解必欲致漢帝的可能，開啓和平解決事件的大門，又願意盡可能在物資方面滿足匈奴所需，甚至是日後歲歲皆有給付，乃至連公主都奉送了，可謂表裏實惠俱全，眞乃可長可久之計，爲和解營造有利的環境。

白登之圍七日，各有盤算的漢、匈陣營似就讓利部份有所共識，陳平的奇計起了緩和局勢的作用，解圍露出一線希望。最明顯的是漢、匈陣營從劍拔弩張，悄悄轉變爲按兵不動，外馳內張的微妙局面，《史記》對白登之圍第七日有生動的描述：

> 居七日，胡騎稍引去。時天大霧，漢使人往來，胡不覺。護軍中尉陳平言上曰：「胡者全兵，請令彊弩傅兩矢外鄉，徐行出圍。」入平城，漢救兵亦到，胡騎遂解去。漢亦罷兵歸。〔註212〕

〔註209〕武沐著，《匈奴史研究》，頁153～155；姚從吾亦認爲冒頓單于允許高帝以納貢求和，方解白登之圍，見氏著，〈國史擴大綿延的一個看法〉，收入查時傑編，《中國通史集論》（臺北：華世出版社，1986），頁19。

〔註210〕每年給的財貨以「絮繒酒米食物」爲主，見《史記三家注》，卷一百十，〈匈奴列傳〉，頁2895；另外賈誼《上疏陳政事》提到漢輸匈奴的財貨包括「金絮采繒」等奢侈品，見（清）嚴可均輯，《全漢文》，卷十五，頁157。

〔註211〕武沐以爲白登之圍時簽的城下之盟重點有三：一是雙方以秦故塞爲界，二是每年奉贈大量的財貨物資，三是漢嫁公主，雙方約爲兄弟，見氏著，《匈奴史研究》，頁157～158。武沐氏所言甚有見地，除第一點外，因冒頓早已兼併河南地，樓煩王及白羊王領之，餘可視爲白登之圍時，漢朝付出的代價。

〔註212〕《史記三家注》，卷九十三，〈韓信列傳〉，頁2634。

冒頓開圍一角。高帝出欲馳，嬰固徐行，弩皆持滿外向，卒得
脫。〔註213〕

冒頓與韓王信之將王黃、趙利期，而黃、利兵又不來，疑其與
漢有謀，亦取閼氏之言，乃解圍之一角。於是高帝令士皆持滿傅矢
外鄉，從解角直出，竟與大軍合，而冒頓遂引兵而去。漢亦引兵而
罷，使劉敬結和親之約。〔註214〕

與匈奴約定期限會師的王黃、趙利等遲遲不見率兵前來，久候的冒頓單
于懷疑王、趙是否背匈投漢有所圖謀，也覺得閼氏的勸告有理，重要的是
漢、匈雙方也磋商的差不多了，便下令軍隊悄悄後撤，甚至解開包圍一角。
〔註215〕井然有序的四色馬隊一開圍，漢軍居高臨下一目瞭然。匈奴先是停止
攻勢，再又後撤封鎖線，最後居然解圍一角，這對重圍七天，士兵已餓到拉
不動弓的漢軍，無疑形成強大的出圍誘因。只是匈奴幾十萬騎兵，數量實在
太多，萬一輕出失去地利蔽障，敵騎四面八方襲擊，漢軍立時全軍覆滅，因
皇帝在軍，不能不考量再三。若繼續守陣於白登，以待主力部隊來援，內外
相救時出圍當然是比較安全的，但眼見糧食無以爲繼，援軍卻不知何時開
赴，漢方面臨進退維兩難的情勢：輕易出圍深恐誤蹈陷阱，持重待援又懼斷
炊坐斃。

天不滅漢，此時起了大霧！這不是劉邦遭逢危難時第一次遇到天氣幫
忙，漢王二年（前 205），漢王挾五諸侯五十六萬兵潰敗於彭城戰役，楚軍重
重圍住劉邦，即將成擒之際，西北方忽然刮起足以折斷大樹、捲起屋子的大
風，飛沙走石，瞬時昏暗、視野不清，驚人的大風迎面颺擊楚軍，楚軍頓時
大亂，兵士四走、隊形壞散，漢王在幾十騎衛護之下，慌慌脫身逃逸。〔註216〕
五年後，天候再度發威，大霧籠罩白登，煙霧朦朧飄渺，漢方不再猶豫，派
人探查解角開圍之路，匈方並沒有察覺異狀，漢帝拍板即刻出圍。

〔註213〕《史記三家注》，卷九十五，〈夏侯嬰列傳〉，頁 2666。
〔註214〕《史記三家注》，卷一百十，〈匈奴列傳〉，頁 2894。
〔註215〕王慶憲認爲匈奴主動解圍的說法悖於邏輯，見氏著，〈劉邦從匈奴包圍圈中脫
　　　　出的必然與偶然因素〉，《雲南師範大學學報》34.3（2002）：46～47。然依當
　　　　時在白登圍山的局勢，漢君臣被匈奴大軍圍困，是弱勢的一方，戰與和的主
　　　　動權皆操於強勢的圍方。冒頓單于過去有輝煌的戰績，是傑出的軍事將領，
　　　　匈奴在軍隊數量上佔有壓倒性優勢，已將漢君臣扼困白登，若不自動予以解
　　　　圍，漢帝幾無可脫之機。
〔註216〕《史記三家注》，卷七，〈項羽本紀〉，頁 323～324。

　　雖有大霧掩護行軍，護軍中尉陳平提醒皇帝：「匈奴的軍隊全都使用弓、矛等武器，建議讓漢兵使用射程遠威力強的硬弩，每張弓皆搭兩支箭向外，讓軍隊緩行出圍。」陳平不愧「智有餘」之稱，〔註217〕其考慮周詳，筆者以為其建議著眼點有二：

　　其一，漢軍在上下驚恐緊繃的狀態下，出圍生機乍現時，人人必急於逃命，霧中急馳隊形開散易失，萬一不慎衝擊到匈軍部隊豈不自尋毀滅，反之，讓車騎隊伍緩行，易於聚攏不相離散，如此可減低避免誤觸敵人陣地的機會。

　　其二，若不幸漢匈兩軍仍於霧中遭逢，持硬弩開弓的漢軍可以射出兩倍的箭支，做出強力反擊，迅速殺傷敵人，爭取多一點脫逃的時間。

　　雖然陳平提出穩當的建議，但漢高帝一出營地，人雖處在解角一隅，形勢上陷於幾十萬汪洋敵騎之中，惶懼無法抑遏，迫不及待要急馳穿圍，欲趕緊離開險境，此時太僕夏侯嬰堅持漢軍不馳逞，下令士兵舉弓搭箭滿弦朝外，全軍聚攏緩行出圍。急於脫圍的漢軍，賴陳平的建議與夏侯嬰的堅持，〔註218〕在重圍中穩固平緩地順著匈奴軍的解角緩行外移，終於熬到脫離重兵包圍，進入離白登最近的平城之內。經過漫長的七天，漢皇帝終與赴抵平城的漢軍主力步兵大軍會合。

　　漢帝能脫出白登之圍實有僥倖成份，在平城會集主力步兵軍團，三十二萬漢軍集結，白登與平城不遠，匈奴四十萬騎尚在，雙方猶可殊死一戰。但漢帝君臣受困白登七天，好不容易才逃出，驚魂未定，又親自見識到胡騎之眾，馬匹多到可以四色分群為戰，光一部份的馬鞍子解開堆放，就可以堆疊成幾座像高聳城垣的馬鞍堆，相比漢天子「不能具純駟」的窘狀，雙方只機動力部份就有一大截差距，在這個情況下，漢方很難有勇氣再主動去攻擊匈奴；而冒頓單于既捨不計傷亡強取白登的方式，沒有在漢軍最弱，最有利攻擊的時機殲敵，最後又解圍讓漢帝君臣伺機出脫，自然不會選在漢方首腦既歸，兵將雲集後，戰力完整時，再加以開戰。

〔註217〕此高帝臨死前對陳平之評價，見《史記三家注》，卷八，〈高祖本紀〉，頁392。
〔註218〕在漢王彭城兵敗逃亡的途中，劉邦為求減輕馬匹載重的負擔，幾次棄子、女不顧，夏侯嬰卻違背漢王之意，多次收載搭救其子女，這樣的行為讓急於脫身的劉邦憤怒到十多次要加以斬殺的地步，夏侯嬰仍能堅持不放棄，其為人之有原則可見一般，見《史記三家注》，卷九十五，〈夏侯嬰列傳〉，頁2665。又太僕是的工作掌理皇帝的輿馬，見《漢書》，卷十九上，〈百官公卿表〉，頁729。夏侯嬰的職務是太僕，在他的堅持下，衛護漢帝的輿馬車騎既不馳逞，漢軍部隊當全體緩行出圍。

　　漢方固倚堅城，嚴守要塞臨敵，匈方勒騎於野，大軍觀望不攻，雙方無主動開戰之意，兩軍兵力龐大，終不能長久在白登、平城間對陣，空耗精力與糧秣。匈兵不攻則漢卒不擊，匈騎不退則漢軍不走，軍事主動權實操在匈方之手。「胡馬依北風」，〔註219〕冒頓單于終於從白登引軍北歸，漢方沒有截擊，事實上也無能截擊，漢帝亦自平城罷兵南回，雙方南北各自退兵，這場長城內外兩個大國的決戰，在驚濤駭浪中落幕。

　　大敵既去，王黃、趙利等叛韓勢力未除，漢高帝留下舞陽侯樊噲善後，負責處理代地的後續事宜，〔註220〕自己率軍南返，也趕緊把繫械在廣武的劉敬放了，向他認了錯，爲了補過償功，封賜劉敬二千戶，號爲建信侯。〔註221〕漢帝回師途經曲逆（今河北完縣東南）時，〔註222〕誇讚這是壯觀的縣，說自己走遍各處唯獨看見洛陽與此縣相媲美，便把這個秦朝時原有三萬戶，現存五千戶，封給立下大功的陳平，更其爲「曲逆侯」。〔註223〕其盡取全縣賦稅的封賞方式，爲漢高之世功臣所僅見，〔註224〕說明陳平此次所立殊功的不凡之處。

〔註219〕見（漢）佚名，隋樹森編著，《古詩十九首集釋》（北京：中華書局，1957），卷二，〈箋注〉，頁1。
〔註220〕《史記三家注》，卷八，〈高祖本紀〉，頁385。
〔註221〕《史記三家注》，卷九十九，〈劉敬列傳〉，頁2918。
〔註222〕倉修良主編，魏得良、王能毅副主編，《史記辭典》，〈曲逆〉條，頁176。
〔註223〕《史記三家注》，卷五十六，〈陳丞相世家〉，頁2058。
〔註224〕（清）錢大昕撰，陳文和、張連生、曹明升校點，《二十二史考異》，卷八，〈陳平傳〉條，頁113。

第五章　平城戰役審視

第一節　單于戰和取捨與漢帝敗戰之因

　　因漢高帝猜忌異姓王侯，移韓國於北方守邊，韓王信再由晉陽徙治馬邑，匈奴大舉入侵，韓王信叛漢倒戈降匈，本來是小範圍的邊境衝突，最後演變成大規模的開戰，最終以漢方失利結束。不論對漢或是匈奴而言，決定平城戰役最後成敗的關鍵都在白登之圍。

　　匈奴包圍白登七天，漢營乏食斷炊，士卒飢餓到難以作戰之慘，情勢至為不利，眼見漢帝君臣即將成擒，單于卻放棄俘虜漢朝皇帝的機會，其原因上文已試略分析：漢營有相當的防禦抗拒之力，陳平詭祕策略的運作，[註1]漢方付出代價的許諾，閼氏有力進言，王黃、趙利的失期不至等，對冒頓單于的決斷，起了一定的影響作用。

　　但要在戰場上成功誘圍漢方首腦，畢竟不是一件容易的事，匈奴連連以損兵折將的驕敵之計，方能誘得漢皇帝冒進，眼見即將加以俘虜成擒，卻開圍一角放逸，其深層的考量，亦應加以評估。和戰是軍國大計，牽涉的層面廣泛，決策考量複雜，單于的和戰取捨，從大環境來看，尚須注意下列幾個方面：

　　其一，匈奴崛起於長城以北，東、西、南、北四向兼併，其擴張的速度之快，轄區勢力之遼闊，版圖之大，群族之複雜，亙古所未見，在短短不到十年之內，以武力橫掃草原，一躍成獨霸北方草原的軍事強權，形成空前的匈奴大國。諸部降服後，酋豪稽首聽令，匈奴以征服者身份威壓諸部，抽取

〔註1〕史家頗以陳平所獻美人祕計，是漢太祖高皇帝得脫白登之困之主因，如翦伯贊著，《秦漢史》，頁164。

－163－

財稅利源滋潤本部，甚而掠取婦女、牛、馬、皮毛等人畜產，〔註2〕被統治諸部一時因軍事武力屈服，不難想見受壓迫時之離心力量，匈奴欲穩固勢力範圍內的統治，整合內部繁多族群，非一蹴可幾，需要一段很長的時日，不宜在漢地久留征戰。

其二，匈奴以四十萬兵力空國遠征，相信已征集轄下諸部可用之兵，可謂傾全國之力南下，能夠留守的兵力有限，陰山大本部的防衛空虛，西方大敵月氏的勢力退而不敗。前襲破東胡之戰，月氏錯過東西夾擊匈奴的機會，致有被迫西徙之事，此次南下漢地之戰事若綿延不決，正是月氏復仇之時，長城以南的戰事當以速戰速決為上。

其三，匈軍包圍白登，漢帝所率車騎部隊並非漢軍主力，對漢的主力步兵越句注持續趕赴平城的救援行動，冒頓單于必密切注意之。匈奴在東胡之戰時，出其不意給予毀滅性打擊，一舉併滅其國，平城之戰不同，即使在白登抓到漢帝，最多是消滅了漢軍一支兵團，無法達到全殲漢軍的目的，其政治效應大於軍事效應，除非捉住漢天子後，挾皇帝以制漢全軍，否則以漢軍三十萬雄厚兵力，漢又佔有戰場地利，一場惡戰仍是難免。

其四，匈奴大舉入塞包圍馬邑，韓王信投降反引匈奴軍南下，這場戰爭初期，單于戰術持重，只派出萬餘騎助戰，兩賢王於句注塞南佯敗輒退，既是有意致敗，損傷將不大。到了代谷設伏埋兵，白登之圍時，卻有四十萬部隊斗然湧現，匈奴從諸長、諸部征召這麼龐大的兵馬數量，騎兵機動性即使再強，集結亦須及早完成，至少在代谷設伏前，也要完成全軍上下指揮體系，編組部署戰鬥任務。從馬邑事變到白登之圍這段期間，匈奴大軍可見直接投入支援韓王信的戰鬥部隊只有區區萬餘，其他的部隊都去哪裏了？利在財貨人畜的匈奴，既深入長城以南，甚至遠至太原，馬騎所經之處，勢必對漢地大肆虜掠，分配出可觀的兵力，以便源源不絕將虜獲的戰利品押送回國，馬長壽認為匈奴在此次戰役中獲得大量的奴隸和牲畜，〔註3〕此說殊有見地，諸部親貴、酋豪等因此咸沾其利。

其五，漢帝率至白登的車騎部隊數量雖少，卻是漢軍忠誠度高，戰鬥力強的精銳部隊，構陣於白登高地死守力戰，匈奴以重兵圍困輕軍於一隅之地，

〔註2〕在此舉烏桓繳交皮布稅為例，見《漢書》，卷九十四下，〈匈奴傳〉下，頁3820。要之匈奴所轄各部大體不殊。

〔註3〕馬長壽著，《北狄與匈奴》，頁26。

若採不計代價強攻仍可拿下白登，只是傷亡必重。漢營的難處更大，艱苦困守白登掙扎，自知大小不敵，謀臣應變甚快，主動求和以爭取時間，緩和立時覆沒危局。陳平祕計用間，包括開出相當的條件滿足匈奴的需求，納女致送財貨的方式，實質上令漢朝臣屬匈奴，這也是祕計見不得人之處。漢營自動前來談判，白登城下之盟協議，釋出豐厚的利多，單于所得已超過大舉南下圍攻馬邑所望，也足以對內誇示。

至此，以匈奴南下的目的來說，單于的軍事行動是成功的。考量白登圍山時的政治大環境，審視內外因素後，有助於了解何以匈奴願在形勢有利的情況下，解角白登。

反觀漢方誤蹈陷阱，最後遭到圍困，軍隊乏食飢餓欲死，皇帝處於狼狽不堪的窘境，可以想見漢軍置身圍中的惶懼、焦慮，被迫採用有失國體，難以啓齒的祕計，可謂慘敗於白登。

錢穆氏評漢方白登之圍落敗的原因有二：

其一，漢高祖以一時輕敵致敗。〔註4〕漢高帝駐蹕晉陽後，並未馬上北出句注塞，既遣使十餘輩偵察，表示尚有警惕之心，最後逐漸失去持重判斷的態度，無視劉敬勸諫之言，終於以身輕敵冒進，落入匈奴人的圈套之中。這是冒頓成功的「驕敵」與「反間」之計成功的結果，也是漢高帝一時因大意輕敵，才會造成這樣嚴重的後果。

其二，錢氏以爲漢、匈雙方在軍事上的優劣，馬匹數量的多寡，是決定成敗勝負的關鍵。〔註5〕冒頓解圍一角，漢高祖自白登脫逃，入平城與三十萬步兵會合，匈奴大軍逗留白登未走，雙方尚處於敵對交戰狀態，漢兵進不敢攻，匈奴回師北歸，敵退而漢兵不敢擊，任胡騎揚長而去，與雙方步騎力量的差距有重大關係。

漢朝統兵的高階將領曾對漢朝以步兵對抗匈奴騎兵的戰法，以自己的實戰經驗爲例，說明以步對騎的劣勢。漢人有「山東出相，山西出將」的說法，〔註6〕漢武帝爲攻伐匈奴所建置的軍事系統，是以深具軍事幹才的山西軍人爲軍隊骨幹，負責實際作戰任務。出身職業軍人世家的李廣，是山西軍人中的

〔註4〕錢穆著，《國史大綱》，上冊，收入氏著，錢賓四先生全集編委會整理，《錢賓四先生全集》，乙編，第二十七冊，頁226。

〔註5〕錢穆，〈中國史上之南北強弱觀〉，收入氏著，《古史地理論叢》（臺北：東大圖書有限公司，1982），頁211。

〔註6〕《漢書》，卷六十九，〈辛慶忌傳〉，頁2998。

僥僥者，聲望崇隆、名滿天下。〔註7〕李廣之孫李陵有乃祖之風，也是果敢勇毅善戰的將領，他曾率所教射訓練的五千漢軍步兵，與匈奴八萬騎兵對戰，以寡眾不敵與矢盡援絕投降匈奴，甚受單于寵信。李陵因漢武帝族誅其家，轉而替匈奴帶兵與漢軍作戰，〔註8〕是漢人中極少數具有統率漢、匈軍隊，與雙邊作戰經驗的高階將領。

李陵是優秀的將領，〔註9〕因本身具有特殊的軍事歷練，對漢、匈雙方軍事體系優劣，有深入認識。他在《答蘇武書》中，以親身與匈奴騎兵對陣經驗，總結出漢軍步兵與匈奴騎兵作戰時，有著「步馬之勢，又甚懸絕」的艱難處境。〔註10〕步、馬懸絕之勢的差距雖不易量化，但可得而知，設若兩名士兵相敵，雙方武器裝備相當，其中一名加配乘騎，騎士倚馬居高臨下，武器掛載負重由畜力承擔，光是依賴馬所提供的機動力，人與馬合一後的衝擊力，就佔有甚多的優勢，遠非步行遲緩，背負重物的武裝士兵所能望其項背。

以過去的經驗來說，漢高帝在重大決策上務實，以政治利害關係為首要考量出發，連親情都可拋而不顧，〔註11〕其政治承諾兌現與否，還會視對自己有利與否才遵守。楚漢相爭時漢王食言背約的記錄猶在，漢四年（前203）與西楚約定以鴻溝為界，楚、漢中分天下，項王歸還之前所俘虜的劉太公與呂后後，守約引兵東歸；漢王隨即聽張良與陳平的建議，片面將漢楚的協定作廢，隨即率軍違約追擊霸王。〔註12〕

〔註7〕 傅樂成，〈西漢的幾個政治集團〉，收入氏著，《漢唐史論集》，頁21～25。

〔註8〕 《史記三家注》，卷一百九，〈李將軍列傳〉，頁2877。

〔註9〕 錢穆認為李陵是中國歷史上的軍事奇才，見〈中國歷史人物〉，收入氏著，《國史新論》，頁288。按錢氏文中李陵以「五百」步兵對抗匈奴八萬騎兵，應為「五千」排印之誤。

〔註10〕 李陵之《答蘇武書》，見（清）嚴可均輯，《全漢文》，頁287；此文作者本無疑義，（唐）劉知幾首倡此文是後人偽託，見（唐）劉知幾撰，趙呂甫校注，《史通新校注》（重慶：重慶出版社，1990），頁992～993，使《答蘇武書》似疑為後人偽托；清章學誠疑為南北朝（420～589）時，齊、梁文士所偽，見氏撰，《與甄秀才論文選義例書（二）》，收入氏撰，葉瑛校注，《文史通義校注》，卷八，〈外篇〉，頁840。此文目前無定論確非出李陵之手，故筆者採用其說，即便是後人所偽，其言步騎懸絕之勢，要之亦為當時實景。

〔註11〕 汪越以劉邦棄親人於楚而不顧，分羹之說，是漢王「為天下而幾戮其親」，見（清）汪越撰，徐克范補，《讀史記十表》，收入（清）梁玉繩等撰，《史記漢書諸表訂補十種》（北京：中華書局，1982），頁42。劉邦一意以爭取政權為優先考量，餘無足措意者。

〔註12〕 楚、漢中分天下事，分見《史記三家注》，卷七，〈項羽本紀〉，頁330～331；

　　白登之圍所承諾的城下之盟，在漢帝脫困回平城後，若是漢方來會合的武裝部隊中，有足夠數量的騎兵在內，讓漢將有軍事決戰取勝的把握，漢高帝必不排除採取反擊行動，不論是以正面迎擊、截擊或是追擊的方式，只要可以獲勝皆足以扳回一城，復白登所失，漢軍卻眼睜睜看著匈奴退兵，至此平城戰役以漢方失敗結束，無能湔雪白登城下之盟的恥辱。

　　錢穆氏以此戰漢馬匹數量太少以致失利，揆諸親歷漢匈戰役的漢將的說法，符於軍事實情，以步兵對敵騎兵確處於相當不對稱的劣勢之中。「缺馬少騎」確實是漢方在平城戰役中，最終無能反擊的關鍵因素。

第二節　匈奴對長城以南的戰略

　　平城戰役的結果，匈奴是最終勝利方，觀察整個戰爭始末，顯示冒頓單于南進的意圖與策略，往後匈奴對漢的政策大致上不出此，筆者試析如下：

一、長期對長城以南採取主動攻擊，在漢武帝朝之前，是漢與匈兩國關係的主導國

　　韓王信徙治馬邑前，匈奴已不斷侵入漢邊，韓王信以備胡為由徙治，稍後匈奴主動進攻漢方諸侯韓國，因馬邑之圍以致引起平城戰役。戰爭結束後，冒頓單于仍有入侵漢朝邊境之舉，直到漢方真正落實「和親政策」後，送出漢公主與名義上大批的陪嫁財貨，匈奴對漢朝邊疆的攻掠行動趨於緩和。〔註13〕

　　匈奴一度減緩攻掠，但此後匈方長期攻擾漢朝成為常態，南侵漢邊的軍事行動，成為匈奴政權的南進政策。學者統計從呂后六年（前182），至漢武帝元朔五年（前124），衛青在河套以北打敗匈奴右賢王為止，在五十八年之間，匈奴入侵寇掠漢朝約有二十九次，平均差不多每兩年就一次大規模寇掠漢地。每次入侵漢地的兵力，從數萬騎至十餘萬騎不等，入寇幾遍於北方諸郡，專掠一郡或分掠數郡縣，殺戮虜掠邊地吏民，以數千至數萬計。〔註14〕

　　從冒頓單于以來，匈奴片面發起攻擊行動，長期侵入長城以南，是兩國

　　　　《史記三家注》，卷八，〈高祖本紀〉，頁377～378。

〔註13〕漢高帝以宗室女為公主送嫁單于，見《史記三家注》，卷一百十，〈匈奴列傳〉，頁2895。

〔註14〕陳曉鳴，〈兩漢北部邊防若干問題之比較〉，《中國邊疆史地研究》12.3（2002）：22～30。

關係中的強勢主導國，弱勢的漢方以被動防衛姿態應對。匈、漢兩國長期摩擦不斷，雙邊關係處在緊繃狀態，迄漢武帝朝採主動攻勢之前，漢方歷經四世五朝，七十餘年間，累積甚深的怨氣，即將爆發於異日。

二、攻擊漢朝以劫掠侵盜財貨爲主要目的

漢高帝在位時，在馬邑之圍前，匈奴數入邊，白登解圍後，冒頓單于還「常往來侵盜」，呂后六年（前182）及七年（前181），連續侵寇狄道，〔註15〕漢文帝三年（前177），匈奴右賢王侵入上郡劫掠，〔註16〕十一年（前169），老上稽粥單于寇掠狄道，〔註17〕十四年（前166），入朝那、蕭關，虜掠甚多漢地百姓、畜產，後二年（前162），連歲侵擾，殺掠人畜，雲中、遼東地區百姓受害尤深，〔註18〕後六年（前158），軍臣單于侵上郡、入雲中，殺掠甚眾；景帝時期（前156～前141），雖然沒有大規模入侵，不時小範圍盜邊。〔註19〕

匈奴經濟先天上有著難以克服的弱點——即草原游牧經濟型態的脆弱性，其生產不敷使用，掠奪可能是游牧民族重要生產方式，取得勞動力、財貨、技藝的來源，無償輸入、利益均沾的行爲。〔註20〕匈奴長期以武力攻擊漢地，強行掠取南方農業資源，以補北方草原資源之不足。武帝元光元年（前134），大行王恢倡議誘擊匈奴，就以「財物可盡得」爲誘餌，設計馬邑之謀，欲引匈奴入漢塞伏擊，而「財貨」果然成功打動匈奴，軍臣單于率十餘萬騎入武州塞。〔註21〕終兩漢之世，匈奴以侵盜漢地的行動始終不絕，其利在財貨的意圖至爲明顯。〔註22〕

三、獲取長期輸入長城以南資源的保障

冒頓單于是多謀善斷、精明務實的草原領袖，從爲質月氏脫身以來，歷

〔註15〕《漢書》，卷四，〈高后紀〉，頁99。
〔註16〕《史記三家注》，卷一百十，〈匈奴列傳〉，頁2895。
〔註17〕《漢書》，卷四，〈文帝紀〉，頁123。
〔註18〕《史記三家注》，卷一百十，〈匈奴列傳〉，頁2901。
〔註19〕《史記三家注》，卷一百十，〈匈奴列傳〉，頁2904。
〔註20〕見蕭啓慶，〈北亞遊牧民族南侵各種原因的檢討〉，收入《元代史新探》（台北：新文豐出版公司，1983），頁310～311。
〔註21〕《史記三家注》，卷一百八，〈韓長孺列傳〉，頁2861～2862。
〔註22〕錢穆亦指出匈奴舉眾入塞南下，所重在於經濟財物之掠奪，見氏著，《國史大綱》，上冊，收入氏著，錢賓四先生全集編委會整理，《錢賓四先生全集》，乙編，第二十七冊，頁226。

經萬騎時期悍狠治兵，流血政變奪位，誅戮政敵，其後計破東胡、擊走月氏、南併河南地、盡臣北方諸國，轉戰四方，幾近所向無敵，透過不斷的戰爭勝利，破國滅敵，終使匈奴獨霸北方草原，他在不同時期的政治表現，皆顯現出一個殺伐決斷、果敢英明的強勢領導風格。

政治講究的現實利害關係，在兩國相爭生死存亡之間，稍疏失即亡國滅族之禍時，是毫無溫情主義可言的。白登山之圍時，匈奴傾國之師盡出，重兵入長城以南，精明的冒頓單于以示敵怯弱戰術，引漢高帝北上方得加以圍困，舉國勞師動眾。要務實的單于肯解開圍角，漢方必須付出相當的代價。所以漢高帝得以脫困，如不付出令匈奴滿意的條件，任是謀臣策士如何舌粲蓮花，再多的努力也是徒然。

從草原立國的觀點出發，游牧的經濟型態本身有經濟上難以克服的問題──無法自給自足，〔註23〕部份生活物資有賴內部以外的供應。在勢力伸入長城以南，在平城戰役中，以解圍換取長期無償輸入漢地的資源，以挹注草原經濟的不足之處，直到漢武帝打破這個對匈奴甚有保障的長期物資供應計畫。

四、驕敵、誘敵戰術

冒頓單于在攻打東胡時採示弱驕敵以誘敵的戰術，成功麻痺東胡而取得巨大軍事勝利，在平城戰役中重操此策，運用也相當成功，以多次小敗，使漢軍小勝向北推進，令漢帝失去警戒心，輕敵冒進追擊，親率少數機動力強的精銳軍，離開晉陽向北越過句注，脫離了步兵主力部隊，慘遭圍困白登。成功運用誘敵戰術的一方，在戰場佔住十分有利的形勢，冒頓的誘敵策略，幾如《孫子兵法》的〈虛實篇〉所言的模式：

> 凡先處戰地而待敵者佚，後處戰地而趨戰者勞。故善戰者，致人而不致於人。能使敵人自至者，利之也；能使敵不得至者，害之也。故敵佚能勞之，飽能飢之，安能動之，出其所不趨，趨其所不意。〔註24〕

（一）誘敵方先抵達戰地等待敵軍到來，比被引誘方有較多時間休息。

〔註23〕 王明珂，〈鄂爾多斯及其鄰近地區專化遊牧業的起源〉，《中央研究院歷史語言研究所集刊》65.2（1994）：417。

〔註24〕 （東周）孫武撰，（魏）曹操等注，楊丙安校理，《十一家注孫子校理》，卷中，〈虛實篇〉，頁105～110。

先到戰地休憩的軍隊得以恢復精神、體力，晚來趕赴戰場的軍隊疲倦，勞、逸雙方體能上就有差異。

（二）誘敵方抓住敵方意圖，以利益相誘佈局，讓敵軍自動進入預定攻擊的地點，掌握戰場主動權，被誘方落入誘敵方的安排，全軍陷於被動之局，攻守之權盡失。

（三）敵軍落入佈置好的圈套裏，其精力充沛、糧秣充裕、觀望不前的狀態，轉爲疲勞、缺糧、冒進。

（四）在敵人預料不到的時間，攻擊敵人不設防、來不及救援的地方，進擊敵人意想不到的地點。

誘敵入彀，以逸待勞，擴大己方優勢，縮減敵方優勢，戰局走向強勢擊弱勢的優勢局面。冒頓單于兩度巧妙運用驕敵誘兵之策，取得滅東胡、圍白登的軍事勝利。匈奴既然善用誘兵之策，使漢方不易施以誘敵戰術對付之，所以漢武帝採大行王恢誘敵伏擊之策，花費心思籌畫佈局，馬邑之謀終被單于識破，白忙了一場。

幾十年後漢方不願繼續屈辱的和親政策，漢武帝傾國之力相擊，匈奴漸漸落入下風，單于採自次王趙信誘敵深入戰術，以精兵待於漠北，欲以逸待勞，引漢軍北上深入大漠決戰，趁其弊以擊之，〔註 25〕這也有類冒頓單于以來，匈奴傳統「善爲誘兵以冒敵」的戰術發揮。〔註 26〕

五、以漢制漢策略，引納漢方軍政高層人物往降

韓王信舉韓國以降匈奴，以現代術語來形容，是「帶槍投靠」，冒頓單于接納韓王信叛降，給予支持並允其繼續保有武裝力量，利用這一股現成的武力對付漢人，首開匈奴利用漢朝降附勢力的先例。漢降人了解漢朝內情，利用其兵將爲前導，可說是匈奴運用「以漢制漢」策略的開始。〔註 27〕司馬遷已注意到從馬邑事變後，匈奴利用漢朝降將的情形：

> 是後韓王信爲匈奴將，及趙利、王黃等數倍約，侵盜代、雲中。

〔註25〕趙信原爲匈奴小王，降漢後封翕侯，爲前將軍時降匈，其爲單于謀，見《史記三家注》，卷一百一十一，〈衛將軍列傳〉，頁2934；《史記三家注》，卷一百十，〈匈奴列傳〉，頁2910；一說趙信原爲匈奴相國降漢，見《漢書》，卷五十五，〈衛青傳〉，頁2492。

〔註26〕《史記三家注》，卷一百十，〈匈奴列傳〉，頁2892。

〔註27〕學者亦有論及匈奴「以漢制漢」策略，見陳序經著，《匈奴史稿》，頁201。

> 居無幾何，陳豨反，又與韓信合謀擊代。漢使樊噲往擊之，復拔代、
> 鴈門、雲中郡縣，不出塞。是時匈奴以漢將眾往降，故冒頓常往來
> 侵盜代地……後燕王盧綰反，率其黨數千人降匈奴，往來苦上谷以
> 東。〔註28〕

平城戰後，漢高、惠帝時，中原北方的鴈門、代郡、雲中、上谷以東諸郡縣，深受匈奴侵擾，便與漢人降將參與其間有關。在匈奴的南下的過程中，成功引漢人為匈奴南侵的助力，漢朝降附的將領或引軍驅策於前，或為漢地之司導，或劫掠為虐。冒頓單于接納漢人降附勢力為己用，持續吸引爵位高低不等的漢人將領降附、投靠，而以漢人對付漢人的辦法，為後世匈奴所沿用，最著名者莫如李廣之孫，漢騎都尉李陵降匈率軍與漢作戰之例。

六、對深入長城以南審慎持重，無意滅漢建立征服王朝

冒頓單于在長城以南的經略，明顯與橫掃草原的霸悍作風不同。漢朝建國不久，移徙北方的韓王信的上書就已提到匈奴數度侵入漢邊，匈奴數入卻未見佔領土地久居之舉。匈奴圍馬邑，冒頓單于接納韓王信叛漢降附，匈、韓共同聯軍南下，以匈奴控兵四十萬騎的數量來講，韓王信僅得萬餘騎的支援，可以預期難以匹敵傾國之力北上的漢朝大軍，此一決策的背後，透露當時匈奴對南下漢地的思維：匈奴無意直接佔領全部或部份漢地，在漢地建立「征服王朝」政權的企圖。參考日本史家對「征服王朝」所下的定義：

> 都是出自北亞民族的部族，統一北亞世界後侵入中國，征服‧
> 支配中國的一部或全部而建國的王朝〔註29〕

韓國是漢帝所立，雖臣屬於漢，實則為一獨立王國，韓王信手上至少有軍隊數萬，韓國方足立國自保於漢朝北疆，且能抵禦胡騎的進犯，是一股不小的軍事力量。冒頓單于雖對韓王信加以利用，卻僅以有限兵力支援，隨後以連敗驕兵誘敵之計，引漢軍冒敵北上，兩賢王軍全部撤回句注塞北，等於宣告讓韓王信在句注塞南敗滅，無意在擁有「表裏山河」優越形勢的晉地，〔註30〕堅扶韓王信成為附匈政權，或是趁勢佔領太原，以之擴張勢力，建立

〔註28〕 見《史記三家注》，卷一百十，〈匈奴列傳〉，頁2895。
〔註29〕 （日）田村實造著，李明仁譯，〈中國征服王朝——總括〉，收入鄭欽仁、李明仁譯著，《征服王朝論文集》（臺北縣：稻鄉出版社，2002），頁74。
〔註30〕 子犯對晉地之險要以「表裏山河」稱之，見（周）左丘明傳，（晉）杜預集解，《春秋左傳集解》，〈僖公二十八年〉，頁374。

「征服王朝」之意。

漢軍中誘敵之計，漢帝冒敵輕舉北上，白登圍山七日，漢軍兵少食盡，匈奴當時有全殲漢軍的實力，最後卻放過俘虜幾乎唾手可得的漢朝皇帝，〔註31〕沒有殲滅被圍的漢軍兵團，雖說與漢軍一方面堅決頑抗固守，一方面採陳平祕計用間活動，展現積極自救的堅強韌性有關，歸究到底，若非冒頓單于其意模棱，沒有強烈滅漢之心，否則以當時雙方實力不侔，漢天子終是難以脫身白登。中外史家對此皆有所評：

> 匈奴之對中國，一時尚無政治上統治之野心，故而高祖見圍而
> 得脫〔註32〕

> 漢武帝以前……匈奴兵勢優於漢朝，但平城之圍，冒頓並無併
> 吞漢朝的決心，終於允許了高帝的納貢與求和〔註33〕

> （冒頓單于）沒有企圖征服中國〔註34〕

平城戰役結束，爾後匈奴長期入侵長城以南，不與漢軍對陣交兵，採「出漢不意、攻漢之不備」策略，往來掠盜於漢朝邊境地區，對深入漢地則顯得審慎持重。終兩漢之世，未見匈奴有代漢的企圖。

匈奴侵擾中原，進兵的路線無形中似自限於風土之宜的北地，甚符於《史記》記載中原畜產所出區域，〈貨殖列傳〉對此有所描述：

> 龍門、碣石北多馬、牛、羊、旃裘、筋角〔註35〕

「龍門」是古山名，位於今天山西省河津縣西北，陝西省韓城縣東北之間，〔註36〕「碣石」在今日河北省昌黎縣北的碣石山。〔註37〕司馬遷以當時的

〔註31〕史家翦伯贊認為「若非陳平獻美人的祕計，漢代的太祖高皇帝，其不為匈奴
之俘虜者幾希」，見《秦漢史》，頁164。漢帝處白登處境之險，卒以脫身者，
不無僥倖。

〔註32〕錢穆著，《國史大綱》，上冊，收入氏著，錢賓四先生全集編委會整理，《錢賓
四先生全集》，乙編，第二十七冊，頁226。

〔註33〕姚從吾，〈國史擴大綿延的一個看法〉，收入查時傑編，《中國通史集論》，頁19。

〔註34〕（美）拉鐵摩爾著，唐曉峰譯，《中國的亞洲內陸邊疆》，頁321。

〔註35〕《史記三家注》，卷一百二十九，〈貨殖列傳〉，頁3254。

〔註36〕史念海，〈戰國至唐初太行山東經濟地區的發展〉，收入氏著，《中國史地論稿
（河山集）》（臺北：弘文館出版社，1986），頁145；倉修良主編，魏得良、
王能毅副主編，《史記辭典》，〈龍門〉條，頁754。

〔註37〕碣石位於何地，歷來有多種說法，見錢穆著，《史記地名考（上）》，收入氏著，
錢賓四先生全集編輯委員會編，《錢賓四先生全集》，乙編，第三十四冊，頁
132；今人多主碣石位於今河北昌黎北，見倉修良主編，魏得良、王能毅副主

地理生態環境，找出「龍門」與「碣石」兩地，大致劃分出一條自然的農牧界限，由碣石起始，循著燕山山脈之南麓西南，再越過太行山，經汾水之中游而至龍門，這條農牧分界限以北，是可耕種可放牧的，只是畜牧應是主要的經濟活動，可單獨列為一個經濟地區，其特點是農耕不適宜超過畜牧，不然農牧界線以北的物產就不應特別強調以馬、牛、羊、旃裘、筋角為主。〔註38〕

從匈奴取河南地開始，漢初數入雁、代，歷經馬邑之圍，平城戰役後，匈奴長時期南下侵盜中原，其活動範圍無形中似與此農牧界限相吻，此線以北與草原的環境相彷，比較適於游牧民族騎兵迅速往來，以南的農業區域與草原環境差異甚大，地理環境的差異或許可以做為冒頓單于以來，匈奴對漢地政策的一個解釋。

七、接受漢方和親，且與其他外族和親

冒頓接受漢方和親的作法，是漢、匈兩國關係上的開端。漢朝和親，納女及提供財物實惠，使匈奴成為實質受益方，之後不但一再接受和親，甚至自動提出和親的要求。等到漢朝強盛起來，匈奴為了與漢朝爭奪西域，也運用類似漢方的嫁女和親外交策略，嫁女給烏孫昆莫。〔註39〕

第三節 平城敗戰對漢朝的影響

平城敗戰對漢朝帶來深遠、廣泛的影響，筆者從下列幾個方向來分析：

一、首開漢朝政治高層帶兵投靠匈奴的記錄，漢初北疆為之不寧

漢初漢人以政治因素投靠托庇匈奴者不乏其人，如燕王臧荼子臧衍出亡入胡。〔註40〕臧衍以敗燕王子身份，亡命托身於匈奴，因本身缺乏政軍實力，其北亡出逃之舉所產生的政治影響力甚小。韓王信的身份則大不相同，他是漢初建基立國的功臣，是屈指可數、雄據一方的七大異姓王，漢方統治高層的首腦人物，以現任韓王之尊降附匈奴，有特殊指標性意義，其事帶來的政

編，《史記辭典》，〈碣石〉條，頁 640。

〔註38〕參見史念海，〈司馬遷規劃的農牧地區分界線在黃土高原上的推移及其影響〉，《中國歷史地理論叢》1999.1：1～40；史念海，〈戰國至唐初太行山東經濟地區的發展〉，收入氏著，《中國史地論稿（河山集）》，頁 145。

〔註39〕《漢書》，卷九十六，〈西域傳〉，頁 3903。

〔註40〕《史記三家注》，卷九十三，〈盧綰列傳〉，頁 2638。

治震憾效應大。

（一）漢高帝移徙韓國暗有猜忌之意，韓王信迫於形勢北移，漢中央與諸侯王之間有深刻的矛盾，復因匈奴圍馬邑，韓王信以變，是漢內政問題因外患加劇而引爆的首例。

（二）韓王信手縮兵符，據地稱雄一方，舉國全軍以降匈奴，率領以漢人爲主體的韓軍武裝力量，聯合異族胡人之兵回擊漢朝，造成漢方內部自相殘殺、自我消耗的局勢。

（三）韓王信投匈，南下反漢不成，在漢朝傾國平叛之師的重壓下，韓國難逃在漢地覆滅的命運，但韓王信總算保住了身軀及家小，擁眾隨匈奴北歸，爲異族政權效力，〔註41〕成爲漢方軍政高層降敵沿續政治生命的範例。〔註42〕

韓王信叛漢事件，爲漢朝仕途堪慮、面臨清算或政治投機的人物打開一條出路。王黃、曼丘臣、趙利等漢人係隨韓王信附匈，其後漢人投敵降匈者不斷。而終漢高之世，漢朝北方一直無法安寧，漢帝對諸侯王的疑忌不安，〔註43〕使安置在北方的諸侯王自危，離心力量一現，莫不思援引近在咫尺的強匈以自固，趙相國陽夏侯陳豨叛於漢高帝十年（前 197），〔註44〕燕王盧綰反於漢高帝十二年（前 195），〔註45〕兩人類循韓王信的模式，以所統武裝軍隊叛漢，聯合或投靠匈奴，使漢初北境疲於爭戰。

二、漢政權籠罩於胡人的軍事壓力下

冒頓單于自即位以來，迄平城戰役結束爲止，對長城以南的多次採取軍事行動，漢廷所採取的防禦性自保措施，並不能改變漢方最終處於軍事劣勢

〔註41〕韓王信帶著家室亡走匈奴，至穨當城生下一子，命名爲「穨當」；此外，韓太子亦隨著韓王信入匈，他也生下一個兒子，命名爲「嬰」，韓王信死後，韓穨當與姪兒韓嬰留在匈奴，一直到三十三後，漢文帝十四年（前 166）時，兩人帶著其父的部眾歸降，漢朝分封韓穨當弓高侯，韓嬰爲襄城侯，見《史記三家注》，卷九十三，〈韓信列傳〉，頁 2635。

〔註42〕漢武帝元狩四年（前 119），漢驃騎將軍深入幕北兩千里，俘獲匈奴三王中有「屯頭王」及「韓王」，霍去病所虜的這個「韓王」應是韓王信入匈後，在匈奴沿用下來的王號，見《史記三家注》，卷一百一十一，〈驃騎列傳〉，頁 2937。韓王信投入匈奴直到漢高帝十一年（前 196）戰歿於代地參合，似一直沿用「韓王」之位號。

〔註43〕賈誼在《上疏陳政事》中分析漢初強大諸侯王分列於漢境之際，漢帝因之感受威脅不安，見（清）嚴可均輯，《全漢文》，第三冊，頁 155。

〔註44〕《史記三家注》，卷八，〈高祖本紀〉，頁 387。

〔註45〕《史記三家注》，卷九十三，〈盧綰列傳〉，頁 2638～2639。

的不利局面。匈奴武力幾乎隨時可以突破長城往南進襲，沉重的軍事壓力，使漢廷對北胡警惕彌深：

（一）漢廷深以匈奴之侵略性為憂

漢朝法統承繼秦朝而來，所謂非承秦不能立漢。〔註 46〕秦始皇派蒙恬攻取河南地，城河上爲塞，築亭障防備匈奴，〔註 47〕秦朝將河南地納入版圖。冒頓單于在中原大亂時，攻取河南地，漢王二年（前 205），漢僅能守住故河南塞、朝那、膚施一線備匈，秦朝所建置九原郡等四十四縣的城塞、縣治依舊，卻淪入匈奴手中，從漢方角度來看，匈奴對河南地的軍事行動是入侵疆土，歷經平城戰役，長期不間斷進擾漢邊，對漢政權深具威脅性。

如漢文帝在位時，言談間不經意流露對匈奴侵漢的憂慮，是漢政權懸念匈奴之威脅的典型例子：

> 上既聞廉頗、李牧爲人，良説，而搏髀曰：「嗟乎！吾獨不得廉頗、李牧時爲吾將，吾豈憂匈奴哉！唐曰：「主臣！陛下雖得廉頗、李牧，弗能用也。」上怒，起入禁中……當是之時，匈奴新大入朝那，殺北地都尉卬。上以胡寇爲意，乃卒復問唐曰：「公何以知吾不能用廉頗、李牧也？」〔註 48〕

漢文帝在偶然的情況與中郎署長馮唐談話，話題也不是爲了匈奴，在聽了馮唐稱讚前戰國名將廉頗、李牧時，竟忍不住激動脱口感慨，深以沒有得到像廉頗、李牧這樣的良將禦匈爲憾。所謂「誠於中形於外」，〔註 49〕漢帝內心以匈奴之欺迫爲意，於言語之中反映。此次對話最後因馮唐直言觸犯，漢帝憤怒拂袖離去而草草結束。但匈奴的威脅未減，在漢北地都尉被殺後，深爲北胡問題困擾的皇帝，實是希望得到良將以禦外侮，便再次召問馮唐，詢問何以指責自己即使有廉頗、李牧等良將也無法任用之因，聽聞馮唐講述李牧對付匈奴的事蹟後，隨之因其諫言赦免禦匈得力卻因細故遭懲處的魏尚，起復爲雲中守。〔註 50〕

〔註 46〕 田餘慶，〈説張楚——關於「亡秦必楚」問題的探討〉，收入氏著，《秦漢魏晉史探微（重訂本）》，頁 28。

〔註 47〕 《史記三家注》，卷六，〈秦始皇本紀〉，頁 252～253。

〔註 48〕 《史記三家注》，卷一百二，〈馮唐列傳〉，頁 2757～2758。

〔註 49〕 （漢）鄭玄注，（唐）孔穎達疏，龔抗雲整理，王文錦審定，《禮記正義》，（北京：北京大學出版社，1999），卷六十，〈大學〉，頁 1593。

〔註 50〕 《史記三家注》，卷一百二，〈馮唐列傳〉，頁 2758～2759。

漢文帝也在詔書中公開表達匈奴的軍事侵略，對漢朝帶來的困擾：

> 朕能任衣冠，念不到此。會呂氏之亂，功臣宗室共不羞恥，誤居正位，常戰戰慄慄，恐事之不終。且兵兇器，雖克所願，動亦耗病，謂百姓遠方何？又先帝知勞民不可煩，故不以爲意。朕豈自謂能？今匈奴内侵，軍吏無功，邊民父子荷兵日久，朕常爲動心傷痛，無日忘之。〔註51〕

漢朝皇帝常自作詔書，詔文多懼詞且直述胸臆，遣辭用語常非人臣代草者所敢爲。〔註52〕孝文帝此詔前面是一貫的謙抑懼詞，後文承認政府對匈奴入侵抵禦無方，表示對邊境百姓長期受到劫掠兵災感到沉痛哀傷。漢廷中樞對匈奴威脅感受之深，從皇帝在公開與私下場合裏，有意、無意間的反應，可見其一斑。

（二）造成漢初一段很長的時間内，漢廷上下對武力決戰匈奴的信心不足

匈奴長期入寇不斷，胡騎蹂躪之禍彷彿永無止境，漢朝以大國之尊，對外處於被動挨打受脅之境，卻不能不忍氣吞聲，與平城戰役大失利的陰霾有關。漢惠帝三年（前 192），發生冒頓單于致書輕侮漢朝皇太后的大事。憤怒的皇太后爲此召集群臣，意欲加以報復，廷議召開之前，太后對用兵與否，已心有主見：

> 孝惠、高后時，冒頓寖驕，乃爲書，使使遺高后曰：「孤僨之君，生於沮澤之中，長於平野牛馬之域，數至邊境，願遊中國。陛下獨立，孤僨獨居。兩主不樂，無以自虞，願以所有，易其所無。」高后大怒，召丞相平及樊噲、季布等，議斬其使者，發兵而擊之。樊噲曰：「臣願得十萬眾，橫行匈奴中。」問季布，布曰：「噲可斬也！前陳豨反於代，漢兵三十二萬，噲爲上將軍，時匈奴圍高帝于平城，噲不能解圍。天下歌之曰：『平城之下亦誠苦，七日不食，不能彀弩。』今歌唫之聲未絕，傷痍者甫起，而噲欲搖動天下，妄言以十萬眾橫行，是面謾也。且夷狄譬如禽獸，得其善言不足喜，惡言不足怒也。」高后曰：「善。」令大謁者張澤報書曰：「單于不忘弊邑，賜之以書，弊邑恐懼。退日自圖，年老氣衰，髮齒墮落，

〔註51〕 《史記三家注》，卷二十五，〈律書〉，頁 1242。

〔註52〕 （清）趙翼著，王樹民校證，《廿二史劄記校證》，卷四，頁 42、86～87。

行步失度，單于過聽，不足以自汙。弊邑無罪，宜在見赦。竊有御
車二乘，馬二駟，以奉常駕。」〔註53〕

再參以《史記》其他列傳的記載，更能了解當時的決策過程：

孝惠時，爲中郎將。單于嘗爲書嫚呂后，不遜，呂后大怒，召
諸將議之。上將軍樊噲曰：「臣願得十萬眾，橫行匈奴中。」諸將皆
阿呂后意，曰「然」。季布曰：「樊噲可斬也！夫高帝將兵四十餘萬
眾，困於平城，今噲柰何以十萬眾橫行匈奴中，面欺！且秦以事於
胡，陳勝等起。于今創痍未瘳，噲又面諛，欲搖動天下。」是時殿
上皆恐，太后罷朝，遂不復議擊匈奴事。〔註54〕

匈奴致書漢朝語氣輕慢，與漢匈兩國曾大動干戈較量，漢方平城戰役失
利有關。單于既雄霸於草原，南下幾俘漢帝於白登，長城內外已無敵手，北
亞政治重心向龍庭傾斜，冒頓單于自恃其強，有看輕南方漢朝之意，在漢高
帝死後遣使致書寡后，其書因之褻慢。匈奴以上國之尊無視漢廷威儀，國書
不慰寡恤問，敦睦國誼，反輕薄以男女生理私欲之間，露骨表明兩國男主、
女主皆失偶，孤男、寡女可以互娛取樂，似視漢高遺孀爲屬地可任擇之閼氏。
以漢太后年高望重、司柄國權、有子爲帝、獨尊漢地，雖喪寡獨居，實無與
異族首領男女關係上互通有無的可能，不論從什麼角度來看，冒頓單于極爲
唐突無禮，大大的冒犯了漢太后。匹夫見辱尚且拔劍而起挺身而鬥，〔註56〕
況女主至尊臨辱乎？是可忍也，孰不可忍？

呂太后本身非好相與之人，其個性之剛毅，〔註57〕處事之強悍，〔註58〕
生平酬恩報怨，政治處斷明快，有不少著名可考之例：

1. 燕王盧綰是漢帝劉邦編戶民微時之親舊故友，盧父與劉太公兩人交
好，盧綰與劉邦兩人同一天出生，從小一起長大，交情深厚、感情親密，盧、
劉兩家兩代幾十年的交誼，彼此間熟稔相知，認識很深。盧綰是漢政權核心
權貴，對政局十分清楚，他對自己的親信說呂后專找藉口來誅殺異姓王與功

〔註53〕《漢書》，卷九十四，〈匈奴傳〉，頁3754～3755。

〔註54〕《史記三家注》，卷一百，〈季布列傳〉，頁2730～2731。

〔註56〕（宋）蘇軾，《留侯論》，收入（明）茅維編，孔凡禮點校，《蘇軾文集》（北
京：中華書局，1986），第一冊，卷四，〈論〉，頁103。

〔註57〕《史記三家注》，卷九，〈呂太后本紀〉，頁396；《漢書》，卷九十七上，〈外戚
傳〉，頁3937。

〔註58〕宋人已謂呂后強悍，見（宋）蘇軾，《漢高帝論》，收入（明）茅維編，孔凡
禮點校，《蘇軾文集》，卷三，〈論〉，頁82。

臣，〔註 59〕「所誅大臣多呂后力」。〔註 60〕漢高帝之功臣見忌輒遭顯戮，呂后下手並不手軟。

2. 高帝死時（前 195），四天不發喪，呂后難免擔心皇帝丈夫死了，元老宿將不服孤兒寡母，對心腹辟陽侯審食其言「非盡族是，天下不安」，竟打算盡殺功臣元老諸將，其膽色非比一般。這個方案沒有實現的原因，一因灌嬰、周勃等元老們據兵三十萬扼燕、趙與滎陽之間，重臣統兵於外，太后無法將之一網打盡，二因曲周侯酈商透過辟陽侯審食其，做通太后方面的工作，分析急切間逼急手握重兵的元老宿將，有可能面臨元老集體反撲於內，諸侯王聯合反叛於外的政治危機。〔註 61〕呂后考量趕盡殺絕之策，政治風險確實太大，便放棄了這個念頭，宿將元老才得以逃過一劫，化解一場血腥的政治大清洗的屠戮之禍。

3. 漢高帝晚年征戰於外，呂后已過問政事，連參與機要的親信大臣都敬畏異常，如六出奇計六益封的護軍中尉曲逆侯陳平，奉漢高病中軍斬相國樊噲之旨，猶懼呂后不敢動手，囚舞陽侯以歸，漢帝崩入奏喪前，自訴於上宿衛禁中，幾不能自免。〔註 62〕

4. 漢高帝晚年寵戚姬，生下趙王如意，意欲易皇儲，幾乎廢掉劉盈的太子之位，因而結怨於呂后。〔註 63〕漢高崩而呂為太后，即大肆報復，先囚戚姬於永巷，再酖殺趙王如意，使子死母前，以悲母心，繼斷戚姬手足、去眼、煇耳、喝瘖啞藥，置於廁中，取命「人彘」，〔註 64〕以痛其身。怨仇不相忘，報復手段酷烈。

5. 惠帝時（前 194～前 188），呂太后即能主宰朝政，迄於稱制期間（前 187～前 180），是漢朝實際統治者，淮泗功臣集團雖把持漢廷中樞要津職務，卻不敵太后之威勢。〔註 65〕諸呂封王事件發生於惠帝過逝後，右丞相安國侯王陵因拂逆太后見黜，左丞相陳平、絳侯周勃見機轉風，曲意阿附以保權位，違背了漢高帝時共約「非劉氏不得而王」的承諾而被指責。〔註 66〕重臣宿將

〔註 59〕《漢書》，卷九十四，〈匈奴傳〉，頁 3755。
〔註 60〕《史記三家注》，卷九，〈呂太后本紀〉，頁 396。
〔註 61〕《史記三家注》，卷九，〈呂太后本紀〉，頁 392。
〔註 62〕《史記三家注》，卷五十六，〈陳丞相世家〉，頁 2058～2059。
〔註 63〕《史記三家注》，卷九，〈呂太后本紀〉，頁 395。
〔註 64〕《史記三家注》，卷九，〈呂太后本紀〉，頁 397。
〔註 65〕傅樂成，〈西漢的幾個政治集團〉，收入氏著，《漢唐史論集》，頁 4～5。
〔註 66〕《史記三家注》，卷九，〈呂太后本紀〉，頁 400。

畏憚太后，大多不敢也不願得罪之，其非一朝一夕之故。

6. 御史大夫汾陰侯周昌強力諍諫廢太子，事後呂后跪謝；〔註67〕太僕召平侯夏侯嬰數救呂后子、女於彭城敗亡半途，太后賜縣北的「近我第」以尊異之；〔註68〕留侯張良謀畫「招四皓以安太子位」之策，太后感念而強之飲食；〔註69〕舍人審食其長年侍從沛地，又奉侍劉太公與呂后為質楚軍，呂后稱制時終提拔其為左丞相，以酬庸其功。〔註70〕

7. 漢武帝年老時安排後事，他提到「女主獨居驕蹇，淫亂自恣，莫能禁也。女不聞呂后邪？」〔註71〕因顧慮「主少母壯」的問題，將鉤弋夫人處決，深以呂后女主掌政時的驕橫自恣為借鑑。呂為太后的淫亂無甚明證，但當政時威權專斷，無人可制是事實。

呂后雄猜女主，恩怨分明，執政剛猛有威，果於屠戮誅夷，重臣忌憚畏威。匈奴來書如此輕蔑無禮，以太后剛強個性，自然嚥不下這口惡氣，要斬來使、出大兵報復。「主憂臣辱，主辱臣死」有其悠久的政治傳統，〔註72〕大臣見識過太后手段的厲害，此時不得不表態，忠字作頭是政治正確的安全係數，朝臣一面倒附和太后嚴懲報復之意。

戰國時秦王曾說：「天子之怒，伏尸百萬，流血千里」，〔註73〕秦君乃列國之一的君王，其怒尚有如斯之威，漢廷已一統中原，太后權威凌於天子，其怒更是非同小可，上將軍樊噲挺身而出，自願統兵十萬，擔起指揮懲匈之戰的重責。樊噲是元老重臣，又是太后的妹夫，〔註74〕身居上將軍高位，是軍方高層首腦人物，其言語有足夠份量，代表軍方支持太后報復的做法。朝

〔註67〕《史記三家注》，卷九十六，〈張丞相列傳〉，頁 2677。
〔註68〕《史記三家注》，卷九十五，〈滕公列傳〉，頁 2665～2667。
〔註69〕《史記三家注》，卷五十五，〈留侯世家〉，頁 2045～2048。
〔註70〕《史記三家注》，卷七，〈項羽本紀〉，頁 322；《史記三家注》，卷十八，〈高祖功臣侯者年表〉，頁 926；《史記三家注》，卷五十六，〈陳丞相世家〉，頁 2026。
〔註71〕《史記三家注》，卷四十九，〈外戚世家〉，頁 1986。
〔註72〕春秋時越國的上將軍范蠡，戰國時秦國的應侯范睢，漢景帝時內史韓安國三人所言小異，但其意大同，分見《史記三家注》，卷四十一，〈越王句踐世家〉，頁 1752；《史記三家注》，卷七十九，〈范睢列傳〉，頁 2417；《史記三家注》，卷一百八，〈韓長孺列傳〉，頁 2859。
〔註73〕秦王之語，見（漢）劉向集錄，《戰國策》，卷二十五，〈秦王使人謂安陵君〉，頁 922。
〔註74〕陳平與周勃兩人商議如何處置奉漢高帝詔斬樊噲的事，談及樊噲娶呂后妹呂嬃，有親且貴，見《史記三家注》，卷五十六，〈陳丞相世家〉，頁 2059。

廷並不缺兵，北征匈奴的將帥人選也有了，至此，斬單于來使，出兵北庭幾成定局。

　　樊噲的說法引起中郎將季布的不滿，他認為樊噲未經周詳考慮，即一味阿附上意，因此出來說了重話。季布的論述精闢有力，句句擊中要害，改變了廷議的風向，筆者試析如下：

　　1. 平城戰役時，漢高帝御駕自將，樊噲忝為斯役大將，共陷白登圍中，也拿不出辦法解救。白登脫困，漢方三十幾萬重兵會集平城，不敢追擊決戰，任由胡騎揚長而去。現在樊噲誇口橫行匈奴，欲以十萬兵力取勝，明顯是講了做不到的大話，如果擅開戰端，又無法收拾，可說是給國家添亂子。

　　2. 漢十一年（前 196）時，高帝因年老病衰，有意讓太子領將征討黥布，四皓對建成侯分析軍方的將領，都是與皇帝共同打天下的梟將，太子根本難以統率指揮這些老資格的驕兵悍將，呂后只好以哭啼，訴諸親情情感的方式，讓皇帝了解宿將們桀傲，倚老賣老，很難為太子指揮為用，以勉強漢高帝病中督帥親征。〔註 75〕漢朝三大可獨當一面的諸侯王，全已遭到處死，現存功成名就的宿將誰也不服誰，漢惠帝時的朝廷無人有足夠的威望押陣，統全軍而制諸將。以高帝朝的兵將陣容，加上漢帝親自將兵壓陣，出動龐大的兵力尚不能戰勝匈奴，此時沒有更勝當年的條件，出兵的勝算更小。

　　3. 其時距平城之敗方八年，白登圍山兵卒飢乏的慘狀傳遍全國，現在都還有人在討論此事，眾人記憶猶新，傷者也才復原而已。現在與匈奴再開仗，還是得靠這一批當年身歷險境的謀臣、武將，敗戰陰影籠罩不去，以低落的軍心士氣，難以支持對匈奴的戰事。

　　4. 秦朝受到對胡戰事與北防龐大的軍費拖累，導致天下大亂、民變四起，漢朝整個國家都還沒從長期戰亂中復原，若擅開戰端，戰事連綿不絕，造成百姓流離傷殘、經濟破產，若有心人再趁勢而起，漢朝內憂外患，就會走向秦朝覆亡的老路。

　　5. 中原是禮儀之邦、文化大國，不和文化水平差，野獸般的胡人一般見識，胡人不論講好話或壞話，根本就不值得在意。

　　季布喚起歷史傷痛，以平城之敗分析開戰求勝不易，若戰事綿延不決，甚或敗戰拖累國家經濟，將重蹈前秦事胡亡國覆轍，可能連政權都不保，最後以胡人來書是獸言獸語為飾，其至不遜之言無傷太后顏面與國體，讓太后

〔註75〕見《史記三家注》，卷五十五，〈留侯世家〉，頁 2045～2046。

能自下臺階。

　　既然出兵毫無勝算，戰敗動搖國本的風險太大，樊噲不敢逞強再言。看到諸將無人敢應戰前敵，大臣轉以持重爲主，怯戰懼敵之意難掩，受委屈的強勢太后眼見開戰非計，和爲上策，門面上又找到一番說辭理由可對內做交待，自下臺階已沒有問題，冷靜下來後，終於強忍惡氣，同意不開戰報復，爲了結此事，反派大謁者張澤卑辭賠笑送禮，忍辱回應冒頓要求男女交歡的國書。

　　幾十年後，漢武帝談起此事，尚憤於「高后時單于書絕悖逆」。〔註76〕如非平城戰役大失利，令漢廷朝野上下對武力抗擊匈奴信心不足，是很難逼使呂太后同意不報復，且以大屈辱的方式回應匈奴。

（三）強化北方邊防軍事力量的建設

　　1. 持續建築邊境防禦工事：秦滅六國後繕治連結燕、趙、秦之長城，成爲西起臨洮，東至遼東之萬里長城。匈奴既成大患，成爲漢北方大敵，戰國至秦以來的這一套長城邊防系，自然爲漢所沿用。修繕構建邊地軍事設施，以收禦胡之效。

　　漢代北方邊地派兵駐守的防禦工事，可將之統稱爲長城，其中具體的一段塞城則可稱之某「塞」。綜合學者的研究，將漢北方邊塞所設防禦工事，分爲下列幾種：

　　第一種有城垣的，又可分爲：

　　（1）大城圈：郡城和縣城，有百姓居於城中，政府任命官吏、軍隊駐守，城設有烽火臺。

　　（2）小城圈：在塞上險要的地方，在長城內側築小城屯守，則名之爲「障」，只派駐官吏如候官或障尉，及下屬士兵，設有烽火臺。

　　（3）長城：連綿相沿接續的城垣。

　　（4）亭隧：設防警戒的基層單位，設有供駐防的「塢」，及作烽臺的「堠」，派駐階級較低的軍官和士兵。

　　第二種其他工事：

　　（1）木柵：又稱爲虎落。

　　（2）天田：搭配木柵使用，將沙子鋪灑在地面，以偵測匈奴窺探者之

〔註76〕《史記》，卷一百十，〈匈奴列傳〉，頁2917。

足跡。〔註77〕

邊地郡守之下設有武職的「部都尉」負責軍事工作，有的部都尉府就設置於障城之中，每百里設一「候官」，候官之下設有「候長」，候長之下設有「隧長」，隧長轄最基層的隧卒。大概每五至十里設有一個烽火臺，三十至五十里設一障，百里設一城，遇到匈奴來侵時，便舉烽火爲號，以煙與火炬的數顯示來敵的數量。如何舉烽燔薪的時機與方式，都有一定的規範，整個體系形成一個訊息傳遞互聯網，共同協力防衛。〔註78〕

漢代以種種不同的材料構築長城邊塞，漢元帝時（前48～前33），郎中侯應曾上書反對撤邊武備，專恃降胡保塞，其議論中提到長城修築施工的方式條件，《漢書‧匈奴傳》：

> 建塞徼，起亭隧，築外城，設屯戍，以守之……起塞以來百有餘年，非皆以土垣也，或因山巖石，木柴僵落，溪谷水門，稍稍平之，卒徒築治，功費久遠，不可勝計〔註79〕

郎中侯應所云概括了戰國迄秦漢以來修築長城的要點，根據不同的地理環境，利用易得的材料，發展出甚具彈性修築法：長城大體上是土垣，因泥土是隨處可得之物，古代最常用之建築資材，所以長城的牆體主要用泥土壘牆而成，以木夯或石夯打實；在缺乏土壤的山區，如有大塊石頭，則以大石頭砌疊，如大石不敷使用，則採土石混築，牆體外砌以石頭，內部則混以泥土、碎石夯實；如因土質含沙量過高，則在牆內放置樹木、荊條、蒿草等，以加固牆體；在有谿谷之處，加設可以開閉的水關，藉調節溝渠中的水量以阻阨敵人。〔註80〕這幾種修築法，有很強的因地制宜性，有利於興築時效與日後長期的維護更修。

2. 漢廷失利於平城戰役，持續強化強化北疆的防禦，除長城要塞等硬體設

〔註77〕《漢書》，卷四十九，〈鼂錯傳〉，頁2287。

〔註78〕以上城、障、亭隧、候，其他工事的的部份，參見孫機著，《漢代物質文化資料圖說》（北京：文物出版社，1991），頁155～159；及勞榦，〈秦漢時代的長城〉，收入氏撰，《勞榦學術論文集甲編》，下冊，頁1084；勞榦，以爲「候官」之下設「塞尉」，其下爲「隧長」，見氏著，〈釋漢代之亭障與烽燧〉，收入氏撰，《勞榦學術論文集甲編》，上冊，頁700～701、713。

〔註79〕（漢）班固撰，《漢書》，卷九十四下，〈匈奴傳〉，頁3803～3804。

〔註80〕漢長城的修築法參見勞榦，〈釋漢代之亭障與烽燧〉，收入氏撰，《勞榦學術論文集甲編》，上冊，頁709～710；及景愛著，《中國長城史》（上海：上海人民出版社，2006），頁26～28。

備的建築之外，設官增兵以防守，數量較內地爲多。如西漢時的北部邊郡，一共設有五十五個部都尉，每郡平均是二點五個人，是內地的二點五倍。〔註81〕

三、漢朝調整對匈奴的戰略、戰術型態

（一）平城戰後，漢朝對匈奴採戰略守勢

經過平城戰役的較量，漢高帝認識到以漢此時的軍事力量是無法解決匈奴的問題。〔註82〕面對匈奴的入侵，漢廷抗擊匈奴的政策轉變，不以武力解決成爲朝野的主流意見。匈奴自動侵寇爲攻方，漢朝被動防衛爲守方，挨打的漢方對挑起戰端的攻方採不追究、不報復、不進擊的政策，長期忍受人民性命與財產的損失，委曲求全希冀保持和局。

平城戰役後，漢朝對匈奴的軍事策略，進入長期戰略守勢的階段，漢文帝的詔書中表達了漢廷止戰，以守勢爲主的寧邊態度：

今未能銷距，願且堅邊設候，結和通使，休寧北陲，爲功多矣。

且無議軍。〔註83〕

漢朝對匈奴的侵寇做了某種程度上的忍讓，以守勢爲主的戰略，避免雙方因局部的邊境衝突，引發大規模軍事對抗的可能性，大大降低了兩國決裂開戰的風險。

（二）漢朝戰術型態的改變

騎兵發展至秦代，還在兵種發展的初階段，受限於裝備等配套條件不足的限制，難以獨立完成作戰任務，始終須與車兵、步兵配合，才能發揮奇襲的戰術特點，所以在戰鬥中常被配置於車陣尾部，配合車兵側擊、突擊敵人，彌補步兵、車戰機動性較差的問題。〔註84〕楚漢相爭時，漢方著意組建成騎兵，最終在滅楚的過程中發揮一定力量，但漢軍軍種的基本格局以步兵爲主，騎兵數量小，佔全軍的比例低，處於輔助性角色。

漢初的戰爭方式一如秦代之時，並沒有太大的變化。〔註85〕在平城戰役

〔註81〕陳曉鳴，〈兩漢北部邊防若干問題之比較〉，《中國邊疆史地研究》12.3（2002.9）：22～30。
〔註82〕（英）崔瑞德、（英）魯惟一編，楊品泉、張書生、陳高華等譯，《劍橋中國秦漢史：公元前221～公元220年》，頁415～416。
〔註83〕《史記三家注》，卷二十五，〈律書〉，頁1242。
〔註84〕彭文，〈秦代的騎兵〉，《軍事歷史》1994.5：52。
〔註85〕王學理著，《秦俑專題研究》（西安：三秦出版社，1994），頁38。

中，漢軍以既有的軍事結構迎擊北方的強胡，有意想不到的困難發生。匈奴兵力雄厚，胡騎進攻退守迅捷，漢高帝困處白登時不能突圍，兵聚平城復不敢迎擊、追擊，漢方首度見識到以騎兵為主的胡人軍力之強，機動力之高，不僅堪為漢之勁敵，且有遠勝之處。平城戰役突顯漢方騎兵數量少，步兵機動力差的問題。漢軍既知此戰不利與缺馬乏騎有關，從失敗中汲取經驗，積極補強戰騎不足的劣勢，為了攻伐匈奴而開展盛養馬匹的工作。〔註86〕

漢朝對馬的高度重視，在養馬與對馬匹的監控掌握上流露無遺：

1. 官方建置甚為完善的馬政體系，太僕及其下兩丞，屬官三令，各五丞一尉等，官僚分層督科，職權有序。〔註87〕

2. 於北疆與西疆設有三十六所養馬之苑，打造培育馬匹繁殖的良好環境，一度養馬高達三十萬匹，〔註88〕為讓苑馬有充足的草料，甚至嚴禁百姓在馬苑內芻牧採樵。〔註89〕

3. 呂后二年（前186）的《二年律令·津關令》中，有多條涉及馬匹的管理條文，馬匹出入津關，有嚴密的辨識與監視，嚴格限制私買馬出關，入官馬匹數量、標識、齒、高度，清楚記載移守，致告關津案閱，官馬死了更是麻煩，須讓死亡之地所在的縣道官診察，諸侯及官員買馬關中須上呈請示。〔註90〕

4. 制定獎勵獻馬的「馬復令」，〔註91〕即獻給國家一匹拉戰車的馬，可免除三個人服兵役的責任，〔註92〕以此提高百姓捐馬的動機，納民馬為軍馬，導入民間的力量強化政府的軍事力量。

5. 發展出令百姓畜於邊縣，官假母馬取息的制度。〔註93〕藉由民間的力量輔助政府，提高馬匹的繁殖力。

為了在短期內繁衍馬匹，增加足夠的馬匹數量，漢代歷朝可謂殫思竭慮，

〔註86〕《史記三家注》，卷三十，〈平準書〉，頁1425。

〔註87〕《漢書》，卷十九上，〈百官公卿表〉，頁729。

〔註88〕師古引《漢官儀》云，見《漢書》，卷十九上，〈百官公卿表〉，頁729。

〔註89〕《漢書》，卷六，〈武帝紀〉，頁157。

〔註90〕張家山二四七號漢墓竹簡整理小組編，《張家山漢墓竹簡〔二四七號墓〕》（北京：文物出版社，2001），《二年律令·津關令》，頁207～210。

〔註91〕《漢書》，卷九十六下，〈西域傳〉，頁3914。

〔註92〕鼂錯上書，見《漢書》，卷二十四，〈食貨志〉，頁1117～1134；《全漢文》中，此上書名為《說文帝令民入粟受爵》，見（清）嚴可均輯，《全漢文》，卷十八，頁188。

〔註93〕《漢書》，卷二十四，〈食貨志〉，頁1172。

極盡所能，騎兵力量才能迅度增長，漢孝文帝三年（前 177），上距離平城戰役二十三年，派丞相潁陰侯灌嬰統軍阻擋匈奴的入侵時，已能出動八萬五千騎；〔註94〕漢孝文帝十四年（前 166）冬，匈奴攻朝那塞時，殺北地都尉，漢遣將抵禦，更出動「車千乘，騎卒十萬」，〔註95〕非復高帝時的不能具純駟的困窘，在在可見漢方在育馬上所做的努力。漢朝調整以步兵為主的軍種型態，隨著時間流逝，與匈奴的騎兵實力差距逐漸縮小，奠立未來以騎兵與匈奴一爭雄長的基礎。

（三）首開漢朝和親政策

平城戰役大失利，漢帝受到不小的驚嚇，已缺乏再度決戰胡人的銳氣，對北胡的戰略轉以守勢為主。漢方單向忍讓主守的戰略，無助於兩國的和平，北方邊境未能因此無事，匈奴入侵主攻的軍事行動成為常態，北境不寧的國防問題成為一大困擾，漢朝陷入攻守兩難之局：主攻的贏面實在不大，主守等於一味挨打。江山才剛打下來，劉姓的天下都尚未穩定，胡寇又持續進擾，內外交困使漢高帝疲於應付，不得不召見大臣商議。

建信侯劉敬雖曾被罵為「齊虜以口舌得官」，前因「建都關中」之議，後因平城戰役時出使匈奴，斷言單于疲贏誘敵之計，驗證其識見有過人之處，成為漢帝垂詢的對象。劉敬推衍出一套非武力解決胡寇的辦法：

> 高帝罷平城歸，韓王信亡入胡。當是時，冒頓為單于，兵彊，控弦三十萬，數苦北邊。上患之，問劉敬。劉敬曰：「天下初定，士卒罷於兵，未可以武服也。冒頓殺父代立，妻羣母，以力為威，未可以仁義說也。獨可以計久遠子孫為臣耳，然恐陛下不能為。」上曰：「誠可，何為不能！顧為柰何？」劉敬對曰：「陛下誠能以適長公主妻之，厚奉遺之，彼知漢適女送厚，蠻夷必慕以為閼氏，生子必為太子，代單于。何者？貪漢重幣。陛下以歲時漢所餘彼所鮮數問遺，因使辯士風諭以禮節。冒頓在，固為子婿；死，則外孫為單于。豈嘗聞外孫敢與大父抗禮者哉？兵可無戰以漸臣也。若陛下不能遣長公主，而令宗室及後宮詐稱公主，彼亦知，不肯貴近，無益也。」高帝曰：「善。」欲遣長公主。呂后日夜泣，曰：「妾唯太子、

〔註94〕《史記三家注》，卷十，〈孝文本紀〉，頁 425。
〔註95〕《史記三家注》，卷十，〈孝文本紀〉，頁 428。

　　一女，柰何弃之匈奴！」上竟不能遣長公主，而取家人子名爲長公

　　主，妻單于。使劉敬往結和親約。〔註96〕

　　衡量雙方的軍事實力，劉敬認爲既難恃武力解決胡寇問題，不如採用非武力的「和親」方式。中原在政治上的「和親」策略，並非劉敬首倡，遠在先秦時期，中原就已經出現「和親」之名的政治性婚姻，其背後基於多種目的，其中一種就是爲了「解除兵威」。〔註97〕將「和親」運用於不同民族或相同民族的政權之間，出於「爲我所用」的目的，所進行的策略性聯姻。〔註98〕

　　劉敬的和親之策很可能出自於陳平祕計。〔註99〕對漢朝來說，對匈奴和親本非光彩體面之事，難得的是劉敬在理論上對「和親政策」加以演繹後，不但對內減少有損漢朝國體的衝擊，且讓「和親政策」轉化成對外積極性的策略。錢穆氏以爲漢初的「和親政策」，是以漸近的方式，對匈奴慢慢地進行同化與融和，〔註100〕欲以中原在經濟、文化上相對優勢的力量，漸次讓匈奴同化，這個政策背後的思想基礎，有著儒家思想的影響，其淵源可追溯於先秦時期儒家「用夏變夷」的觀念，體現深厚的儒家民族觀。〔註101〕

　　漢初透過和親，以大方向來說，雖然可以經濟文化滲透的方式，逐步影響匈奴民族的生活習慣與社會風尚，進而達到同化目的，或預期收效於長遠異日，卻非眼下倏忽之間，遑論以此止戰息爭。宋人司馬溫公指出建信侯論述上難以自圓其說之處，這也是和親的致命傷所在：

　　　　建信侯謂冒頓殘賊，不可以仁義說，而欲與爲婚姻，何前後之
　　　　相違也！夫骨肉之恩，尊卑之敘，唯仁義之人爲能知之；柰何欲以
　　　　此服冒頓哉！蓋上世帝王之禦夷狄也，服則懷之以德，叛則震之以
　　　　威，未聞與爲婚姻也。且冒頓視其父如禽獸而獵之，奚有于婦翁！

〔註96〕《史記三家注》，卷九十九，〈劉敬列傳〉，頁2719。
〔註97〕崔明德歸納先秦時期的政治婚姻之目的爲七種，見氏著，《先秦政治婚姻史》（濟南：山東大學出版社，2004），頁8～15。
〔註98〕崔明德、周興，〈「和親」探源〉，《東南文化》103（1994）：60～63。
〔註99〕武沐認爲在白登之圍時，陳平祕計就是向匈奴口頭承諾和親納貢，漢於戰後以劉敬言諱飾之，其推論頗近情理，見氏著，《匈奴史研究》，頁153～155。若依武沐氏之說，則漢朝「和親」之策最早實出自陳平；司馬遷的記載是平城戰後，漢高帝微詢劉敬，方採納和親的建議。
〔註100〕錢穆著，《中國文化史導論修訂本》（臺北：臺灣商務印書館，1993），頁94。
〔註101〕李大龍，〈「用夏變夷」與西漢初期劉敬的「和親」建議〉，《內蒙古社會科學（漢文版）》121.3（2000）：50～54。

建信侯之術，固已疏矣；況魯元已爲趙后，又可奪乎！〔註102〕

劉敬和親論述有內在矛盾：一方面清楚當政治上有利害衝突時，冒頓父子骨肉之間尚不能保，一方面欲藉聯婚建立姻親關係，盼冒頓惜異族翁婿之情，此前言矛盾後語；再欲強迫已爲趙王后的魯元公主改適北胡，縱漢高帝無謂，呂后與趙王、趙后焉肯輕易就範，事可期以難行；最後復望漢、匈聯姻混血的下一代單于，基於不勝父子血親的外孫與大父關係，因之不與漢朝相抗，無怪溫公嗤其術疏。

漢初內憂外患，既患諸侯王勢大難制，又疲於匈奴不斷侵寇，在內忌雄藩外憚強胡的情況下，漢高帝決意寧外以固內。寧外別無良方，只得落實殊失國體的陳平祕計，採行重幣送女的「和親政策」，以重聘送女聯匈爲婚姻，復重利貢獻財物，以饜足匈奴統治層的物質欲望。漢朝受限於本身的軍事實力不足，故願意付出財物上的代價，藉以換取和平，匈奴當然也看穿這一點，吃定漢朝可欺，大玩兩手策略，一面接納自動奉送上門的財帛女子，一面持續進擾邊疆，自行奪取人畜物資，這就注定漢方「和親政策」的侷限性，既付出沉重財物負擔的代價，又換取不到確實的軍事和平保障。

爲了消弭胡人「邊患」，高帝在位時首開漢代的和親策略，〔註103〕他派劉敬前往匈奴締結和親之約。爾後漢朝對匈奴和親的政策一直長期沿續下去，據學者統計，漢朝與匈奴和親，一共遣女高達十一次。〔註104〕除了匈奴之外，漢朝的和親策略最終也擴大運用於其他的少數民族，如與西域大國烏孫間的兩次聯姻，武帝元封年間以江都王建女細君爲公主，妻烏孫莫昆，昭帝時以楚王戊之孫解憂爲公主妻烏孫昆彌，〔註105〕皆是和親策略對外的運用。

平城戰役的大失利，使漢王朝對外「和親」婚姻制度的成型，起了決定性的作用。〔註106〕

〔註102〕（宋）司馬光等，（宋）胡三省注，《資治通鑑》，卷十二，〈漢紀〉，頁383。

〔註103〕方鐵認爲漢高帝首開爲了消弭「邊患」的和親策略，如以崔明德氏「解除兵威」之說，則漢高之策亦踵前人之緒，非其首創，僅就漢朝而言，則確是首次採用，見氏著，〈中原王朝的治邊方略〉，《學術探討》2009.4：90。

〔註104〕漢與匈奴和親的次數，據崔明德所統計，見氏著，〈漢唐和親簡表〉，《歷史教學》1990.3：51。

〔註105〕《漢書》，卷九十六下，〈西域傳〉，頁3903～3906。

〔註106〕（英）崔瑞德、（英）魯惟一編，楊品泉、張書生、陳高華等譯，《劍橋中國秦漢史：公元前221～公元220年》，頁415。

（四）充實關中的彊本弱末術，以收備胡制關東之效

劉敬以漢朝和親使者的身份出使匈奴，憑著長城內外往返，親歷北廷觀察所見，對漢高帝提出「彊本弱末之術」，以收備胡兼制諸侯的戰略建言：

> 匈奴河南白羊、樓煩王，去長安近者七百里，輕騎一日一夜可以至秦中。秦中新破，少民，地肥饒，可益實。夫諸侯初起時，非齊諸田，楚昭、屈、景莫能興。今陛下雖都關中，實少人。北近胡寇，東有六國之族，宗彊，一日有變，陛下亦未得高枕而臥也。臣願陛下徙齊諸田，楚昭、屈、景，燕、趙、韓、魏後，及豪桀名家居關中。無事，可以備胡；諸侯有變，亦足率以東伐。此彊本弱末之術也」。上曰：「善。」迺使劉敬徙所言關中十餘萬口。〔註107〕

劉敬分析的重點如下：

1. 河南地在關中以北，匈奴白羊、樓煩兩王游牧於此，距離長安不遠，近者僅七百里，若胡人以輕騎兵奔馳一日一夜，就能攻抵關中。

2. 秦一統天下，六國遺民猶存，各國殘餘貴族的社會勢力仍在，諸田與昭、屈、景等是齊、楚兩地尤為著名的強宗大族。秦末天下大亂，這些擁有雄厚經濟力量與政治背景的六國遺族帶頭起而抗秦，至漢初被政府視為社會上有力的「豪彊」，他們有社會聲望、土地、資財、賓客，役使佃戶、僮僕，〔註108〕深具潛在威脅政權的力量，難保未來不再出現反政府的行動。

3. 關中是秦國基業所在，因項羽屠城大火燔燒，虜掠貨寶婦女東歸，〔註109〕復經楚漢相爭時為漢之大後方，源源不絕抽丁徵糧支援前線戰事。〔註110〕戰後關中雖成為漢帝國的都城所在，但慘遭兵燹後地曠人稀，人口數與經濟力大為削弱。

漢高帝本身見識過匈奴騎兵的作戰能力，胡騎行動迅捷，從河南地南下，在短期內可攻至漢帝國的關中心腹地帶，首都外圍倉促受警，可反應的時間不多，依恃外來援助不如關中本身即具抵禦攻擊的堅強實力。劉敬的建言切中要害，漢高帝依其一舉三得之策，將關東對漢政權有威脅力量的六國遺族

〔註107〕《史記三家注》，卷九十九，〈劉敬列傳〉，頁2719～2720。

〔註108〕見勞榦，〈漢代的豪彊及其政治上的關係〉，收入氏著，《古代中國的歷史與文化》，上冊，頁297～302。

〔註109〕《史記三家注》，卷七，〈項羽本紀〉，頁315。

〔註110〕《史記三家注》，卷五十三，〈蕭相國世家〉，頁2014～1015；《史記三家注》，卷八，〈高祖本紀〉，頁372。

與豪桀十餘萬口西徙入關，大大增加關中的人口數，強化了經濟力，[註111] 達到削減關東反側勢力，又復增強抵禦胡人之力的目的。

四、漢朝「招降納叛」與「以胡制胡」之策

冒頓單于納降韓王，協助韓王信南攻，叛韓兵鋒甚至進抵上黨，讓漢所封諸侯王在漢地以漢兵戰漢帝，匈奴坐收漁利，盡虜人畜財貨以歸，叛韓成敗皆無損匈奴之利。韓王信事敗驅馳效命，接著連結趙相國陳豨之變，再納燕王盧綰人眾，封東胡盧王之號，漢朝北方邊疆幾無寧日。匈奴招降納叛引為己助，以漢制漢之策，費力少而收功多，漢方甚為其策所苦。劉邦本有吸納敵營人才以為己用的作法，如楚方的郎中韓信，[註112] 都尉信武君陳平先後來歸，[註113] 皆受到親任重用，至此重新調整策略，對匈方重啟過去招降納叛之法。

漢在平城戰役時飽嘗匈奴「以漢制漢」的苦果，亡羊補牢猶未為晚，對漢人附匈回歸者既往不究，以減少匈奴的助力：

（一）高后八年（前180）時，已故的匈奴東胡王盧綰妻子潛歸漢朝，適逢老邁的太后重病無法接見，仍優禮這位前燕王妻子館舍於舊時燕王在京師的官邸。[註114]

（二）漢文帝十四年（前166）時，韓王信留於匈奴的兒子韓穨當與孫子韓嬰，兩人率領故韓舊部歸附，漢朝封韓穨當為弓高侯，韓嬰為襄城侯。[註115] 弓高侯韓穨當之後也受到漢朝的信任重用，在漢景帝三年（前154），吳楚等七國反叛時，成為太尉條侯周亞夫所轄重要的騎兵將領，[註116] 在漢朝的這場平叛內戰中，「功冠諸將」，[註117] 替漢立下功勳。

（三）漢景帝中六年（前144）時，封來降的匈奴東胡王盧他（它）之為

〔註111〕關東的豪桀雖被遷徙入，脫離原有的土地，入關中後仍是富人，財產受到保護，土地收入及經商盈餘成為權勢力量，見勞榦，〈漢代的豪彊及其政治上的關係〉，收入氏著，《古代中國的歷史與文化》，上冊，頁303～304。

〔註112〕《史記三家注》，卷九十二，〈淮陰侯列傳〉，頁2610。

〔註113〕《史記三家注》，卷五十六，〈陳丞相世家〉，頁2053。

〔註114〕漢高后於八年（前180）三月病掖傷，至七月病重而死，見《史記三家注》，卷九，〈呂太后本紀〉，頁405。盧綰妻來歸時呂太后已病，終是無法接見，則歸漢之期當於此時前後，見《史記三家注》，卷九十三，〈盧綰列傳〉，頁2638，及《漢書》，卷三十四，〈盧綰傳〉，頁1893。

〔註115〕見《史記三家注》，卷九十三，〈韓信列傳〉，頁2635。

〔註116〕見《史記三家注》，卷五十七，〈絳侯周勃世家〉，頁2076。

〔註117〕《史記三家注》，卷九十三，〈韓信列傳〉，頁2636。

亞谷侯（惡谷侯），盧他之是故燕王盧綰的孫子。〔註118〕

韓王信從馬邑降匈反漢，歷上黨、太原等地多次會戰，又將兵爲害漢邊，鼓動趙相國陳豨之變，最後一次與漢軍對陣時，明言自己犯了三大罪，其中兩罪就是馬邑降後的所做所爲，歸漢是必死之罪；〔註119〕燕王盧綰派遣心腹使胡，燕使張勝北上與匈奴私下達成和解，反詐出兵助豨攻燕，欲造成「兵連不決」，燕使范齊西向與陳豨共謀，希望趙地亂事曠日持久，以「連兵勿決」，〔註120〕陰持「玩寇以自安，養寇以自固，譽寇以自重」之志，〔註121〕事發投匈後，率眾爲胡劫掠於上谷以東的廣大區域。〔註122〕

韓王信與盧綰所爲皆難見容於漢廷，是誅夷三族的謀反重罪，〔註123〕在漢高帝在世時即有例可循，後世也不乏其例：

（一）漢高帝九年（前 198），趙相貫高因謀刺皇帝事洩遭逮捕繫獄，自言因謀反而三族論死，後來貫高自殺以懲。〔註124〕

（二）淮陰侯韓信謀反與彭越謀反，韓、彭兩人皆誅夷三族。〔註125〕

（三）李陵投降匈奴後，漢武帝誤聽傳聞以爲他背主叛漢替匈奴練兵，即收族陵家，母、弟、妻子皆死。〔註126〕

韓王信與燕王盧綰連兵移時以擾，漢北境爲之虛耗不寧，其罪遠甚於淮陰侯等，其罪本在不赦，但盧綰妻、孫與韓王信子、孫不但獲得寬免族誅重罰，甚至還優遇封侯，如果不是爲了對付匈奴，盧、韓兩人家屬與子孫無法得到如此優厚的政治待遇。

〔註118〕《史記三家注》，卷十九，〈惠景閒侯年表〉，頁 1021；《史記三家注》，卷九十三，〈盧綰列傳〉，頁 2639；《漢書》卷三十四，〈盧綰傳〉，頁 1893，稱其爲「盧它人」。

〔註119〕《史記三家注》，卷九十三，〈韓信列傳〉，頁 2635。

〔註120〕《史記三家注》，卷九十三，〈盧綰列傳〉，頁 2638～2639。

〔註121〕羅大經之語，幾爲燕王所爲之寫照，見（宋）羅大經撰，《鶴林玉露》（北京：中華書局，1983），乙編，卷三，〈責將帥〉條，頁 175。

〔註122〕《史記三家注》，卷一百十，〈匈奴列傳〉，頁 2895。

〔註123〕據《二年律令・賊律》，謀反的罪名懲處至爲嚴重，本人「腰斬」之外，父母、妻子、同產者，不分少長皆「棄市」，見張家山二四七號漢墓竹簡整理小組編，《張家山漢墓竹簡〔二四七號墓〕》（北京：文物出版社，2001），《二年律令・賊律》，頁 133。

〔註124〕《史記三家注》，卷八十九，〈張耳陳餘列傳〉，頁 2584。

〔註125〕《史記三家注》，卷八，〈高祖本紀〉，頁 389。

〔註126〕見《史記三家注》，卷一百九，〈李將軍列傳〉，頁 2878；及《漢書》，卷五十四，〈李廣傳〉，頁 2457。

　　漢方爲匯集擊胡力量，漢高帝晚年已注意拉攏敵營可資利用對象，後世更廣開招納之門，進一步對胡人來降者錫爵榮寵，以發揮「以胡制胡」策略：

　　（一）漢高帝十二年（前 195）時，已能從匈奴降人處得知情報，揭露燕王的私心圖謀。

　　（二）漢景帝中三年（前 147），匈奴王徐盧等五人來降，丞相條侯周亞夫認爲徐盧等人不守臣節，背叛單于投降漢朝，對其國家不忠，厚封他們的話，漢朝以後自失指責人臣不守臣節的立場。西漢丞相權重而地位崇隆，〔註127〕條侯所持反對封侯賜爵的理由合於情理，漢景帝爲了號召更多匈奴人來降，不顧丞相的反對，仍敕封降胡爲侯。〔註128〕漢方的做法的確收到「勸後」功效，日後不斷有匈奴王、將來歸，部份投降胡人也爲漢朝作戰，〔註129〕發揮以胡制胡的力量。

〔註127〕勞榦氏曾論述漢初政治組織上，在偶然機會下形成「君相委託制」，一般政務原則上交由丞相去辦，從漢高帝至漢景帝時，集權信託制下的相權至重，見勞榦，〈漢代政治組織的特質及其功能〉，收入氏撰，《勞榦學術論文集甲編》，下冊，頁 1239～1246；西漢相權之重，從宰相府組織龐大，全國行政無所不統可窺一般，見錢穆，〈中國傳統政治〉，收入氏著，《國史新論》，頁 74～75。
〔註128〕《史記三家注》，卷十一，〈孝景本紀〉，頁 445；《史記三家注》，卷五十七，〈絳侯周勃世家〉，頁 2078。
〔註129〕《史記三家注》，卷一百一十一，〈衛將軍列傳〉，頁 2927。

第六章 結 論

　　先秦時期游牧部落散佈於北亞大草原上，匈奴僅是游牧部落中之其一，部落聯盟的形成時間，可能晚至戰國時期，初時因力量與活動範圍較小，與南方中原的接觸少，交會時間晚。匈奴從蒙古的陰山興起後，往周遭擴張，活動於華北的游牧部落林胡與樓煩等族，因鄰近陰山以南，深受衝擊。

　　隨著戰國中原列強兼併戰爭的加劇，同時期北方草原也有整合的趨勢。西元前三世紀中期，匈奴虜掠人畜的經濟範圍，已與中原北方的趨勢力相會，雖因受制於趙國的李牧，在南下發展上有重大挫敗，但隨著中原的兼併戰爭漸近尾聲，列國忙於殊死之戰，無暇關注北方，匈奴的勢力復又南下。秦一統數年之後，始皇意識到匈奴在河南地活動，對秦具有潛在威脅性，派蒙恬率三十萬兵攻取河南地，迫使匈奴頭曼單于退出河南地，讓出大河，回到陰山以北。匈奴受阻於陰山秦塞的不利情況，短短幾年的時間，即有所改變。

　　長城內外的政局幾乎同時產生巨變，北方的匈奴發生宮庭政變，冒頓弒父自立後，大殺政敵，南方的秦朝發生皇帝猝逝，胡亥矯詔登基後，刑戮重臣，秦、匈兩國同中有異，同樣是政變得位的新君，所異在於督過不體民情的新帝，很快面臨國本動搖，江山烽火遍地的危局，甚至不得不冒著北疆門戶洞開的風險，抽調精銳的北方邊防軍團南下，以鎮壓反秦勢力；而沉穩工謀幹練的單于，成為強勢的領袖，隨即主導國家大政方針，啟動一連串對外攻伐戰事。

　　冒頓戰略中最艱巨的挑戰，最關鍵的首在對付東胡。東胡立國悠久，國基穩固且力量強大，又富侵略性，與匈奴相鄰近，利益嚴重衝突，並不容易對付。冒頓以屈辱示弱的策略鬆馳東胡人的戒心後，以快速打擊、全力奇

襲取得破滅東胡的巨大勝利，使得長城東線草原盡入掌握。結合匈奴與東胡的疆域與資源，匈奴國勢大盛，北方草原出現獨強的趨勢已沛不可擋。

冒頓下一波的攻擊行動西轉，位於河西的月氏成為匈奴的目標，擊敗月氏，迫其向西退卻，使得匈奴東西兩方的草原強敵盡去。時值中原兵馬倥傯，冒頓單于接著進兵河套，渡大河，輕易取得河南地，勢力直逼關中險要。匈奴控有鄂爾多斯後，保障了陰山南面的安全，也完成取得長城沿線全部草原的控制權。匈奴勢力更越長城東線南下，與漢的北疆犬牙交錯，以取農業民族的資源，使中原政權備受威脅。

為了打通北方陸路交通，冒頓轉向臣服北方諸國。匈奴在東、西、南、北四向征伐無不獲勝，除河西西部的月氏與西域之地外，北亞草原上已成大一統之局。冒頓在即單于位的十年內，在軍事戰略上取得前無古人的空前成就。

冒頓單于除對外擴張，亦注意政治制度方面的調整，強化內部控制機制，成功克服疆域遼闊及族群複雜的問題，凝聚力量，以適應新局勢草原大國的型態，維持繼續對外擴張的動能。兼併四周的游牧部落，匈奴轄下眾多部落的人口數，可徵集到前所未有的四十萬兵力；北方整合後的草原畜產經濟，發展至一個相當的水平，僅可供騎乘的馬匹就超過幾十萬，武裝起歷史上罕見的龐大騎兵戰鬥部隊；牧民平時是各自放牧，負責勞動生產的百姓，戰時立刻轉化編制成具騎射遠征能力的騎兵部隊，生活、生產、戰鬥條件一致，社會組織是軍事與生產相結合的部落兵制，發揮游牧文化的最高水平。

在冒頓單于的領導下，匈奴於北方草原進行政治整合之際脫穎而出，兼併諸部，成為草原上國勢強大的軍事政權。長城以南，正為長期戰亂所苦，秦朝兼併關東六國，建立大一統的政府，內外事功的興作，徭役、峻刑、賦斂的過度，很快使得社會生產力陷入不堪負荷，逼迫百姓在生存臨界點上尋求出路，張楚揭竿以來，武裝反秦勢力蜂擁而起，終於使得秦帝國走向衰亡，中原再度陷入大動亂之中。

關東諸侯奉楚為盟主合縱破秦，繼而漢王得關中繼承秦國，並連橫諸侯對抗西楚。〔註1〕楚漢相爭反復的殺略與賦役，戰事曠日持久，成了物資消耗戰，造成百姓傷殘無數，盧舍毀壞、田園荒蕪，已經百孔千瘡的社會經濟，遭受更大的破壞。漢方終於在決戰垓下後，贏得最後勝利。一統後的中原社

〔註1〕李開元著，《漢帝國的建立與劉邦集團：軍功受益階層研究》，頁82、87。

會殘破，民生經濟情勢之險峻，物質奇缺，經濟大蕭條，生產水平降至新低，幾是兩漢四百年之中，經濟狀況最差的時期。

高祖登上帝位之時，戰國時期的割據局面幾乎重現於漢初。〔註 2〕即使漢高帝在有生之年，致力拔除異姓王，代之以同姓宗親子弟，卻沒有改變諸侯王勢大，其力足與漢中央相抗的形勢與格局。漢高帝首先拿掉燕王臧荼，改立老同鄉盧綰爲燕王，接著詐擒楚王韓信，廢爲淮陰侯。漢高帝六年（前 201），新封劉姓諸王，將楚地析分爲荊、楚二國，分封劉賈與劉交，又封劉肥爲齊王，立劉仲爲代王。燕、代、齊、荊、楚五王以血緣及私交得封，燕、代直接與匈奴勢力相接，張敖的趙國與燕、代相鄰，與北胡相近，三國共負漢朝北疆防禦之任。其中代國是北疆軟肋，其地多有沒之於胡，又值單于庭要衝，匈奴已數入寇邊爲害，缺少政軍歷練的劉仲，難以遽然承擔軍事壓力沉重的禦胡重任。韓國之移，正可與燕、趙二王，共同構建北疆的防禦體系。

關東諸侯的劣勢在於漢君臣位份既定，彼此自保與觀望，復游疑於抗從之間，〔註 3〕難齊心相拒關中。漢帝逐以各個擊破的方式，成功拿掉臧荼與韓信，震動關東諸侯王，接著再移封韓國就顯的簡易許多。韓國是關中東向必經之地，韓王信有武略，又是韓王族出身，在韓地有盤根錯節之固。移韓國於北方，一則中央取得的是中原韓國要地，釋出的是比較邊地的太原，二則切割根深蒂固的韓王勢力，三則以諸侯王中較有能力的宿將，強化北疆防禦之力，四則使韓王前敵拒胡，以慣戰之韓兵圖制數入漢邊之胡騎。

移徙太原未改封號的韓王，政治生涯直轉而下，移封太原缺乏實利，王韓本是富貴歸鄉，穎川是宗族所在，中原富庶繁華之地；現在本人與韓子弟無故被迫遠離故鄉，移至經濟發展不如中原的北方苦寒之地，兼之匈奴數入雁、代，移國太原其爵不益封而其責則益重，非其所願。

韓國移封太原後，以匈奴數次入侵爲由，提出從晉陽徙治馬邑以利防衛的計畫，漢帝同意徙治。韓王信匆促徙治馬邑，後勤支援佈署不足。匈奴很快發現這一支相當於暴露於句注塞北的孤軍，以大軍包圍馬邑，措手不及的韓王信一面遣使談判，一面向漢請求援助。韓遣使匈奴的緩兵之計，引起中央猜忌，遭中央嚴譴指責，令馬邑陷入前有大敵，後有政治清算的險境。漢

〔註 2〕范文瀾著，《中國通史》（北京：人民出版社，1978），第二冊，頁 36。
〔註 3〕如韓信尚爲楚王時，對漢已有戒懼，本欲自保而發兵，臨事卻猶豫希冀於萬一，見《史記三家注》，卷九十二，〈淮陰侯列傳〉，頁 2627。

高帝的危機處理方式，迫使進退維谷的韓王信舉國全軍叛漢，進而開句注塞，反引匈奴南下攻漢，瓦解了戰前自己的北疆戰略佈署。

因韓軍倒戈，韓匈聯軍下太原，攻入上黨，兵鋒直插漢朝內地，使得本是句注塞北一城一邑的邊境衝突，意外成為一場危及漢政權心腹之地的戰事。漢帝指揮作戰，兵分兩路，一面先令絳、灌等統太行山東面的車騎部隊，自燕西、趙北向西襲擊韓、匈軍的後路，一面親統步兵大軍北上迎擊南下的敵軍。

絳、灌等率騎兵部隊西進，在沒有遇到匈奴主力部隊的情況，在很短的時間內，進抵雲中郡，小勝匈奴後，回師拿下馬邑，越句注塞南下，與漢高帝親統的步兵大軍會師，在銅鞮共同擊破進入上黨的敵軍。漢大軍向北推進，挾地緣及兵力雙重優勢，乘勝擊破韓匈聯軍，斬匈奴白題將，奪回晉陽城，接著肅清太原境內的敵人，先破敵於離石，再敗敵於硰石，最後在樓煩西北擊敗胡騎，拿回句注塞控制權，解除漢境心腹之患的危機。漢帝駐蹕晉陽，節節勝利的漢軍，正待揮軍句注塞北，以擊滅叛韓並逐敵境外，卻面臨寒冬驚人的低溫襲擊，禦寒裝備不足的軍士大凍傷。從上黨至太原間幾次勝仗，雖大為鬆弛了漢帝的戒心，但酷寒的天候影響漢軍戰力，遲滯弱化步兵的行軍與補給力，並不利越塞繼續北向作戰。

為了解敵情，漢帝連派十餘起使者前往偵測，單于自將於代谷，以兵少力弱的假象，迷惑漢方的軍情判斷，增強漢帝在短間內擊敗匈奴的決心御史成及劉敬的勸告，都無法改變漢高帝決定採取「速戰速決」的策略。

以少量兵力援韓，晉陽、離石、硰石、樓煩諸戰連敗，犧牲了白題將，墮兩大賢王的威名，以「示弱驕敵戰法」，配合「反間法」的運用，終於利誘漢帝冒敵輕進，單于以逸待勞，設伏待於句注塞北的平城外。漢帝萬萬沒預期到，屯駐在上谷的匈奴兵力不但多，且潛伏於平城附近，漢帝君臣幸得平城附近的白登高地可資扼守，卻無法破圍。漢帝身邊謀臣陳平隨侍，武將俱淮泗故舊親信，是一支量少質高的精銳部隊，拼死以守白登陣地，士卒在數日之間即陷入缺糧斷炊的飢疲之境。

漢帝兵少、糧缺、無援，形勢危在旦夕。圍中的漢營並不坐以待斃，在急切之間，同時進行自救措施，透過遣使與匈奴高層展開對話，伺機尋求活路。智有餘的陳平，〔註4〕臨危受命策畫脫身之策，以重賄搭上單于身畔親近

────────────────

〔註4〕漢高祖臨終前對呂后所言，是相當肯定陳平在「才智」上的能力，見《史記

又能建言的人士，使閼氏在關鍵時刻於一旁美言相助，她以「得漢地不能居」、「漢天子有神靈」、「兩主不相厄」等說辭，讓匈奴的漢地戰略價值核心浮現：一是長城以南的農業環境終是迥異於草原，二是匈奴是否要入主中原。再回頭看冒頓的草原戰略，匈奴幾已空國南下與漢爭衡，而月氏大敵尚頑強阻梗於河西之西，北方的草原障礙未完成去除。漢朝既敗輸，長城以南以幾近變相納貢的方式，供應匈奴所需的物資，所獲已超過出兵馬邑時的目的。對匈奴來說，此時不領有河南地的漢朝，終究是手足的癬疥之疾，控弦一、二十萬，地近陰山的月氏，才是腹心之患。

在漢匈雙方解圍的談判中，漢透過單于親近人士說項緩頰，營造有利的和談氣氛，又以利權換取解圍，匈奴獲重利，不致於白忙一場。強弱的雙方都有共識，使談判得以順利進行，白登的形勢趨於和緩。匈奴氈帳決策中心，也注意到該來會師的韓將王黃部隊遲遲未到，反而是漢軍後援部隊正源源不絕向平城進發。

漢方既開出令匈奴滿意的條件，漢軍步兵主力也完成至平城集結聚攏的任務，只因軍政首腦遭圍而投鼠忌器，不敢採取軍事行動。面對漢軍集結，匈奴若不擒拿漢帝，僅是續圍白登，反落入可能受到漢軍內外夾擊的不利局面。冒頓單于終於下令解圍一角，欲結束多天的包圍之局。白登適時大霧，難耐飢疲的漢營決定冒險，趁著大霧掩護的機會自解角出圍。為避免因人馬慌亂雜遝，或致意外衝擊匈奴陣地引發衝突，漢全軍收聚緩行，在高度戒備下出圍白登，直入平城之中。

單于以「示弱驕敵」與「反間」之計，誘使漢帝北上，將之圍困於白登，既捨棄最有利的攻擊時機，未在漢軍數量最少，缺糧乏食虛弱之際俘虜漢帝，最後又解圍一角以出漢君臣，自然不會在漢軍兵將雲集時的不利時機再開戰；漢帝一時以輕敵冒進致受困白登，費盡心力才從險境脫圍，君臣驚魂未定，士卒飢疲未復，唯恐胡人不肯罷兵，亦不會再主動求戰。漢匈雙方在馬匹數量上有著相當的差距，終使漢方在三十二萬大軍會集平城後，無力湔雪白登之失，扳回利權屈辱。漢胡雙方各自罷兵而歸，結束這場長城內外兩大國的對決。

平城戰役在漢匈關係上的獨特之處，因其開啟兩國日後數百年間和戰的序幕，長期影響兩國關係的發展。這次戰事始末過程，創下兩國戰史上許多

三家注》，卷八，〈高祖本紀〉，頁392。

空前絕後的記錄，往後也無類似戰役發生：因漢移封諸侯國，韓王信徙治，匈奴包圍馬邑，韓王信叛降，引爆平城之戰，這是漢朝與匈奴首度決戰；而漢方動員三十二萬大軍，匈奴動員四十萬部隊，雙方傾國動員，軍隊數量之眾，是兩國數百年來，出師所動員的最大兵力；胡騎越過句注山，進入太原、甚至進抵上黨，深入漢朝關東腹地，決戰的地點在漢朝境內；漢朝皇帝與匈奴單于皆親上戰陣，各統部隊指揮作戰；最後漢朝皇帝在戰場上陷入重圍，其處境凶險至極，是否成為匈奴俘虜，只在單于一念之間。

在這一場意外引爆的漢匈戰事中，匈奴軍事成功，迫使受圍不敵的漢方屈服，付出相當的代價，讓匈奴成為這場戰爭中的實質贏家。

平城戰役所激起的漣漪，在戰後持續發酵，對漢匈兩國有著深遠影響。檢視漢匈平城戰役始末得失，我們可以看出在往後一段很長的時間內，漢匈間的互動深受此戰影響的部份。匈奴在此戰中獲勝，在幾個方面顯示匈奴對漢朝的優勢地位與戰略：此後長期片面掌握了漢匈兩國間和戰的主導地位；對長城以南採取主攻的策略；攻擊漢朝以劫掠侵盜財貨為主要目的；引敵深入的誘敵戰術運用；以漢制漢的策略，引納漢方軍政高層人物往降，藉以對付漢朝；對深入長城以南審慎而持重，無意扶植傀儡政權，或滅漢建立征服王朝的企圖；接受漢方和親，獲取長期輸入長城以南資源的保障。

漢朝受到敗戰陰影的影響甚大，與匈奴互動長期處於不均衡劣勢的一方，表現在幾個方面：韓王信首開漢諸侯王帶兵投靠匈奴的記錄，替漢地內部離心勢力打開一條援援引與投靠北胡的出路，漢初北境因而多年疲於爭戰；漢政權籠罩於胡人沉重的軍事壓力下，卻只能採取戰略守勢，戰和之權幾操於敵手；漢廷統治者深以匈奴之侵略性為憂慮，懸念於北疆強敵的威脅；也造成漢初一段很長的時間內，漢廷上下對武力決戰匈奴的信心不足，即使受了外交大屈辱，也不敢決裂開戰；並開啟漢朝的和親政策，長期忍受物資無償輸出負擔，希望換到和平相處，減少入侵的威脅。

漢朝在敗戰後，處於匈奴的軍事壓力下，陸續採行相對的因應措施，計有：調整對匈奴的戰略、戰術型態，長期注重養馬，著重騎兵的發展，長期強化北方邊防軍事力量的建設，為爭取戰略主動做積極的準備；大規模遷徙關東豪彊入西，以充實關中的彊本弱末術，收備胡兼制關東諸侯之效；對北胡的「招降納叛」，發揮「以胡制胡」的力量，又寬待降附匈奴來歸者，以削減匈奴人的助力。這些政治措施的積極作用，在日後將顯現出來。

審視平城之戰，從馬邑之圍開始，歷雲中武泉北，上黨的銅鞮，太原的晉陽、離石、硰石、樓煩多次等戰鬥，佈局誘敵冒進，直到解平城附近的白登之圍，冒頓單于採用的戰術，顯露匈奴對漢朝的整體戰略思想。冒頓單于的南進政策，符合匈奴現實利益，同時突顯其時代的侷限性與矛盾性，筆者試析如下：

其一，生活在蒙古高原的游牧民族，隨季節逐水草而居的經濟模式，受制於大自然，游牧經濟比農業經濟的穩定性差、生產力低，〔註5〕使得草原游牧形成一種無法自給自足的經濟型態。〔註6〕但游牧民族的軍事政權，雖有經濟上無法自給自足的困難，卻擁有機動性高，數量龐大的騎射武力，以優勢武力爲後盾掠奪四鄰，以無償輸入的方式，滿足其經濟利益需求。就當時而言，務實精明的冒頓單于，並非以簡單的美人計就能唬弄住，〔註7〕而解白登之圍。

如果就短期的戰略而言，冒頓贏得了這場戰爭，在平城戰役所獲，已獲致經濟利益的目標，不論南方農業民族的意願如何，在往後長達七十餘年的時間裏，長城以南的資源將被迫源源不絕地流進草原之中，供應匈奴所需。

其二，就長遠戰略來看，在包圍漢帝及漢方軍政高層首腦人物後，如果冒頓單于抓住漢高帝，漢朝內部立即陷入群龍無首之局，漢政權權力核心的淮泗成員，雖奉劉邦爲共主，文武將相彼此各不相下，短期內一個足以服眾的新領導人並不容易產生，而關東各大諸侯王桀傲不馴，各自擁兵雄據，一旁虎視耽耽，可以獨當一面的悍將淮南王英布及梁王彭越猶在，淮陰侯韓信鞅鞅誚居京師，〔註8〕韓王信在雁、代餘勢未盡，趙王張敖與長沙王吳芮皆據地稱孤，強大的關東諸侯，爲肯乖乖伏首貼耳再接受長安的號令。單于若將被圍困白登的漢帝與高層將領生擒捕捉，在內外交迫的險惡情勢下，漢不陷入大亂者幾希，剛建立的漢朝四分五裂可期，幾難避免出現「大臣內叛，諸

〔註5〕 王曉琨，〈中國古代軍事與環境關係簡論〉，《內蒙古社會科學》29.1（2008）：19。

〔註6〕 王明珂，〈鄂爾多斯及其鄰近地區專化遊牧業的起源〉，《中央研究院歷史語言研究所集刊》65.2（1994）：417。

〔註7〕 翦伯贊以爲非陳平的美人祕計，漢高帝難逃被俘命運，見氏著，《秦漢史》，頁164。然以冒頓之精明務實，若缺乏實惠之利，敗方不付出相當代價，必難輕易和解。

〔註8〕 淮陰困貶京師，意甚不平，見《史記三家注》，卷九十二，〈淮陰侯列傳〉，頁2628。

侯外反」的局勢。〔註9〕

　　其三，一統的漢朝若分裂，長城以南將再度陷入大動亂，繼續自相殘殺的攻戰。若匈奴一如既往的態度，只攻掠邊境，不介入逐鹿之爭，中原亦無力阻其擴展勢力，掠取資源；匈奴若以漢制漢，利用韓王信等降附的漢人組成邊地政權，或讓其南下前驅，加入中原的混戰，介入政權紛爭，進可尋求建立征服王朝之會，退或扶植依附其下的傀儡政權，兩者皆有利榨取中原資源。

　　其四，漢朝初建國時的國力，可算是兩漢與匈奴爭戰數百年裏，國勢最弱的一個時期，冒頓在位時，卻是匈奴最強大的時期。冒頓單于最後選擇放棄俘虜漢帝君臣的機會，卻接納漢朝和親及大量穀物財貨等贈與，對漢地採不建立征服王朝，不扶植傀儡政權，不放棄武力掠奪的人口、牲畜、財物等策略，使得北胡與南漢在利益上存在著尖銳的衝突矛盾。因平城之敗的影響，在往後很長一段時間內，造成漢朝上下以武力對付匈奴的信心不足，暫時願以非互惠屈辱的和親方式，奉送女子與大量財物欲以換取邊境安寧。

　　漢以實質利益損失與國家尊嚴受損方，還換不到和平保障，必不願長久接受如此不相對等的互動方式。經過七十年的休養生息，到了漢武帝即位初期，社會呈現一片富裕繁榮的景象，已迥非漢初可比。漢朝野逐漸恢復信心，走出平城戰敗的陰影，內部對屈辱的和親政策已出現質疑反對的聲浪。大行王恢與御史大夫韓安國激辯對匈政策，王恢採主戰的強硬態度，其豪語雖不無誇飾的成份，可代表朝野對漢朝國力已具自信人士的看法：

　　　　今以中國之盛，萬倍之資，遣百分之一以攻匈奴，譬猶以彊弩
　　射且潰之癰也，必不留行矣。〔註10〕

　　長城以南廣土眾民的農業大國，生產力恢復後，經濟發展至相當水平，政治盛世也悄然到來。爲對付強敵，幾十年來已做了種種的準備措施，大量生產武器，改良弩機，強化軍備，提昇戰鬥力；〔註11〕對改善機動力的問題，更是不遺餘力。原先早就輸入中原的騎射技術，因農業經濟生活型態與環境之故，以致在騎術和射術、騎數三方面，皆不如北方游牧民族。經過長年付

〔註9〕酈將軍遊說審食其語，見《史記三家注》，卷八，〈高祖本紀〉，頁392。酈之言不僅適切於高帝駕崩，若呂后果真採冒進屠戮元老重臣之策時，設使高帝失身成擒於北胡，漢政局大動盪難免。

〔註10〕《漢書》，卷五十二，〈韓安國傳〉，頁2401～2402。

〔註11〕趙曉軍、姜濤、周明霞，〈洛陽發現兩件西漢有銘弩機及其相關問題〉，《華夏考古》2010.1：115～120。

出代價，在失敗中學習，致力於騎射技術量與質上的提昇，建構一支悍戰的職業騎兵，終能抗衡草原上習於騎射的戰鬥武力，可與匈奴一爭雄長。〔註 12〕

考慮游牧經濟不得不仰長城以南的賴農業經濟供給，既然進犯長城以南在所難免，單于若執漢帝以歸，中原不大亂者幾稀，乃捨良機不顧。從後世兩國長期惡鬥不休，待漢朝農業大國的經濟力量發揮出來後，匈奴終究難以匹敵。

漢宣帝甘露三年（前 51），漢匈關係史上重要的一刻來臨，稱雄於草原的匈奴單于策馬南下，大駕進抵關中，直扣漢都京師之門。非關乎戰爭，無涉乎虜掠，勢窮力蹙的呼韓邪單于（前 58～前 31），〔註 13〕不畏卑辱先人，不辭爲諸國所笑之譏，〔註 14〕毅然率眾逕入長安城，朝拜漢天子：

> 匈奴呼韓邪單于稽侯狦來朝，贊謁稱藩臣而不名。〔註 15〕

天之驕子的強胡，〔註 16〕終於臣事於中原！〔註 17〕在漢朝歷史上寫下輝煌的一頁，漢廷洗湔平城之戰的屈辱。冒頓單于在位時，匈奴縱橫草原無敵，斯時何其之壯，不過百餘年的辰光，曾爲百蠻之長的匈奴，〔註 18〕已淪落到臣服、乞援中原的地步，是何其之憊也。精明幹練如冒頓單于，當然無法逆料歷史走向，否則焉有此失，平城之戰若繫虜漢君臣，則漢匈歷史的發展或將走向另一個局面。

匈奴游牧民族因內在經濟環境的限制，所採行的南進政策，難以避免影響匈漢兩國關係的正面發展。漢朝只待蘊蓄足夠力量，伺機尋求反擊報復的機會，甚至是一勞永逸的解決方案，是必然之舉。以此來看，冒頓單于當日於白登縱走漢帝，對匈奴未來而言，確有「一日縱敵，數世之患」的問題，〔註 19〕所得似不償所失。

〔註 12〕　（美）拉鐵摩爾著，唐曉峰譯，《中國的亞洲內陸邊疆》，頁 47。

〔註 13〕　呼韓邪單于在位時間，見林幹著，《匈奴史》，頁 250。

〔註 14〕　《漢書》，卷九十四下，〈匈奴傳〉，頁 3797。

〔註 15〕　《漢書》，卷八，〈宣帝紀〉，頁 271。

〔註 16〕　《漢書》，卷九十四上，〈匈奴傳〉，頁 3780。

〔註 17〕　岡安勇考呼韓邪單于可能早在漢宣帝五鳳三年（前 55）即已對漢稱臣，見（日）岡安勇，〈關於匈奴呼韓邪單于對漢「稱臣」的年代〉，收入中國秦漢史研究會編，《秦漢史論叢》（北京：法律出版社，1992），第五輯，頁 312～313。漢宣帝五鳳三年（前 55）的詔書中，提及「單于稱臣」，見《漢書》，卷八，〈宣帝紀〉，頁 266。

〔註 18〕　《漢書》，卷九十四下，〈匈奴傳〉，頁 3797。

〔註 19〕　秦晉郩之戰時，晉臣先軫之語，見（周）左丘明傳，（晉）杜預集解，《春秋左傳集解》，〈僖公三十三年〉，頁 408。

後　記

　　古希臘史家修昔底德在《伯羅奔尼撒戰爭史》中，曾談及自己所秉持的歷史信念，令筆者有很大的共鳴，其云：

　　　　我這部歷史著作很可能讀起來不引人入勝，因爲書中缺少虛構的故事。但是如果那些想要清楚地了解過去所發生的事件和將來也會發生的類似事件（因爲人性總是人性）的人，認爲我的著作還有一點益處的話，我就心滿意足了。〔註1〕

　　古今人性不殊，類似的事件反覆發生，在漫漫的歷史長河中不斷得到證明。漢初平城戰役中的若干情節，在中原的歷史上也不陌生，彷彿依稀可尋。四百多年前的春秋時代，秦、晉間曾爆發一場「郩之戰」，周襄王二十四年（前628），晉文公死，晉襄公即位的次年（前627），因秦穆公對鄭國用兵，引起秦、晉關係緊張，進而兵戎相見。在大戰爆發前夕，晉國兩位元老原軫與先軫對這場戰爭有精闢的見解：

　　　　晉原軫曰：「秦違蹇叔以貪勤民，天以奉我也。奉不可失，敵不可縱。縱敵患生，違天不祥。必伐秦師」……先軫曰：「……吾聞之，一日縱敵，數世之患也。」〔註2〕

　　所謂「利令智昏」，〔註3〕原軫認爲秦穆公被貪慾矇蔽，無視蹇叔忠告，

〔註1〕（古希臘）修昔底德著，謝德風譯，《伯羅奔尼撒戰爭史》（北京：商務印書館，1985），上冊，頁18。

〔註2〕秦晉郩之戰見，（周）左丘明傳，（晉）杜預集解，《春秋左傳集解》，〈僖公三十三年〉，頁408。

〔註3〕太史公所引鄙語評論平原君以貪利致陷趙國於危，見《史記三家注》，卷七十六，〈虞卿列傳〉，頁2376。秦穆亦貪利之失。

不顧勞苦百姓，一意孤行出兵，這是天賜給晉國擊敗秦國的大好機會，要珍惜把握這樣的好機會，若違背天意，錯過時機，將有禍患會降臨；不能隨便放過敵人，隨便放了敵人，將來會爲國家帶來後患；先軫說：「一時之間將好不容易抓來的敵人輕易放走，會成爲留給後世好幾代子孫的禍患」。

郤之戰的結果，晉國打了大勝仗，抓到秦國統兵三大主將，晉襄公因先君夫人秦女文嬴在旁說好話，便無條件放三位秦將回國，先軫來不阻止，因此氣到不行，飆了重話，吐唾於地以洩其憤：

> 先軫怒曰：「武夫力而拘諸原，婦人暫而免諸國。墮軍實而長寇讎，亡无日矣。」〔註4〕

先軫很氣晉君的輕忽，戰場上耗盡心力才抓到強敵，國君卻因秦女的一番話，輕易地放走敵人。相比之下，表面上獲勝的晉國，兵卒糧械損失無算，放走敵軍主將後，獲勝僅是空名，而秦國雖然戰敗，卻因被俘的三大將獲釋，損失反而降到最低。所謂「千軍易得，一將難求」，〔註5〕一個優秀的將領都不容易找了，何況是三個，秦三大主將毫髮無損，通通安全回收，算是天上掉下來的禮物。戰勝的晉國平白損耗之餘，卻資敵讓敗戰的秦國將損失降到最低。

有趣的是相隔四百多年，不論原軫或先軫的說法，都頗適用於平城戰役的場景，只是秦、晉的角色易以之以漢、匈。漢高帝不聽劉敬的勸告，被不實的利多矇蔽了眼睛，堅持北上追擊匈奴，此時不啻天賜匈奴良機，筆者將原軫與先軫的話略作改動後，套用如下：

> 漢違劉敬以貪勤軍，天以奉匈奴也。奉不可失，敵不可縱，縱敵患生，違天不祥，必伐漢師。

後來漢高帝陷困白登，閼氏在旁鼓吹放人，單于終究縱漢天子而去，情節有類於文嬴勸說晉襄公之翻版（當然白登之圍時，漢匈的局勢比較複雜，冒頓英斷也非晉襄可比，閼氏發揮的作用不及郤戰時的秦女），冒頓之失與晉襄彷彿，甚且過之，筆者將先軫的話略作更動後，套用如下：

〔註4〕 秦晉郤之戰見，（周）左丘明傳，（晉）杜預集解，《春秋左傳集解》，〈僖公三十三年〉，頁409。

〔註5〕 此語見（元）馬致遠著，傅麗英、馬恆君校注，《馬致遠全集校注》（北京：語文出版社，2002），〈破幽夢孤雁漢宮秋〉，頁12。馬致遠所言甚得實情，普通的士兵容易徵集，統兵善戰的將領相當難以得到，晉國卻一次放回秦國三大將，讓戰敗的秦國將損失降到最低。

　　武夫力而圍白登，婦人暫而免諸國。墮軍實長寇讎，亡無日矣。

　　歷史發展的相似何其乃爾！觀古以鑑今，這不正是讀史樂趣之所在！

　　本文嘗試讓這場發生在遙遠二千多年前的平城戰役，儘量呈現出較完整的歷史風貌，如果能夠讓對此一歷史事件有興趣者，從中產生些微助益的話，確實如同修昔底德氏所言，將是令人心滿意足之事。

徵引文獻

一、古籍文獻

1. （周）左丘明傳，（晉）杜預集解，《春秋左傳集解》，上海：上海人民出版社，1977 年。

2. （周）呂不韋著，陳奇猷校釋，《呂氏春秋新校釋》上冊，上海：上海古籍出版社，2002 年。

3. （周）佚名，黃懷信、張懋鎔、田旭東撰，李學勤審定，《逸周書彙校集注》，上海：上海古籍出版社，1995 年。

4. （周）孫武撰，（漢）曹操等注，楊丙安校理，《十一家注孫子校理》，北京：中華書局，1999 年。

5. （周）孫臏撰，《孫臏兵法》，收入《中國兵書集成》編委會編，《中國兵書集成》第一冊，北京：解放軍出版社，1987 年。

6. （漢）公羊壽傳，（漢）何休解詁，（唐）徐彥疏，浦衛忠整理，楊向奎審定，《春秋公羊傳注疏》，北京：北京大學出版社，1999 年。

7. （漢）司馬遷撰，（劉宋）裴駰集解，（唐）司馬貞索隱，（唐）張守節正義，《史記三家注》，臺北：鼎文書局，1980 年。

8. （漢）佚名，隋樹森編著，《古詩十九首集釋》，北京：中華書局，1957 年。

9. （漢）班固撰，《漢書》，臺北：鼎文書局，1981 年。

10. （漢）荀悅撰，《漢紀》，收於楊家駱主編，《漢紀西漢年紀合刊》，臺北：鼎文書局，1977 年。

11. （漢）曹操著，中央民族學院語文系《曹操詩文選》注釋小組編選，《曹操詩文選》，北京：北京人民出版社，1975 年。

12. （漢）張衡著，張震澤校注，《張衡詩文集校注》，上海：上海古籍出版

社，1986 年。

13. （漢）賈誼撰，閻振益、鍾夏校注，《新書校注》，北京：中華書局，2000 年。

14. （漢）趙岐注，（宋）孫奭疏，廖名春、劉佑平整理，錢遜審定，《孟子注疏》，北京：北京大學出版社，1999 年。

15. （漢）劉向集錄，《戰國策》，上海：上海古籍出版社，1978 年。

16. （漢）劉向撰，向宗魯校證，《說苑校證》，北京：中華書局，1987 年。

17. （漢）鄭玄注，（唐）孔穎達疏，龔抗雲整理，王文錦審定，《禮記正義》，北京：北京大學出版社，1999 年。

18. （魏）何晏注，（宋）邢昺疏，朱漢民整理，張豈之審定，《論語注疏》，北京：北京大學出版社，1999 年。

19. （晉）皇甫謐撰，徐宗元輯，《帝王世紀輯存》，北京：中華書局，1964 年。

20. （晉）陳壽，《三國志》，臺北：鼎文書局，1982 年。

21. （晉）郭璞傳，（清）郝懿行箋疏，《山海經箋疏》，成都：巴蜀書社，1985 年。

22. （劉宋）范曄撰，（唐）李賢等注，《後漢書》，臺北：鼎文書局，1981 年。

23. （梁）沈約撰，《宋書》，臺北：鼎文書局，1998 年。

24. （北魏）酈道元著，陳橋驛校證，《水經注校證》，北京：中華書局，2007 年

25. （唐）房玄齡等撰，《晉書》，臺北：鼎文書局，1995 年。

26. （唐）劉知幾撰，趙呂甫校注，《史通新校注》，重慶：重慶出版社，1990 年。

27. （宋）王益之撰，《西漢年紀》，收於楊家駱主編，《漢紀西漢年紀合刊》，臺北：鼎文書局，1977 年。

28. （宋）王應麟輯，《詩地理考》，收於氏纂，《玉海》第六冊，上海：江蘇古籍出版社，1987 年。

29. （宋）歐陽修、宋祁等撰，《新唐書》，臺北：鼎文書局，1998 年。

30. （宋）司馬光等撰，（宋）胡三省注，《資治通鑑》，臺北：西南書局有限公司，1982 年。

31. （宋）徐天麟撰，《西漢會要》，上海：人民出版社，1977 年。

32. （宋）樂史撰，王文楚等點校，《太平寰宇記》，北京：中華書局，2007 年。

33. （宋）鄭樵撰，《通志》，北京：中華書局，1987 年。

34. （宋）羅大經撰，《鶴林玉露》乙編，北京：中華書局，1983 年。

35. （宋）蘇軾撰，（明）茅維編，孔凡禮點校，《蘇軾文集》，北京：中華書局，1986 年。

36. （元）馬致遠著，傅麗英、馬恆君校注，《馬致遠全集校注》，北京：語文出版社，2002 年。

37. （元）脫脫等撰，《金史》，臺北：鼎文書局，1998 年。

38. （明）王夫之著，《讀通鑑論（宋論合刊）》上冊，臺北：里仁出版社，1985 年。

39. （清）王鳴盛編著，黃曙輝點校，《十七史商榷》，上海：上海書店出版社，2005 年。

40. （清）王先謙撰，沈嘯寰點校，《莊子集解》，北京：中華書局，1999 年。

41. （清）何焯著，崔高維點校，《義門讀書記》上冊，北京：中華書局，1987 年。

42. （清）汪越撰，徐克范補，《讀史記十表》，收入（清）梁玉繩等撰，《史記漢書諸表訂補十種》，北京：中華書局，1982 年。

43. （清）高彌高、李德魁等修纂，《甘肅省肅鎮志》，臺北：成文出版社有限公司，1970 年。

44. （清）章學誠撰，葉瑛校注，《文史通義校注》，臺北：里仁書局，1984 年。

45. （清）崔適著，張烈點校，《史記探源》，北京：中華書局，1986 年。

46. （清）梁玉繩撰，《史記志疑》，北京：中華書局，1981 年。

47. （清）曾國荃、張煦等修，王軒、楊篤等纂，《（光緒）山西通志》，收於續修四庫全書編纂委員會編，《續修四庫全書》第六四三冊，上海：上海古籍出版社，1995 年。

48. （清）張志聰集註，莫承藝參訂，朱景韓校訂，《黃帝內經素問集註》，臺南：王家出版社，2004 年。

49. （清）趙翼著，王樹民校證，《廿二史箚記校證》，臺北：王記書坊，1984 年。

50. （清）黎中輔纂，許殿璽校注，大同市地方志辦公室徵集整理，《大同縣志》，太原：山西人民出版社，1992 年。

51. （清）錢大昕撰，陳文和、張連生、曹明升校點，《二十二史考異》，南京：鳳凰出版傳媒集團‧鳳凰出版社，2008 年。

52. （清）嚴可均輯，《全漢文》，北京：商務印書館，1999 年。

53. （清）嚴可均輯，馬志偉審訂，《全三國文》，北京：商務印書館，1999 年。

54. （清）顧祖禹撰，賀次君、施金和點校，《讀史方輿紀要》，北京：中華書局，2005 年。

55. （清）顧炎武著，黃汝成集釋，欒保羣、呂宗力點校，《日知錄集釋》下冊，上海：上海古籍出版社，2006 年。

56. （清）孫希旦撰，沈嘯寰、王星賢點校，《禮記集解》中冊，北京：中華書局，1989 年。

二、近人論著

（一）專書

1. 山西省史志研究院編，《山西通史》，太原：山西人民出版社，2001 年。

2. 王明珂著，《游牧者的抉擇：面對漢帝國的北亞游牧部族》，臺北：聯經出版事業股份有限公司，2009 年。

3. 王延棟編著，《戰國策辭典》，天津：南開大學出版社，2001 年。

4. 王文楚著，《古代交通地理叢考》，北京：中華書局，1996 年。

5. 王利器校注，《鹽鐵論校注（定本）》上冊，北京：中華書局，1992 年。

6. 王學理著，《秦俑專題研究》，西安：三秦出版社，1994 年。

7. 王子今，《秦漢交通史稿》，北京：中共中央黨校出版社，1994 年。

8. 內蒙古自治區蒙古語文歷史研究所歷史研究室、內蒙古大學蒙古史研究室編，《中國古代北方各族簡史（修訂本)》，呼和浩特：內蒙古人民出版社，1979 年。

9. 內蒙古社會科學院歷史研究所《蒙古族通史》編寫組編，《蒙古族通史（修訂版)》上卷，北京：民族出版社，2001 年。

10. 方豪著，《東西交通史》上冊，長沙：岳麓出版社，1987 年。

11. 中國歷史大辭典歷史地理卷編纂委員會編，《中國歷史大辭典·歷史地理卷》，上海：上海辭書出版社，1997 年。

12. 中國歷史大辭典·秦漢史卷編纂委員會編，《中國歷史大辭典·秦漢史卷》，上海：上海辭書出版社，1990 年。

13. 中國歷史大辭典·先秦史卷編纂委員會編，《中國歷史大辭典·先秦史卷》，上海：上海辭書出版社，1996 年。

14. 中國軍事史編寫組編，《中國歷代戰爭年表》上冊，北京：解放軍出版社，2002 年。

15. 《中國軍事史》編寫組編，《中國軍事史》，第二卷，兵略（上），北京：解放軍出版社，1986 年。

16. 中國歷代戰爭史編纂委員會編，《中國歷代戰爭史》第二冊，北京：軍事譯文出版社，1983 年。

17. 中國歷代戰爭史編纂委員會編，《中國歷代戰爭史》第三冊，北京：軍事譯文出版社，1983 年。

18. 中共中央文獻研究室編，《毛澤東讀文史古籍批語集》，北京：中央文獻出版社，1993 年。

19. 方詩銘、方小芬編著，《中國史曆日和中西曆日對照表》，上海：世紀出版集團・人民出版社，2007 年。

20. 札奇斯欽著，《蒙古文化與社會》，臺北：臺灣商務印書館股份有限公司，1987 年。

21. 田廣金、郭素新著，《北方文化與匈奴文明》，南京：江蘇教育出版社，2005 年。

22. 白雲翔著，《先秦兩漢鐵器的考古學研究》，北京：科學出版社，2005 年。

23. 左雲縣志編纂委員會編，《左雲縣志》，北京：中華書局，1999 年。

24. 史為樂主編，《中國地名語源辭典》，上海：上海辭書出版社，1995 年。

25. 朱紹侯、張海鵬、齊濤主編，《中國古代史》上冊，福州：福建人民出版社，2000 年。

26. 江應梁主編，《中國民族史》上冊，北京：民族出版社，1990 年。

27. 安儉著，《中國游牧民族部落制度研究》，蘭州：甘肅人民出版社，2005 年。

28. 呂光天、古清堯編著，《貝加爾湖地區和黑龍江流域各族與中原關係史》，哈爾濱：黑龍江教育出版社，1991 年。

29. 何茲全著，《秦漢史略》，上海：上海人民出版社，1955 年。

30. 何世同著，《古代中古時期之陰山戰爭及其對北邊戰略環境變動與歷史發展影響（上）》，收入王明蓀主編，《古代歷史文化研究輯刊三編》第八冊，臺北：花木蘭文化出版社，2010 年。

31. 杜維運撰，《史學方法論（增訂新版）》，臺北：杜維運發行，三民書局股份有限公司總經銷，2005 年。

32. 杜正勝著，《編戶齊民：傳統政治社會結構之形成》，臺北：聯經出版公司，1990 年。

33. 沈起煒編，《中國歷史大事年表（古代卷）》，上海：上海辭書出版社，2001 年。

34. 何光岳著，《東胡源流史》，南昌：江西教育出版社，2004 年。

35. 辛德勇著，《秦漢政區與邊界地理研究》，北京：中華書局，2009 年。

36. 余太山著，《塞種史研究》，北京：中國社會科學出版社，1992 年。

37. 呂思勉著，《中國民族史》，北京：東方出版社，1996 年。

38. 呂思勉著，《秦漢史》上冊，上海：上海古籍出版社，1983 年。

39. 李開元著，《漢帝國的建立與劉邦集團：軍功受益階層研究》，北京：生活・讀書・新知三聯書店，2000 年。

40. 李孝聰著，《中國區域歷史地理》，北京：北京大學出版社，2004 年。

41. 林劍鳴著，《秦史稿》，上海：上海人民出版社，1981 年。

42. 林劍鳴著，《新編秦漢史》上冊，臺北：五南圖書出版股份有限公司，2003 年。

43. 林幹著，《匈奴通史》，北京：人民出版社，1986 年。

44. 林幹著，《中國古代北方民族通論》，呼和浩特：內蒙古人民出版社，1998 年。

45. 林幹著，《中國北方民族新論》，呼和浩特：內蒙古人民出版社，2007 年。

46. 林幹著，《匈奴史》，北京：人民出版社，2010 年。

47. 周振鶴著，《西漢政區地理》，北京：人民出版社，1987 年。

48. 周振鶴，《漢書地理志匯釋》，合肥：安徽教育出版社，2006 年。

49. 周緯著，《中國兵器史稿》，臺北：明文書局股份有限公司，1982 年。

50. 周谷城著，《中國通史》上冊，上海：上海人民出版社，2003 年。

51. 武國卿、慕中岳合著，《中國戰爭史》第二冊，北京：金城出版社，1992 年。

52. 武沐著，《匈奴史研究》，北京：民族出版社，2005 年。

53. 河南省文物考古研究所編著，《新鄭鄭國祭祀遺址》，鄭州：大象出版社，2006 年。

54. 范文瀾著，《中國通史》第二冊，北京：人民出版社，1978 年。

55. 范文瀾著，《中國通史簡編》上冊，石家庄：河北教育出版社，2000 年。

56. 後曉榮著，《秦代政區地理》，北京：社會科學文獻出版社，2009 年。

57. 馬長壽著，《北狄與匈奴》，北京：生活・讀書・新知三聯書店，1962 年。

58. 馬長壽著，《烏桓與鮮卑》，上海：上海人民出版社，1962 年。

59. 馬長壽著，《氐與羌》，上海：上海人民出版社，1984 年。

60. 馬利清著，《原匈奴、匈奴歷史與文化的考古學探索》，呼和浩特：內蒙古大學出社，2005 年。

61. 烏恩岳斯圖著，《北方草原考古學文化研究：青銅時代至早期鐵器時代》，北京：科學出版社，2007 年。

62. 倉修良主編，魏得良、王能毅副主編，《史記辭典》，濟南：山東教育出版社，1991 年。

63. 倉修良主編，魏得良、王能毅副主編，《漢書辭典》，濟南：山東教育出版社，1996 年。

64. 袁祖亮主編，《中國古代邊疆民族人口研究》，鄭州：中州古籍出版社，1999 年。

65. 耿振華著，《貴霜爲大月氏考》，收入王明蓀主編，《古代歷史文化研究輯刊三編》第三十冊，臺北：花木蘭文化出版社，2010 年。

66. 夏商周斷代工程專家組編著，《夏商周斷代工程 1996～2000 年階段成果報告·簡本》，北京：世界圖書出版公司北京分公司，2000 年。

67. 孫機著，《漢代物質文化資料圖說》，北京：文物出版社，1991 年。

68. 許天威編著，《行爲改變之理論與應用》，高雄：復文圖書出版社，2000 年。

69. 許文正著《中國歷代政區劃分與管理沿革》，西安：陝西師範大學出版社，1990 年。

70. 陳梧桐，《西漢軍事史》，收入軍事科學院主編，《中國軍事通史》，北京：軍事科學出版社，1998 年。

71. 陳直著，《漢書新證》，北京：中華書局，2008 年。

72. 陳序經著，《匈奴史稿》，北京：中國人民學出版社，2007 年。

73. 張光直著，張良仁、岳紅彬、丁曉雷譯，陳星燦校，《商文明》（北京：生活·讀書·新知三聯書店，2013 年。

74. 張星烺編注，朱杰勤校訂，《中西交通史料匯編》第四冊，北京：中華書局，1978 年。

75. 張曉松著，《中國少數民族職官制度》，北京：中國科學研究出版社，2006 年。

76. 張宗遜，《張宗遜回憶錄》，北京：解放軍出版社，1990 年。

77. 張春興著，《現代心理——現代研究自身問題的科學（第 2 版）》，上海：上海人民出版社，2005 年。

78. 張家山二四七號漢墓竹簡整理小組編，《張家山漢墓竹簡〔二四七號墓〕》，北京：文物出版社，2001 年。

79. 崔適著，張烈點校，《史記探源》，北京：中華書局，1986 年。

80. 崔明德著，《先秦政治婚姻史》，濟南：山東大學出版社，2004 年。

81. 黃仁宇著，《赫遜河畔談中國歷史》，臺北：時報文化出版企業有限公司，1993 年。

82. 黃懷信，《《逸周書》源流考辨》，西安：西北大學出版社，1992 年。

83. 舒大剛著，《春秋少數民族分佈研究》，臺北：文津出版社，1994 年。

84. 項英杰、馬駿騏、藍琪、項焱著，《中亞：馬背上的文化》，杭州：浙江人民出版社，1996 年。

85. 傅朗云、楊暘等編著，《東北民族史略》，長春：吉林人民出版社，1983 年。

86. 程念祺著，《國家力量與中國經濟的歷史變遷》，北京：新星出版社，2006 年。

87. 程千帆著，《史通箋記》外篇，北京：中華書局，1980 年。

88. 程遠荃、花金委主編，滎陽市志總編輯室編，《滎陽市志》，北京：新華出版社，1996 年。

89. 勞榦著，《居延漢簡‧考釋之部》，臺北：中央研究院歷史語言所，1960 年。

90. 景愛著，《中國長城史》，上海：上海人民出版社，2006 年。

91. 單遠慕撰，《中原文化志》，收入寧可主編《中華文化通志‧地域文化典》，上海：上海人民出版社，1998 年。

92. 路遇、滕澤之著，《中國人口通史》，濟南：山東人民出版社，2000 年。

93. 葛劍雄著，《西漢人口地理》，北京：人民出版社，1986 年。

94. 趙德義、汪興明主編，《中國歷代官職辭典》，北京：團結出版社，1999 年。

95. 詹士模著，《反秦集團滅秦與分裂戰爭成敗之研究》，收入王明蓀主編，《古代歷史文化研究輯刊初編》第三冊，臺北：花木蘭文化出版社，2009 年。

96. 鄒逸麟主編，《黃淮平原歷史地理》，合肥：安徽教育出版社，1997 年。

97. 鄒逸麟編著，《中國歷史地理概述（修訂版）》，上海：上海教育出版社，2005 年。

98. 廖蓋隆、羅竹風、范源主編，《中國人名大詞典‧歷史人物卷》，上海：上海辭書出版社，1990 年。

99. 翦伯贊，《秦漢史》，臺北：雲龍出版社，2003 年。

100. 廣東、廣西、湖南、河南辭源修訂組、商務印書館編輯部編，《（大陸版）辭源（單卷合訂本）》，臺北，遠流出版事業有限公司，1988 年。

101. 駢宇騫校釋，《銀雀山漢墓竹簡晏子春秋校釋》，北京：書目文獻出版社，1988 年。

102. 蔣方震著，《國防論》，收入民國叢書編輯委員會編，《民國叢書》第二編，上海：上海書店，1990 年。

103. 錢穆著，《中國文化史導論修訂本》，臺北：臺灣商務印書館，1993 年。

104. 錢穆著,《秦漢史》,北京:生活・讀書・新知三聯書店,2005 年。

105. 錢穆著,《史記地名考(上)》,收入氏著,錢賓四先生全集編輯委員會編,《錢賓四先生全集》乙編,第三十四冊,臺北:聯經出版社,1995年。

106. 錢穆著,《史記地名考(下)》,收入氏著,錢賓四先生全集編輯委員會編,《錢賓四先生全集》乙編,第三十五冊,臺北:聯經出版社,1995年。

107. 錢穆著,《國史大綱》,上冊,收入氏著,錢賓四先生全集編委會整理,《錢賓四先生全集》乙編,第二十七冊,臺北:聯經出版事業公司,1998年。

108. 錢穆著,《先秦諸子繫年》,收入氏著,錢賓四先生全集編委會整理,《錢賓四先生全集》甲編,第五冊,臺北:聯經出版社,1995 年。

109. 盧雲著,《漢晉文化地理》,西安:陝西人民教育出版社,1991 年。

110. 霍殿鼇等纂,《山西省馬邑縣志》,臺北:成文出版社,1968 年。

111. 霍印章著,《秦代軍事史》,收入軍事科學院主編,《中國軍事通史》,北京:軍事科學出版社,1998 年。

112. 韓康信著,《絲綢之路古代居民種族人類學研究》,烏魯木齊:新疆人民出版社,1994 年。

113. 韓兆琦編著,《史記箋證》,南昌:江西出版集團・江西人民出版社,2009 年。

114. 謝壽昌、陳鎬基、臧勵龢等編輯,《中國古今地名大辭典》,上海:商務印書館,1931 年。

115. 譚其驤主編,《中國歷史地圖集》第一冊(原始社會・夏・商・西周・春秋・戰國時期),臺北:曉園出版社有限公司,1991 年。

116. 譚其驤主編,《中國歷史地圖集》第二冊(秦・西漢・東漢時期),臺北:曉園出版社有限公司,1991 年。

117. 嚴耕望編輯,《兩漢太守刺史表》,上海:商務印書館,1948 年。

118. 饒勝文編,《佈局天下──中國古代軍事地理大勢》,北京:中國人民解放軍出版社,2006 年。

(二)期刊論文與專書論文

1. 于逢春,〈構築中國疆域的文明板塊類型及其統合模式序說〉,《中國邊疆史地研究》16.3（2006）:12。

2. 王國維,〈鬼方昆夷玁狁考〉,收入氏著,《觀堂集林附別集》第三冊,北京:中華書局,1984 年。

3. 王國維,〈月氏未西徙大夏時故地考〉,收入氏著,《觀堂集林附別集》第

四冊，北京：中華書局，1984 年。

4. 王國維，〈太史公行年考〉，收入氏著，《觀堂集林附別集》第二冊，北京：中華書局，1984 年。

5. 王尚義，〈歷史時期鄂爾多斯高原農牧業的交替及其對自然環境的影響〉，收入中國地理學會歷史地理專業委員會《歷史地理》編輯委員會編，《歷史地理》第五輯，上海：上海人民出版社，1987 年。

6. 王可賓，〈從匈奴單于的繼承看父死子繼與兄終弟及〉，《社會科學戰線》1984.1：144。

7. 王慶憲，〈從平城之役看匈奴冒頓單于的「誘」兵之策〉，《內蒙古社會科學（漢文版）》23.4（2002）：63。

8. 王慶憲，〈劉邦從匈奴包圍圈中脫出的必然與偶然因素〉，《雲南師範大學學報》34.3（2002）：46～47。

9. 王慶憲，〈匈奴冒頓單于的軍事活動及其政治影響〉，《內蒙古社會科學（漢文版）》23.4（2002）：61～63。

10. 王子今，〈公元前 3 世紀至公元前 2 世紀晉陽城市史料考議〉，《晉陽學刊》2010.1：18。

11. 王曉琨，〈中國古代軍事與環境關係簡論〉，《內蒙古社會科學》29.1（2008）：19。

12. 王明珂，〈鄂爾多斯及其鄰近地區專化遊牧業的起源〉，《中央研究院歷史語言研究所集刊》65.2（1994）：417。

13. 王明珂，〈遼西地區專化遊牧業的起源──兼論華夏邊緣的形成〉，《中央研究院歷史語言研究所集刊》67.1（1996）：230。

14. 巴音木仁、烏蘭塔娜、包金山，〈匈奴興盛時期的獸醫藥研究〉，《中獸醫醫藥雜誌》2007.4：71～72。

15. 方鐵，〈中原王朝的治邊方略〉，《學術探討》2009.4：90。

16. 田餘慶，〈說張楚──關於「亡秦必楚」問題的探討〉，收入氏著，《秦漢魏晉史探微（重訂本）》，北京：中華書局，2004 年。

17. 甘肅省定西地區文化局長城考察組，〈定西地區戰國秦長城遺跡考察記〉，《文物》374（1987）：56～58。

18. 史念海，〈釋《史記·貨殖列傳》所說的「陶為天下之中」兼論戰國時代的經濟都會〉，收入氏著《河山集》第一集，北京：生活·讀書·新知三聯書店，1963 年。

19. 史念海，〈戰國至唐初太行山東經濟地區的發展〉，收入氏著，《中國史地論稿（河山集）》，臺北：弘文館出版社，1986 年，頁 159。

20. 史念海，〈黃河中游戰國及秦時諸長城遺跡的探索〉，收入氏著，《河山集》第二集，北京：生活·讀書·新知三聯書店，1981 年。

21. 史念海，〈新秦中考〉，《中國歷史地理論叢》1987.1：119～120。

22. 史念海，〈歷史時期黃土高原溝壑的演變〉，《中國歷史地理論叢》1987.2：3。

23. 史念海，〈河西與敦煌（下篇）〉，《中國歷史地理論叢》1989.1：5。

24. 史念海，〈論戰國時期稱雄諸侯各國間的關係及其所受地理環境的影響〉，收入氏著，《河山集》第四集，西安：陝西師範大學出版社，1991年。

25. 史念海，〈陝西北部的地理特點和歷史上的軍事價值〉，收入氏著，《河山集》第四集，西安：陝西師範大學出版社，1991年。

26. 史念海，〈陝西省在我國歷史上的戰略地位〉，收入氏著，《河山集》第四集，西安：陝西師範大學出版社，1991年。

27. 史念海，〈鄭韓故城溯源〉，《中國歷史地理論叢》1998.4：12。

28. 史念海，〈論秦九原郡始置的年代〉，收入氏著，《河山集》第七集，西安：陝西師範大學出版社，1999年。

29. 史念海，〈司馬遷規劃的農牧地區分界線在黃土高原上的推移及其影響〉，《中國歷史地理論叢》1999.1：1～40。

30. 史念海，〈先秦城市的規模及城市建置的增多〉，《中國歷史地理論叢》1997.3：16。

31. 朱泓，〈人種學上的匈奴、鮮卑與契丹〉，《北方文物》38（1994）：13。

32. 朱紹侯，〈關於秦末三十萬戍守北邊國防軍的下落問題〉，《史學月刊》1958.4：10～11。

33. 邢義田，〈漢武帝在馬邑之役中的角色〉，《中央研究院歷史語言研究所集刊》63.1（1993）：5。

34. 邢義田，〈試釋漢代的關東、關西與山東、山西〉，收入氏著，《秦漢史論稿》，臺北：東大圖書股份有限公司，1987年。

35. 邢義田，〈奉天承運——皇帝制度〉，收入鄭欽仁主編，《中國文化新論——制度篇：立國的宏規》，臺北：聯經出版事業公司，1991年。

36. 任乃強，〈《山海經》的成書年代及其資料來源〉，收入中國《山海經》學術討論會編輯，《《山海經》新探》，成都：四川省社會科學院出版社，1986年。

37. 任繼周、張自和、陳鐘等，〈蘇武牧羊北海故地考〉，《蘭州大學學報（社會科學版）》35.3（2007）：10～13。

38. 安忠義，〈先秦騎兵的誕生及演變〉，《考古與文物》2002.4：35。

39. 李煥青、王彥輝，〈匈奴「甌脫」考辯〉，《史學理論研究》2009.2：116～117。

40. 余英時著，汪小烜譯，〈匈奴〉，收入氏著，鄔文玲等譯，《漢代貿易與擴張》，上海：上海古籍出版社，2005 年。

41. 余英時，〈說鴻門宴的坐次〉，收入氏著，《史學與傳統》，臺北：時報文化出版企業有限公司，1988 年。

42. 何天明，〈對匈奴創建政權若干問題的探討——匈奴政權始自冒頓單于說質疑〉，《內蒙古社會科學（漢文版）》27.1（2006）：40～45。

43. 吳榮曾，〈中山國史試探〉，收入氏著，《先秦兩漢史研究》，北京：中華書局，1995 年。

44. 吳榮曾，〈戰國胡貉各族考〉，收入氏著，《先秦兩漢史研究》，北京：中華書局，1995 年。

45. 宋新潮，〈匈奴早期活動地域考辯〉，《民族研究》1993.6：74～80。

46. 宋公文，〈論楚漢戰爭時期項羽和劉邦的分封〉，收入中國秦漢史研究會編，《秦漢史論叢》第一輯，西安：陝西人民出版社，1981 年。

47. 汪籛，〈漢初的王國問題〉，收入氏著，《漢唐史論稿》，北京：北京大學出版社，1992 年。

48. 杜榮泉、謝志誠、夏自正等撰，《燕趙文化志》，收入寧可主編《中華文化通志·地域文化典》，上海：上海人民出版社，1998 年。

49. 杜呈輝，〈代王韓信考〉，《滄桑》5（1995）：41～44。

50. 杜呈輝，〈代王韓信考辨〉，《雁北師院學報（文科版）》29（1995.2）：47～50。

51. 杜呈輝，〈代王韓信考辨（二）〉，《雁北師院學報（文科版）》33（1995.2）：34～37。

52. 杜獻寧、任永芬，〈弓弩及其在趙國軍隊中的應用〉，《河北建築科技學院學報》23.4（2006）：72～73。

53. 李大龍，〈「用夏變夷」與西漢初期劉敬的「和親」建議〉，《內蒙古社會科學（漢文版）》121.3（2005）：50～54。

54. 尚新麗，〈西漢人口數量變化考論〉，《鄭州大學學報（哲學社會科學版）》36.3（2003）：19～22。

55. 阿其圖，〈《漢書·匈奴傳》與《史記·匈奴列傳》對校芻議〉，《內蒙古師大學報（哲學社會科學版）》1994.3：82～88。

56. 林幹，〈東胡早期歷史初探〉，收入林幹、再思著，《東胡烏桓鮮卑研究與附論》，呼和浩特：內蒙古大學出版社，1995 年。

57. 林幹，〈略論兩漢時期烏桓人的最初駐牧地及其後的遷徙和分佈〉，收入林幹、再思著，《東胡烏桓鮮卑研究與附論》，呼和浩特：內蒙古大學出版社，1995 年。

58. 林澐，〈戎狄非胡論〉，收入氏著，《林澐學術文集（二）》，北京：科學出版社，2009 年。

59. 林澐，〈關於中國的對匈奴族源的考古學研究〉，收入氏著，《林澐學術文集》，北京：中國大百科全書出版社，1998 年。

60. 林梅村，〈祁連與昆崙〉，《敦煌研究》1994.4：113。

61. 林梅村，〈吐火羅人與龍部落〉，《西域研究》1997.1：11～20。

62. 林聰舜，〈項羽對齊策略檢討〉，《湖南行政學院學報》68（2011）：84～88。

63. 周振鶴，〈楚漢諸侯疆域新志〉，收入氏著，《周振鶴自選集》，桂林：廣西師範大學出版社，1999 年。

64. 呼拉爾頓泰・策・斯琴巴特爾，〈蒙古高原游牧文化的特質及其成因〉，《青海民族學院學報（社會科學版）》32.3（2006）：24～25。

65. 武沐，〈匈奴單于繼承制度突變的探討〉，《內蒙古大學學報（人文社會科學版）》36.1（2004）：13。

66. 孟祥才，〈論劉邦分封諸侯王〉，收入氏著，《秦漢人物散論》，上海：上海古籍出版社，2005 年。

67. 孟古托力，〈騎兵基本功能探討——兼釋馬文化〉，《北方文物》48（1996.4）：82。

68. 孟古托力，〈古代騎兵編制和訓練之芻議〉，《北方文物》56（1998）：66～74。

69. 邵方，〈中國北方游牧起源問題初探〉，《中國人民大學學報》2004.1：144～149。

70. 施之勉，〈讀史記會注考證札記——項羽本紀・高祖本紀〉，收入大陸雜誌社編輯委員會編，《史記考證研究論集》，臺北：大陸雜誌社，1975 年。

71. 馬利清，〈關於匈奴人種的考古學和人類學研究〉，《中央民族大學學報（哲學社會科學版）》173（2007）：51～53。

72. 馬利清，〈從考古學文化的分佈與傳播看匈奴疆域的變遷〉，《內蒙古大學學報（人文社會科學版）》37.1（2005）：15～17。

73. 袁祖亮，〈略論冒頓單于時期的匈奴人口〉，《南都學壇（哲學社會科學版）》18.18（1998）：9。

74. 烏恩，〈論匈奴考古研究中的幾個問題〉，《考古學報》1990 年第 99 期。

75. 陶晉生，〈邊疆民族在中國歷史上的重要性〉，收入查時傑編，《中國通史集論》，臺北：華世出版社，1986 年。

76. 高敏，〈秦漢的徭役制度〉，收入氏著，《秦漢史探討》，鄭州：中州古籍

出版社，1998 年。

77. 高榮，〈秦漢郵書管理制度初探〉，收入李學勤、謝桂華主編，《簡帛研究2002、2003》，桂林：廣西師範大學出版社，2005 年。

78. 徐蘋芳，〈考古學上所見秦帝國的形成與統一〉，《臺大歷史學報》23（1999）：331〜332。

79. 許倬雲，〈周代的食衣住行〉，收入氏著，《求古編》，臺北：聯經出版事業公司，1989 年。

80. 許倬雲，〈戰國的統治機構與治術〉，收入氏著，《求古編》，臺北：聯經出版事業公司，1989 年。

81. 許倬雲，〈漢代的精耕農作與市場經濟〉，收入氏著，《求古編》，臺北：聯經出版事業公司，1989 年。

82. 許倬雲，〈西漢政權與社會勢力的交互作用〉，收入氏著，《求古編》，臺北：聯經出版事業公司，1989 年。

83. 許倬雲，〈在史學領域漫步〉，收入氏著，《求古編》，臺北：聯經出版事業公司，1989 年。

84. 梁啓超，〈讀《史記》法之一〉，收入氏著，張品興主編，《梁啓超合集》（北京：北京出版社，1999 年）。

85. 梁啓超，〈《史記‧匈奴列傳》戎狄名義考〉，收入氏著，張品興主編，《梁啓超合集》，北京：北京出版社，1999 年。

86. 梁啓超著，《戰國載記》，收入氏著，張品興主編，《梁啓超合集》，北京：北京出版社，1999 年。

87. 梁啓超著，《張博望班定遠合傳》，收入氏著，張品興主編，《梁啓超合集》，北京：北京出版社，1999 年。

88. 陳勇，〈《史記》所見「胡」與「匈奴」稱謂考〉，《民族研究》2005.6：66。

89. 陳連慶，〈漢代兵制述略〉，收入氏編著，《中國古代史研究（陳連慶教授學術論文集）》上冊，長春：吉林文史出版社，1991 年。

90. 陳連慶，〈《史記‧平準書‧貨殖列傳》與《漢書》有關部份的對校〉，收入氏編著，《中國古代史研究（陳連慶教授學術論文集）》下冊，長春：吉林文史出版社，1991 年。

91. 陳曉鳴，〈兩漢北部邊防若干問題之比較〉，《中國邊疆史地研究》12.3（2002）：22〜30。

92. 張維華，〈漢置邊塞考略〉，《齊魯學報》1（1941）：55。

93. 張傳璽，〈關於「章邯軍」與「王離軍」的關係問題〉，收入氏著，《秦漢問題研究（增訂本）》，北京：北京大學出版社，1995 年。

94. 張傳璽，〈漢高祖劉新評〉，收入氏著，《秦漢問題研究（增訂本）》，北

京：北京大學出版社，1995 年。

95. 張星烺，〈「支那」名號考〉，收入氏編注，朱杰勤校訂，《中西交通史料匯編》第一冊，北京：中華書局，1977 年。

96. 張志坤，〈漢代匈奴北海之考辨〉，《史學月刊》1994.2：11～13。

97. 張鴻雁，〈中國古代城牆文化特質論——中國古代城市結構的文化研究視角〉，《南方文物》1995.4：11～16。

98. 張功，〈漢代郡縣關係探析〉，《青海師範大學學報（哲學社會科學版）》99（2003.4）：59～60。

99. 張文嘗，〈中國交通樞紐布局及地域群體〉，《經濟地理》10.4（1990）：56～57。

100. 崔明德，〈漢唐和親簡表〉，《歷史教學》1990.3：51。

101. 崔明德、周興，〈「和親」探源〉，《東南文化》103（1994）：60～63。

102. 崔明德、莊金秋，〈對西漢官員投降匈奴問題的初步考察〉，《煙台大學學報（哲學社會科學版）》21.2（2008）：65～77。

103. 郭沫若，〈《太史公行年考》有問題〉，收入施丁、廉敏編，《《史記》研究（下）》，北京：中國大百科全書出版社，2009 年。

104. 黃文弼，〈論匈奴族之起源〉，收於黃烈編，《黃文弼歷史考古論集》，北京：文物出版社，1989 年。

105. 黃今言，〈秦代租賦徭役制度初探〉，收入中國秦漢史研究會編，《秦漢史論叢》第一輯，西安：陝西人民出版社，1981 年。

106. 彭文，〈秦代的騎兵〉，《軍事歷史》1994.5：52。

107. 勞榦，〈漢代兵制及漢簡中的兵制〉，收入氏撰，《勞榦學術論文集甲編》上冊，臺北：藝文印書館，1976 年。

108. 勞榦，〈論漢代陸運與水運〉，收入氏撰，《勞榦學術論文集甲編》上冊，臺北：藝文印書館，1976 年。

109. 勞榦，〈漢代的雇傭制度〉，收入氏撰，《勞榦學術論文集甲編》上冊，臺北：藝文印書館，1976 年。

110. 勞榦，〈兩漢戶籍與地理之關係〉，收入氏撰，《勞榦學術論文集甲編》上冊，臺北：藝文印書館，1976 年。

111. 勞榦，〈釋漢代之亭障與烽燧〉，收入氏撰，《勞榦學術論文集甲編》上冊，臺北：藝文印書館，1976 年。

112. 勞榦，〈漢代文化概述〉，收入氏撰，《勞榦學術論文集甲編》上冊，臺北：藝文印書館，1976 年。

113. 勞榦，〈漢朝的縣制〉，收入氏撰，《勞榦學術論文集甲編》上冊，臺北：藝文印書館，1976 年。

114. 勞榦，〈秦漢時代的長城〉，收入氏撰，《勞榦學術論文集甲編》下冊，臺北：藝文印書館，1976年。

115. 勞榦，〈戰國時代的戰爭方法〉，收入氏撰，《勞榦學術論文集甲編》下冊，臺北：藝文印書館，1976年。

116. 勞榦，〈漢代郡制及對於簡牘的參證〉，收入氏撰，《勞榦學術論文集甲編》下冊，臺北：藝文印書館，1976年。

117. 勞榦，〈漢代黃金及銅錢的使用問題〉，收入氏撰，《勞榦學術論文集甲編》下冊，臺北：藝文印書館，1976年。

118. 勞榦，〈漢代政治組織的特質及其功能〉，收入氏撰，《勞榦學術論文集甲編》下冊，臺北：藝文印書館，1976年。

119. 勞榦，〈居延漢簡考釋序目〉，收入氏撰，《勞榦學術論文集甲編》，上冊，臺北：藝文印書館，1976年。

120. 勞榦，〈秦的統一與其覆亡〉，收入氏著，《古代中國的歷史與文化》，臺北：聯經出版事業股份有限公司，2006年。

121. 勞榦，〈從歷史和地理看過去的新疆〉，收入氏著，《古代中國的歷史與文化》，臺北：聯經出版事業股份有限公司，2006年。

122. 勞榦，〈簡牘中所見的布帛〉，收入氏著，《古代中國的歷史與文化》，臺北：聯經出版事業股份有限公司，2006年。

123. 勞榦，〈漢代的豪彊及其政治上的關係〉，收入氏著，《古代中國的歷史與文化》，臺北：聯經出版事業股份有限公司，2006年。

124. 勞榦，〈中國歷史地理——戰國篇〉，收入氏著，《古代中國的歷史與文化》，臺北：聯經出版事業股份有限公司，2006年。

125. 勞榦，〈漢代的軍用車騎和非軍用車騎〉，收入氏著，《古代中國的歷史與文化》，臺北：聯經出版事業股份有限公司，2006年。

126. 傅樂成，〈漢法與漢儒〉，收入氏著，《漢唐史論集》，臺北：聯經出版事業公司，1977年。

127. 傅樂成，〈西漢的幾個政治集團〉，收入氏著，《漢唐史論集》，臺北：聯經出版事業公司，1977年。

128. 詹士模，〈劉邦集團的興起與滅秦成功的原因〉，《嘉義大學通識學報》2（2004）：174～176。

129. 楊超，〈《山海經》及其相關的幾個問題〉，收入中國《山海經》學術討論會編輯，《《山海經》新探》，成都：四川省社會科學院出版社，1986年。

130. 楊寬，〈中國歷代尺度考——重版後記〉，收入河南省計量局編，《古代度量衡論文集》，鄭州：中州古籍出版社，1990年。

131. 楊茂盛、郭紅衛，〈中國近年「甌脫」研究概述〉，《社會科學輯刊》1995.2：

108～112。

132. 楊東晨、楊建國，〈縱橫馳騁在亞歐大陸上的游牧民族──兼論隋朝以前中國草原與農耕民族文化的關係〉，《哈爾濱學院學報》23.3（2002）：112。

133. 趙凱，〈論漢初趙、代二國政治地位的沉浮〉，《河北學刊》1994.4：68～73。

134. 趙生群，〈司馬遷生年及相關問題考辨〉，《南京師大學報（社會科學版）》2001.4：145～149。

135. 趙永復，〈歷史時期河西走廊的農牧業變遷〉，收入中國地理學會歷史地理專業委員會《歷史地理》編輯委員會編，《歷史地理》第四輯，上海：上海人民出版社，1986 年。

136. 賈文麗，〈冒頓爲質匈奴考〉，《德州學院學報》26.1（2010）：61～62。

137. 郝樹聲，〈漢初的河西匈奴〉，《甘肅社會科學》1997.6：30～32。

138. 郝樹聲，〈論月氏在河西的幾個問題〉，《甘肅社會科學》1997.6：30。

139. 管錫華，〈《史記》「馬騎」小考〉，《西南民族大學學報（人文社科版）》206（2008）：21。

140. 劉海年，〈秦律刑罰考析〉，收入帛書出版社編輯部編，《雲夢秦簡研究》，臺北：帛書出版社，1986 年。

141. 劉增貴，〈漢隋之間的車駕制度〉，《中央研究院歷史語言研究所集刊》63.3（1993）：380～381。

142. 劉釗，〈釋戰國「右騎將」璽〉，《史學集刊》1994.3：74～76。

143. 臧知非，〈張家山漢簡所見漢初馬政及相關問題〉，《史林》2004.6：76～77。

144. 鄭君雷，〈關於游牧性質遺存的判定標準及其相關問題──以夏至戰國時期北方長城地帶爲中心〉，收於教育部人文社會科學重點研究基地吉林大學邊疆考古研究中心編，《邊疆考古研究》第二輯，北京：科學出版社，2004 年。

145. 錢穆，〈中國歷史人物〉，收入氏著，《國史新論》，臺北：東大圖書股份有限公司，1989 年。

146. 錢穆，〈中國傳統政治〉，收入氏著，《國史新論》，臺北：東大圖書股份有限公司，1989 年。

147. 錢穆，〈中國史上之南北強弱觀〉，收入氏著，《古史地理論叢》，臺北：東大圖書有限公司，1982 年。

148. 錢伯泉，〈烏孫和月氏在河西的故地及西遷的經過〉，《敦煌研究》1994.4：110～112。

149. 曉克，〈北方草原民族侍衛親軍探析〉，《内蒙古社會科學（漢文版）》28.5

（2007）：31〜32。

150. 韓養民，〈略論項羽的分封〉，收入中國秦漢史研究會編，《秦漢史論叢》第一輯，西安：陝西人民出版社，1981年。

151. 韓連琪，〈論兩漢封國食邑制下的土地所有制和剝削形式〉，收入中國秦漢史研究會編，《秦漢史論叢》，西安：陝西人民出版社，1983年。

152. 鍾興麒，〈丁零、高車、柔然、敕勒和鐵勒考辨〉，《青海民族學院學報（社會科學版）》1988.2：54〜55。

153. 蕭愛民，〈「蘇武牧羊」所反映的匈奴族養羊技術〉，《農業考古》2003.3：286〜288。

154. 蕭啓慶，〈北亞遊牧民族南侵各種原因的檢討〉，收入氏著，《元代史新探》，臺北：新文豐出版公司，1983年。

155. 蕭高彥，〈西塞羅與馬基維利論政治道德〉，《政治科學論叢》16（2002）：18。

156. 羅新，〈匈奴單于號研究〉，收入氏著，《中古北族名號研究》，北京：北京大學出版社，2009年。

157. 譚其驤，〈秦郡新考〉，收入氏著，《長水集（上）》，北京：人民出版社，1987年。

158. 龔高法、張丕遠、張瑾瑢，〈歷史時期我國氣候帶的變遷及生物分布界限的推移〉，收入中國地理學會歷史地理專業委員會《歷史地理》編輯委員會編，《歷史地理》第五輯，上海：上海人民出版社，1986年。

三、外國學者著作

1. （美）W.M.麥高文著，章巽譯，《中亞古國史》，北京：中華書局，1958年。

2. （美）米爾騰白格爾著，石林等譯，《行為矯正：原理與方法》，北京：中國輕工業出版社，2004年。

3. （美）保羅‧肯尼迪著，蔣葆英等譯，《大國的興衰》，北京：中國經濟出版社，1989年。

4. （美）費正清著，薛絢譯，《費正清論中國：中國新史》，臺北：正中書局，1996年。

5. （美）拉鐵摩爾著，唐曉峰譯，《中國的亞洲內陸邊疆》，南京：江蘇人民出版社，2008年。

6. （美）艾德格‧普伊爾著，陳勁甫譯，《為將之道：指揮的藝術——風格代表一切》，臺北：麥田出版：城邦文化事業股份有限公司，2011年。

7. （美）卡爾‧A‧魏特夫著，徐式谷、奚瑞森、鄒如山等譯，鄒如山校

訂，《東方專制主義——對於集權力量的比較研究》，北京：中國社會科學出版社，1989 年。

8. （俄）Э.А.諾芙哥羅多娃，〈蒙古的考古發現與古代史問題〉，收於中國社會科學院考古研究所編輯，《考古學參考資料》，北京：文物出版社，1978 年。

9. （俄）瓦・符・巴托爾德，〈突厥蒙古諸民族史〉，收於（日）內田吟風等著，余大鈞譯，《北方民族史與蒙古史譯文集》，昆明：雲南人民出版社，2003 年。

10. （俄）姆・伊・里日斯基，〈匈奴與東胡〉，收入（日）內田吟風等著，余大鈞譯，《北方民族史與蒙古史譯文集》，昆明：雲南人民出版社，2003 年。

11. （俄）C.T.薩爾基襄著，田錫申譯，《貝加爾湖》，上海：新知識出版社，1957 年。

12. （日）白鳥庫吉，〈東胡考〉，收入氏著，方壯猷譯，《東胡民族考》，上海：商務印書館，1934 年。

13. （日）前田正名著，陳俊謀譯，《河西歷史地理研究》，收入西藏社會科學院漢文文獻編輯室編輯，《西藏學參考叢書》第二輯，北京：中國藏學出版，1993 年。

14. （日）西村元祐，田人隆譯，〈漢代王侯的私田經營和大土地所有制結構——兼及秦漢帝國的統治形態〉，收入中國秦漢史研究會編，《秦漢史研究譯文集》第一輯，內部印行刊物，1983 年。

15. （日）宮崎市定著，邱添生譯，《中國史》，臺北：華世出版社，1980 年。

16. （日）宮崎市定，〈中國古代史概論〉，收入中國科學院歷史研究所翻譯組編譯，《宮崎市定論文選集》，上卷，北京：商務印書館，1963 年。

17. （日）西嶋定生著，黃耀能譯，《白話秦漢史》，臺北：三民書局總經銷，1988 年。

18. （日）西嶋定生，〈中國古代統一國家的特質——皇帝統治之出現〉，收入杜正勝編，《中國上古史論文選集》下冊，臺北：華世出版社，1979 年。

19. （日）江村治樹著，徐世虹譯，〈戰國時代的城市和城市統治〉，收入劉俊文主編，《日本中青年學者論中國史：上古秦漢卷》，上海：上海古籍出版社，1995 年。

20. （日）江上波夫著，張承志譯，《騎馬民族國家》，北京：光明日報出版社，1988 年。

21. （日）江上波夫著，〈匈奴的祭祀〉，收入劉俊文主編，辛德勇、黃舒眉、

劉韶軍等譯,《日本學者研究中國史論著》,第九卷,北京:中華書局,1993 年。

22. (日)田村實造,〈中國征服王朝──總括〉,收入鄭欽仁、李明仁譯著,《征服王朝論文集》,臺北縣:稻鄉出版社,2002 年。

23. (日)岡安勇,〈關於匈奴呼韓邪單于對漢「稱臣」的年代〉,收入中國秦漢史研究會編,《秦漢史論叢》第五輯,北京:法律出版社,1992 年。

24. (德)弗里德里希・邁內克著,時殷弘譯,《馬基雅維里主義「國家理由」觀念及其在現代史上的地位》,北京:商務印書館,2008 年。

25. (德)克勞塞維茨著,中國人民解放軍軍事科學院譯,《戰爭論》,北京:商務印書館,1982 年。

26. (法)勒內・格魯塞著,藍琪譯,項英杰校,《草原帝國》,北京:商務印書館,1999 年。

27. (法)伯希和,〈高地亞洲〉,收入中國社會科學院民族所歷史研究室資料組編,《民族史譯文集》第六輯,北京:中國社會科學院,1978 年。

28. (英)湯因比著,(英)索麥維爾節錄,曹未風譯,《歷史研究》上冊,上海:上海人民出版社,1986 年。

29. (英)湯因比著,(英)索麥維爾節錄,曹未風、周煦良等譯,《歷史研究》下冊,上海:上海人民出版社,1986 年。

30. (英)西蒙・安格里姆、(美)菲莉斯・杰斯蒂絲等著,周桂銀等譯,《圖解世界戰爭戰法・古代(公元前 3000 年～公元 500 年)──裝備、作戰技能和戰術》,銀川:寧夏人民出版社,2008 年。

31. (英)崔瑞德、(英)魯惟一編,楊品泉、張書生、陳高華等譯,《劍橋中國秦漢史:公元前 221～公元 220 年》,北京:中國社會科學出版社,1992 年。

32. (英)傑佛里・巴勒克拉夫主編,鄧蜀生中文編輯,《泰晤士世界歷史地圖集》,北京:生活・讀書・新知三聯書店,1985 年。

33. (古希臘)修昔底德著,謝德風譯,《伯羅奔尼撒戰爭史》,上冊,北京:商務印書館,1985 年。

附　圖

附圖一　匈奴主要活動區域示意圖

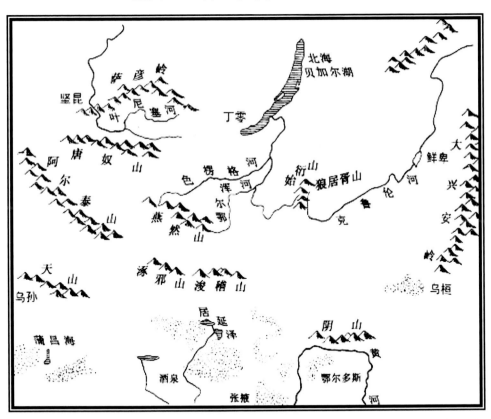

此圖引自田廣金、郭素新著，《北方文化與匈奴文明》，南京：江蘇教育出版社，2005 年，頁459。

附圖二　秦與戰國群雄圖

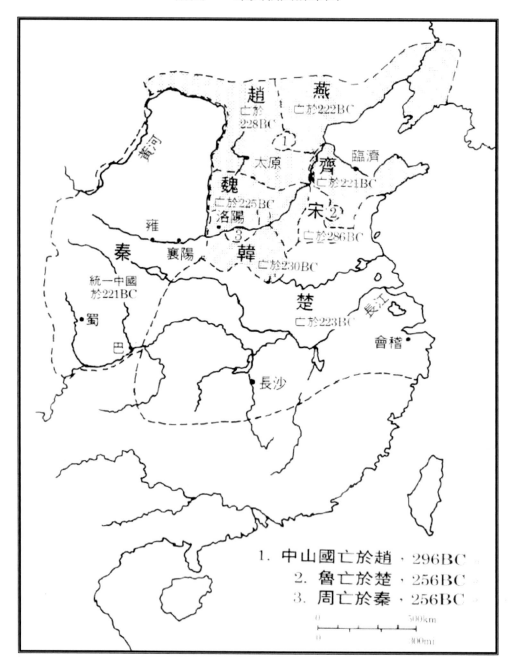

此圖引自費正清著，薛絢譯，《費正清論中國》，臺北：正中書局，1996 年，圖七，無頁碼。圖中可見河南地已入秦國之手。

附圖三　西元前 250 年前的戰國形勢圖

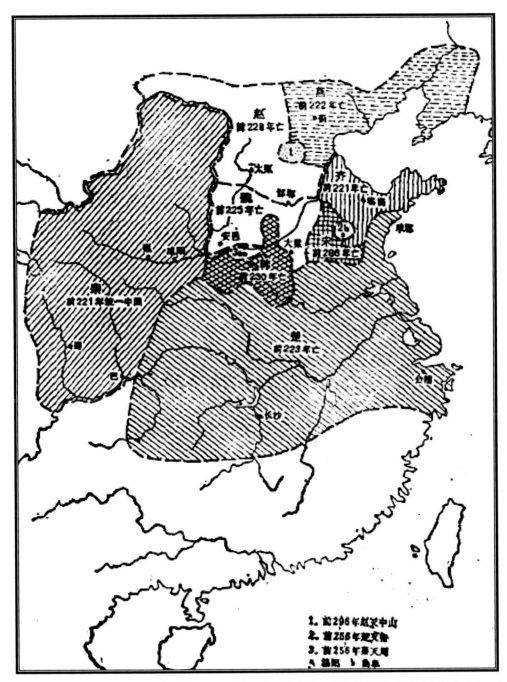

此圖引自（英）崔瑞德、（英）魯惟一編，楊品泉、張書生、陳高華等譯，《劍橋中國秦漢史：公元前 221-公元 220 年》，北京：中國社會科學出版社，1992 年，頁 422。

附圖四　戰國時期（西元前 475～前 221）中原北部邊疆形勢圖

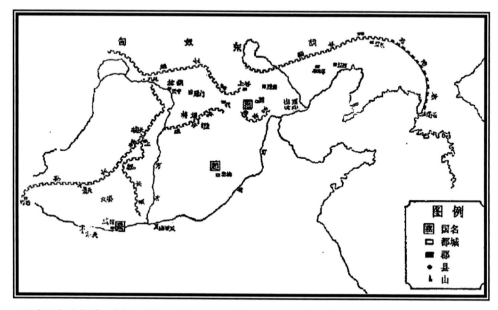

此圖引自林幹著，《匈奴史》，北京：人民出版社，2010 年，頁 260。

此圖可見燕國北方的長城的建置。

附圖五　秦郡圖

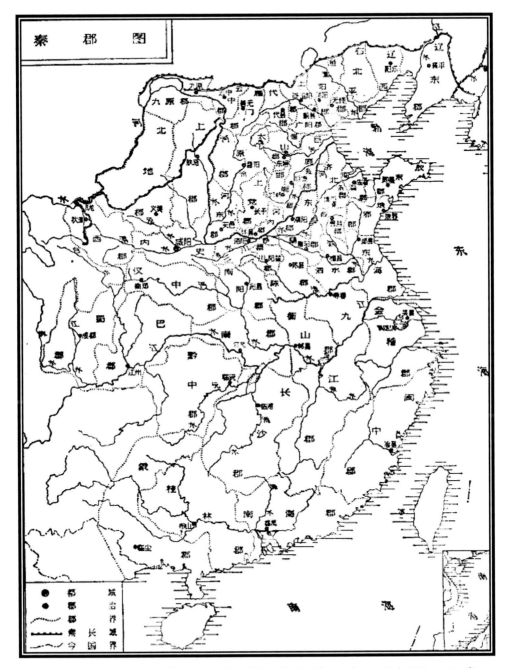

此圖引自譚其驤，〈秦郡新考〉，收入氏著，《長水集（上）》，北京：人民出版社，1987年，頁 12。

附圖六　楚漢諸侯疆域圖

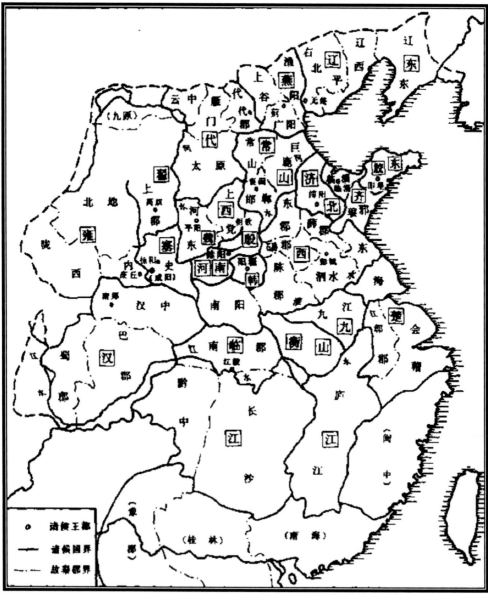

此圖引自周振鶴，〈楚漢諸侯疆域新志〉，收入氏著，《周振鶴自選集》（桂林：廣西師範大學出版社，1999），頁 37。

附圖七　漢高帝五年七異姓諸侯封域示意圖

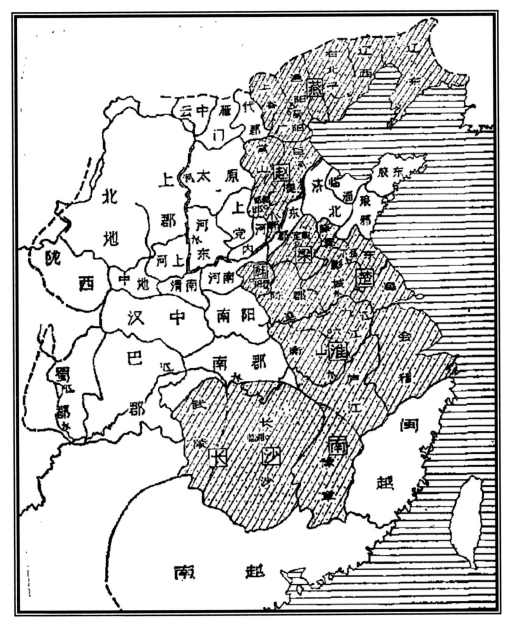

此圖引自周振鶴著，《西漢政區地理》（北京：人民出版社，1987），頁9。

與秦代相比，漢初疆域比之秦始皇時代小得多，南北俱有所失，除卻南越與閩越外，北地、上郡、雲中、雁門、代郡等有沒胡損地，而關東七大異姓諸侯王據地遼闊，漢廷直轄地遠不及秦廷。

附圖八　漢高帝六年韓北移後之異姓諸侯王之形勢圖

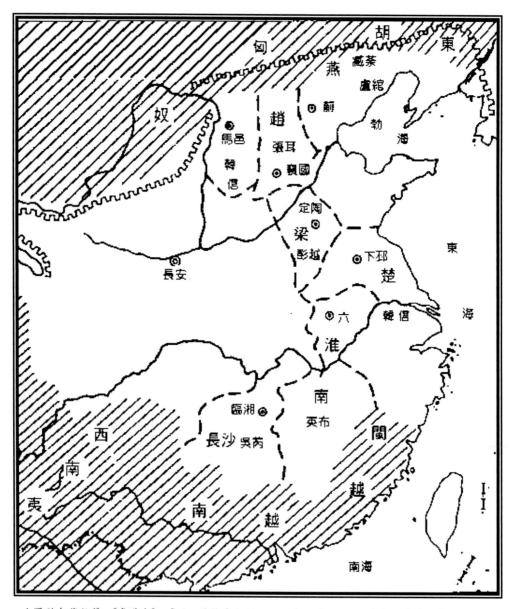

此圖引自翦伯贊，《秦漢史》，臺北：雲龍出版社，2003 年，頁 154。此圖中可見漢初「雁」、「代」
之北邊多有沒之於匈奴者。值得注意的是翦伯贊並未像其他諸侯王一樣，標明移徙馬邑的韓王
信之國號。

附圖九　漢高帝六年（前 201）雁門、代形勢圖

此圖引自周振鶴著，《西漢政區地理》，北京：人民出版社，1987 年，頁 9。

附圖十　戰國秦漢時期太行山東形勢圖

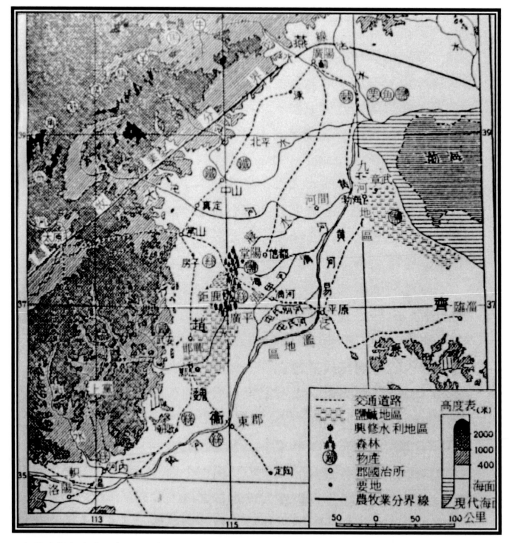

此圖引自史念海，〈戰國至唐初太行山東經濟地區的發展〉，收入氏著，《中國史地論稿（河山集）》，臺北：弘文館出版社，1986 年，頁 159。圖中可見太行山東側，有南北通行的大道，以連結雒陽至廣陽間陸路交通。

附圖十一　秦代的主要交通線

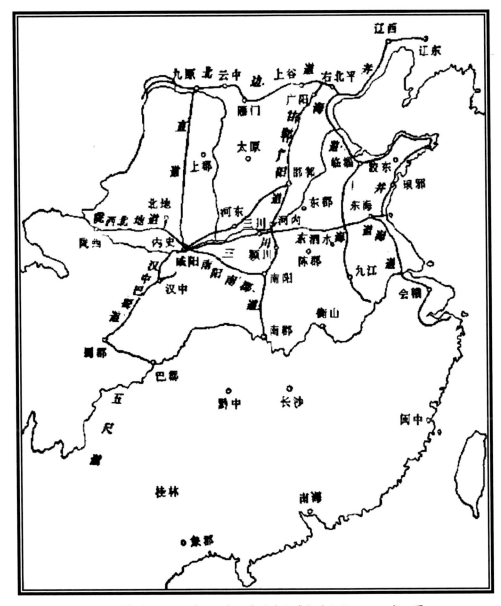

此圖引自王子今，《秦漢交通史稿》，北京：中共中央黨校出版社，1994年，頁29。

附圖十二　漢高祖平城被圍圖

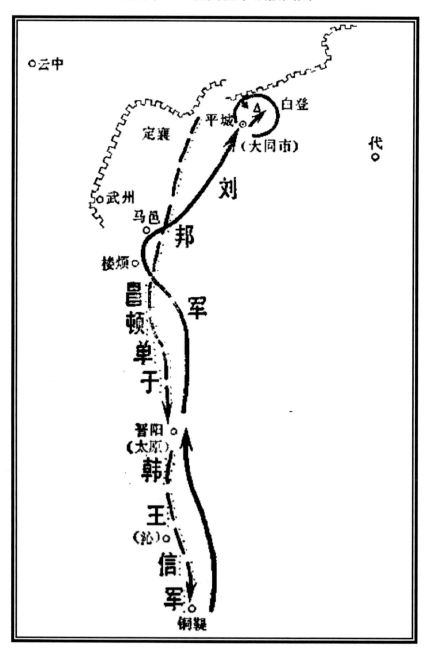

此圖引自《中國軍事史》編寫組編，《中國軍事史》第二卷，兵略（上），北京：
解放軍出版社，1986 年，頁 255。此圖標示漢高帝自銅鞮迄白登山之圍的路線，
但戰事前期，漢高帝派出的灌嬰等騎兵路線，則並未加以繪入，僅標明「代」
與「雲中」的位置而已。